ANALECTA BIBLICA
INVESTIGATIONES SCIENTIFICAE IN RES BIBLICAS
75

Pentecostés

Esta obra ha sido editada por Analecta Bíblica en colaboración con la Institución San Jerónimo para la investigación bíblica.

ROMAE
E PONTIFICIO INSTITUTO BIBLICO
1976

DIONISIO MÍNGUEZ

Pentecostés
Ensayo de Semiótica narrativa en Hch 2

ROME
BIBLICAL INSTITUTE PRESS
1976

TYPIS PONTIFICIAE UNIVERSITATIS GREGORIANAE — ROMAE

A la memoria de
mi MADRE,
y a mi PADRE,
que con su palabra y ejemplo
me iniciaron
en los caminos del Espíritu.

PRÓLOGO

La historia de este libro tiene algo de « Odisea ».

Cuando allá por 1970 mi trabajo inicial discurría por una ruta exegética, ya bastante surcada y definida, sonó la tentación de las Sirenas. Las voces, algo tímidas y dispersas, del naciente « análisis estructural » adquirían una especie de fascinación, algo así como una invitación a cambiar de rumbo.

Lo primero fue duda ; luego, hasta miedo. Pero poco a poco fui rompiendo las cadenas. Y lo que al principio no era más que un juego de tanteos e ilusiones, ha resultado un verdadero programa personal.

Este ensayo reproduce, con ligeros retoques, una tesis doctoral presentada en el Instituto Bíblico de Roma en mayo de 1975, y dirigida y alentada por Albert Vanhoye, entonces Decano, Carlo M. Martini, Rector, y Luis Alonso Schökel, actual Decano y Vice-Rector del Instituto. A ellos va, en primer lugar, mi admiración entusiasta y sincero agradecimiento. Como colaboradores en este proceso de dirección y sugerencias, no quiero dejar de reseñar a Rémi Lack, amigo y compañero, y a Stanislas Lyonnet quien, además, ha tenido la gentileza de admitir este ensayo en la colección « Analecta Biblica ».

La lista de amigos y colaboradores, de una u otra manera, tendría que ser muy larga. Como representantes de este grupo entrañable, tengo que señalar a José Mª Ábrego, Santiago Bretón, y José Luis Sicre que, con paciencia y sentido del humor, me han ayudado en la presentación de este ensayo, y en la penosa tarea de corregir pruebas. La impecable presentación dactilográfica fue obra paciente y generosa de Mlle. Simone Lecerf, secretaria en el Instituto Bíblico.

Roma, Instituto Bíblico,
Navidad de 1975.

Dionisio Mínguez

ÍNDICE GENERAL

INTRODUCCIÓN

1. **El problema y su planteamiento**
2. **Indicaciones metodológicas.**
3. **Descripción del ensayo.**

> Ἐπειδήπερ πολλοὶ ἐπεχείρησαν ἀνατάξασθαι διήγησιν περὶ τῶν πεπληροφορημένων ἐν ἡμῖν πραγμάτων, καθὼς παρέδοσαν ἡμῖν οἱ ἀπ' ἀρχῆς αὐτόπται καὶ ὑπηρέται γενόμενοι τοῦ λόγου, ἔδοξε κἀμοὶ παρηκολουθηκότι ἄνωθεν πᾶσιν ἀκριβῶς καθεξῆς σοι γράψαι, κράτιστε Θεόφιλε, ἵνα ἐπιγνῷς περὶ ὧν κατηχήθης λόγων τὴν ἀσφάλειαν (Lc 1,1-4).

Saber y aprender : dos experiencias de las más radicales de la vida. El prólogo de Lucas es sabiduría auténtica. Una comprensión personal del misterio de Cristo, una profesión de lealtad al mensaje apostólico, una metodología limpia y creadora, una intención catequética y doctrinal.

A la sombra de esta sabiduría ha nacido mi aprendizaje. Por eso, en el pórtico de este ensayo, quiero hacer profesión de fe lucana. Como un deber de honestidad y reconocimiento. Como orientación e impulso de mi trabajo.

1. El problema y su planteamiento.

1.1. Desde siempre, el tema del Espíritu ha ejercido una especie de fascinación irresistible. La reflexión y la mística cristianas han vivido largamente polarizadas por esta realidad invadente e inaccesible. Y el libro de los Hechos de los Apóstoles, testimonio de los orígenes de la Iglesia, se derrumbaría estrepitosamente, si le quitáramos la presencia arrolladora del Espíritu.

Personalmente, seducido por el tema, me he acercado a él con temor y pasión, con el « inhorresco et inardesco » agustiniano.

Para centrar un programa tan desmesurado, y delimitarlo convenientemente, me ha parecido lo mejor estudiar la experiencia originaria y fresca del Espíritu : el fenómeno de Pentecostés, según el relato de Hch 2.

Y así ha nacido el presente ensayo.

1.2. Ἐπειδήπερ πολλοὶ ἐπεχείρησαν ἀνατάξασθαι διήγησιν ... Lucas tuvo predecesores en su trabajo. También el estudio del acontecimiento de Pentecostés cuenta con una buena historia [1]. Pero un recorrido de las mono-

---

[1] Para información sobre las monografías consagradas al tema, remito a la obra de A. J. Mattill - M. B. Mattill, *A Classified Bibliography of Literature on the Acts of the Apostles* (New Testament Tools and Studies VII) Leiden 1966. Los trabajos

grafías dedicadas al tema, arroja un balance, a mi juicio, bastante deficitario.

No se ha estudiado el acontecimiento en su totalidad singular e individual. La mayoría de los comentarios a Hch 2 fraccionan sistemáticamente el capítulo en unidades menores. Innumerables artículos, y aun libros enteros, giran en torno a problemas marginales —fiesta judía, glosolalia, geografía, sumarios, fuentes — y no ofrecen, en la mayoría de los casos, más que una solución parcial y, en ocasiones, cuestionable. Tanto el método de estudio, irremisiblemente anclado en la crítica histórica, como la problemática estrecha, parecen haber llegado a un estancamiento infructuoso.

Todo este complejo de factores, no excesivamente halagüeño, constituye un estímulo acuciante y alienta un legítimo interés. Por eso, quiero afrontar el estudio de Hch 2 con un buen acopio de ilusión y de optimismo.

1.3. Acepto el capítulo como una unidad individual y concreta, como una obra literaria, aunque a escala reducida [2]. Consciente de las cortas dimensiones del texto elegido, mi trabajo no tiene más pretensiones que hacer un sondeo experimental, un intento limitado, pero abierto a perspectivas ulteriores.

1.4. Me voy a permitir una precisión sobre la crítica textual, y la disección de fuentes.

El texto griego de Hch 2 está fundamentalmente bien conservado. Por eso, no me detengo en análisis de crítica textual más que en contadas ocasiones ; y aun entonces, he pensado que bastará tratarlo en nota a pie de página.

Renuncio decididamente a embarcarme en un estudio de las posibles fuentes que han configurado el texto actual. Los artículos o libros dedicados a este problema han desembocado en una ronda sin fin de teorías y meras conjeturas, que no ayudan a la comprensión del texto.

2. Indicaciones metodológicas.

2.1. El método empleado se inscribe en la corriente de *análisis estructural del relato*, una técnica de estudio lingüístico-literario muy joven aún, pero

---

más recientes aparecen reseñados en P. Nober, *Elenchus Bibliographicus Biblicus*, Romae 1962-1974, y en J. Kremer, *Pfingstbericht und Pfingstgeschehen. Eine exegetische Untersuchung zu Apg 2,1-13* (SBS 63/64) Stuttgart 1973, 280-288.

[2] Esta afirmación, que podría sonar demasiado rotunda y categórica, no es más que un anticipo, bien sucinto, de los penosos análisis que llenarán todo el capítulo primero de este ensayo. Allí espero demostrar la unidad global del capítulo, y exponer detalladamente los criterios formales que lo configuran como tal unidad.

llena de esperanzas, y de un gran porvenir. Reconociendo que la metodología estructural no ha cristalizado todavía en un sistema acabado, sino que va avanzando por tanteos progresivos, he tratado de exponer mi concepción personal del método, no en una síntesis teórica, sino en la práctica concreta ; el método se va configurando como tal en el curso de los análisis.

2.2. El subtítulo de la tesis quiere expresar sumariamente la perspectiva metodológica.

Se trata, ante todo, de un *ensayo*, de una tentativa, porque creo que ésta es una característica esencial del género literario « tesis ». Lo llamo *Semiótica* porque, conservando la etimología del término, intento estudiar el sistema, la estructura de los signos textuales y su funcionamiento correlativo, a diversos niveles. Y como se trata fundamentalmente de un relato, creo que el adjetivo más apropiado es : *narrativo*. Por último, *Hch 2* abarca y delimita el campo concreto de aplicación metodológica.

2.3. El centro primario de interés de la metodología estructural consiste en poner al descubierto los elementos diferenciales que tejen la obra unitaria, y las correlaciones que se establecen entre las diversas unidades. En el relato concretamente, el análisis estructural abarca tres niveles complementarios : formal, semántico, narrativo.

El *nivel formal* se extiende por la superficie del texto. Palabras claves, construcciones gramaticales, fórmulas expresivas, etc., se van repitiendo estratégicamente en el curso de la lectura, y confieren a la línea textual las rugosidades y contrastes de una superficie en relieve.

El *nivel semántico* opera a base de calas en profundidad. Su meta es detectar el contenido inmanente de las unidades diferenciales, y el por qué radical de esa diferenciación. Para ello va en busca de las entidades mínimas portadoras de significación (= semas). Si el juego de atracciones y repulsiones entre esos átomos significativos se puede reducir a sistema coherente, se podrá explicar el proceso de la significación concreta.

Por último, el *nivel narrativo*. En sí, no es más que una de las posibles manifestaciones de la significación ; y en cuanto tal se distingue, tanto de la efusión lírica, como de la representación dramática. La narración es esencialmente linear, y se caracteriza por la presencia, velada o manifiesta, del narrador intratextual, que maneja todos los hilos diferenciales de acontecimientos y personajes, en continua comunicación con su lector-destinatario.

2.4. Este triple nivel define y configura el proceso de *estructuración*. Y digo « estructuración », más bien que « estructura », para subrayar el aspecto dinámico del proceso. Cada uno de los elementos diferenciales, por atracción o repulsión, por asociación u oposición, va buscando su puesto en el sistema, y colabora así a la organización armónica y unitaria de la obra total.

2.5. Ciertamente, mi confesión de fe en el análisis estructural es clara y decidida. Pero al mismo tiempo creo que no hay lugar a exclusivismos: el análisis estructural no es ni el único ni el primer artículo de mi credo metodológico. Y esta convicción radica en la misma naturaleza de este tipo de análisis, que se centra en descubrir un sistema de relaciones; no se trata de aislar y caracterizar individuos, sino de sorprender los lazos correlativos que los ligan comunitariamente.

Y esto se aplica perfectamente a la multiforme variedad de métodos analíticos en el campo bíblico. Ninguno excluye a los demás; se trata más bien de una convivencia complementaria y enriquecedora. La *crítica literaria* (Literarkritik) intenta determinar los posibles estratos de un texto dado; los *métodos histórico-críticos* (Form-, Traditions-, Redaktionsgeschichte) tratan de detectar las formas literarias primitivas, originadas en un determinado contexto social, histórico o cúltico, con las vicisitudes de su transmisión, y con las diversas manipulaciones que han dado su configuración definitiva a un texto concreto. Pero todo este movimiento —y digo movimiento, porque no se puede negar su dinamismo — no son más que pasos *hacia* el texto. El estudio del pre-texto corre el peligro de dejar fuera el texto mismo; el análisis de los diversos estadios de redacción no está exento del nuevo peligro de desembocar en un agudo psicologismo centrado en la intención del autor. Por eso, a este punto, se necesita la colaboración del *análisis estructural*, que toma el texto de manos de la crítica histórica ya acabada, e intenta explicar su funcionamiento como *sistema de correlaciones intratextuales*, abriéndolo así al nivel supremo de la comprensión del mensaje, de la contemplación hermenéutica.

No se puede hablar, por lo tanto, de exclusivismos prepotentes, sino de colaboración y complementariedad integrativa. Me atrevería a glosar 1 Cor 12,4-6 diciendo que los métodos, los instrumentos, los enfoques son muy variados, pero en realidad no hay más que una sola comprensión.

2.6. El carácter esencial de este ensayo es eminentemente práctico. Así lo he pretendido, y así lo hago constar. Por eso, señalo explícitamente todos y cada uno de los pasos metodológicos, aun a riesgo de formalizar demasiado, y hasta de caer en una cierta desproporción entre el aparato analítico y los resultados tangibles. Éste es el caso especialmente al principio del capítulo segundo, donde intento la transformación del campo global de estudio en texto manejable y pertinente. Me parece que lo que alguien pudiera considerar preciosismo detallista tiene su explicación en la finalidad que pretendo: a través de una metodología rigurosa —que no quisiera que se convirtiese en rígida— abrir el texto de Hechos 2 a una comprensión de su mensaje.

3. Descripción del ensayo.

La presentación de este ensayo es bien sencilla. Tres capítulos sucesivamente encadenados, y encasillados en los tres niveles de la metodología estructural:

Primer capítulo: Estructuración formal de superficie.
Segundo capítulo: Estructuración semántica profunda.
Tercer capítulo: Estructuración narrativa de manifestación.

Cierro el trabajo con una Conclusión y Perspectivas. El carácter de estas últimas páginas quiere ser menos de cosecha, que de sementera; menos de recolección de resultados, y más de apertura a nuevos horizontes.

CAPÍTULO PRIMERO

ESTRUCTURACIÓN FORMAL DE SUPERFICIE

Introducción.

El proceso de análisis de un texto tiene que partir de los datos más superficiales y sensiblemente apreciables. Es el nivel más externo y el primer paso lógico del estudio literario.

Parece natural el intento de colgarle un rótulo a esta etapa inicial del análisis. Desde hace unos pocos años, la etiqueta ha cristalizado en *estructura literaria.* Pero creo que la denominación peca por carta de más y por carta de menos ; resulta demasiado ancha, por causa del adjetivo, y demasiado estrecha, por culpa del sustantivo. La cualificación de « literaria » no se agota en el cúmulo de recursos empleados por la práctica de este tipo de análisis ; a mi juicio, implica algo más que un estudio de palabras, repeticiones gramaticales o estereótipas, figuras verbales, repeticiones periódicas o estratégicas. Por su parte, el hablar de « estructura » sugiere algo estático, y apunta al resultado final de un proceso de ensamblado y de construcción.

Por eso, he preferido sustituir el rótulo y rebautizar el tipo de análisis, llamándolo *estructuración formal de superficie.* La orientación del estudio queda polarizada hacia las « formas » literarias. El adjetivo « formal » apunta decididamente a la línea saussuriana de análisis del « significante », aunque, dada la naturaleza del « signo lingüístico », no se puede prescindir totalmente del « significado ». En este enfoque formal quisiera que resonase la concepción hjelmsleviana de la « forma » (de la expresión y del contenido), que intentaré precisar en el curso de los análisis. La adición ulterior — « de superficie » — intenta subrayar la experiencia psicológica y precientífica de una lectura seguida, en la que saltan a primer plano las rugosidades de la linearidad textual.

El primer dato de un análisis formal de superficie lo proporciona el *vocabulario,* con su caudal de repeticiones y resonancias verbales. Es el dato más externo y primitivo. A continuación surgen las constelaciones de palabras, las agrupaciones que hemos dado en llamar *fórmulas,* y que constituyen una unidad analítica privilegiada. El estudio de estas unidades, como nervaduras de la composición, da como resultado el armazón que sustenta la estructura de la apretada unidad textual. El marco estructural permite desmontar el texto en *secuencias* y *secciones,* según el papel que cada unidad menor desempeña en la composición total.

Dentro de cada división —¡ metodológica ! — la « repetición » de palabras o fórmulas es de importancia clave, en orden a descubrir las *articulaciones* estructurantes, que son las que confieren al texto concreto su fisonomía propia e individual.

La repetición de palabras o de fórmulas sintácticas constituye indudablemente el sistema de relaciones más externo de un texto determinado. A este nivel, la repetición es la clave para la comprensión de la totalidad.

Sin embargo, la repetición no es un indicio solitario, que puede traicionar la estructuración de un texto. A ella se suma una rica variedad de fenómenos de superficie : cambios de escena, aparición de nuevos personajes, paso de la narración objetiva a la viveza del estilo directo en el diálogo, en la reflexión en voz alta, en el discurso pronunciado, etc. Todos estos elementos serán convocados a la hora de intentar un análisis estructural determinado.

El análisis estructural no consiste en fabricar estructuras, a base de repeticiones estratégicamente colocadas, o de indicios diversos convergentes ; sino más bien, en descubrir las grandes líneas y las menudas articulaciones de la composición unitaria como tal.

Por eso, voy a emprender un examen metódico de diversos indicios formales, tomados como signos estilísticos de estructuración.

Mi camino va a ser doble, de ida y vuelta. Después de una breve revista de *indicios estructurantes* (sección 1ª), una primera marcha en zigzag intentará descubrir las *grandes líneas* de la estructura (sección 2ª). Después, en segunda vuelta, procuraré catalogar y valorar reposadamente los detalles que organizan y *articulan internamente* los elementos de construcción (sección 3ª). Una atención especial merece el *discurso de Pedro*, como sección central de Hch 2. Su estudio marcará una etapa de contemplación sosegada, en visión unitaria y totalizante (sección 4ª).

1. Indicios formales estructurantes.

Una lectura corrida de Hch 2 deja la impresión de un trazado narrativo un tanto sinuoso y arbitrario.

Al llegar al v. 5 ya hemos tropezado con esa interminable y abrumadoramente monótona serie de καί —¡ siete ! — sobre la que cabalgan los cuatro primeros versos.

Una bifurcación se dibuja en la doble pregunta de vv. 7-8, y en seguida nos enfrentamos con una caótica geografía : una lista de pueblos, que abraza todo el Medio Oriente, y hasta se adentra por el Mar Egeo.

Los vv. 25-35 tejen una intrincada maraña de citas ; bloques y fragmentos se van superponiendo en un desesperante mosaico.

Con todo, junto a esta primera impresión de desconcierto, nace una constatación alentadora. Van surgiendo palabras sueltas, frases, expresiones gramaticales, que se repiten estratégicamente, como hitos orientadores del trazado.

LLegamos al final. El balance de esta primera incursión es una doble columna, un «activo» y un «pasivo», que habrá que ir confrontando sistemáticamente.

Esta doble constatación, con su pasivo de desconcierto y su activo de repeticiones alentadoras, me empuja a una nueva lectura atenta, sosegada. Por el camino iré recogiendo toda clase de materiales, por heterogéneos que sean [1]. Pero antes, por razones puramente utilitarias, intentaré catalogarlos y etiquetarlos. Al final se podrá decidir si nos hemos quedado con simples piezas de un rompecabezas, o si los materiales han quedado ensamblados en una figura coherente, en una verdadera estructura.

1.1 *Barajando la terminología.*

Ya desde los preceptistas de la Retórica clásica [2], hasta la última obra monumental y exhaustiva de H. Lausberg [3], nos llega el testimonio de la lucha contra una arborescente proliferación de términos y procedimientos estilísticos. Los vaivenes de la nomenclatura han sido innumerables ; y aún no se han sedimentado convincentemente [4].

1.1.1. Las páginas que siguen no apuntan a una clasificación estricta —mucho menos, exhaustiva — de procedimientos de estilo. Sólo quiero afilar un poco el instrumental, por razones puramente prácticas.

De entre el infinito bullir de términos [5], escojo solamente unas cuantas muestras. Me servirán de etiquetas, para írselas pegando a los materiales que vayan apareciendo.

1.1.2. El criterio que me guía en la selección es decididamente lingüístico-estructural. No busco instrumentos de disección, sino materiales de cons-

---

[1] Esta línea de análisis avanza en la dirección sugerida por Wellek-Warren, *Theory of Literature,* London 1963[3], p. 180.

[2] De entre las colecciones que llevan por título *Rhetores graeci,* he consultado L. Spengel, *Rhetores graeci,* vols. I-III (ed. C. Hammer) Lipsiae 1894[2], 1854, 1856. De la serie *Bibliotheca Scriptorum graecorum et romanorum Teubneriana* citaré Hermogenes, *Opera* (ed. H. Rabe ; *Rhetores graeci vol. VI*) Lipsiae 1913. De los preceptistas latinos pongo en cabeza a M. F. Quintilianus, *Institutionis oratoriae libri XII* (ed. L. Radermacher) 2 vols., Lipsiae 1907, 1935. He utilizado ocasionalmente la obra de C. Halm, *Rhetores latini minores,* Lipsiae 1863.

[3] H. Lausberg, *Handbuch der literarischen Rhetorik. Eine Grundlegung der Literaturwissenschaft.* 2 vols., München 1960.

[4] « Die Terminologie hat unscharfe Grenzen » (Lausberg, 611, p. 311).

[5] Exponente de esta proliferación terminológica es la obra ingente de E. König, *Stilistik, Rhetorik, Poetik in Bezug auf die biblische Literatur,* Leipzig 1900, Para una apreciación sintética de la obra de König, cfr. L. Alonso Schökel, *Estudios de Poética hebrea,* Barcelona 1963, 30-33.

trucción. La misma piedra que para el cantero no es más que un bloque rebelde, es para el arquitecto un fuste de columna, o el motivo ornamental de un capitel, o de un arquitrabe.

1.1.3. Así queda enfocado el objeto de la búsqueda. Al ir recogiendo palabras, frases, giros expresivos, e irles poniendo el rótulo correspondiente, no quiero perder de vista la orientación hacia la unidad total de composición, actuante en cada uno de los elementos. En esto creo que camino en compañía de R. G. Moulton y H. Gunkel, en el campo bíblico [6]. Y, ampliando el panorama a la estilística en general, sigo a Dámaso Alonso, E. Staiger, R. Wellek - A. Warren [7].

Y ahora, algo de terminología específica.

1.2. *Inclusión.*

Una definición convincente de esta categoría literaria está necesariamente ligada al examen de su polivalente identidad. Voy a repasar, a grandes saltos, la diversidad de apelativos que se le han ido colgando [8].

1.2.1. Inicialmente la *inclusión* delimitaba el contorno de una frase. Como figura elocutionis (σχῆμα λέξεως), ostenta una prolífica variedad de nombres. Tiberio la llama ἀναδίπλωσις ; Áquila y Marciano la denominan ἐπανάλημψις (= « redditio » orationis) ; Rufiniano habla de ἐπαναδίπλωσις, (quae) latine dicitur « inclusio » [9]. Quintiliano ahorra nomenclatura, y se contenta con exponer la teoría, disolviéndola en unas cuantas frases dispersas [10]. Igualmente el κύκλος, frecuente en la literatura griega, parece corresponder a este mismo procedimiento estilístico [11].

---

[6] R. G. Moulton, *The Literary Study of the Bible*, London 1896. H. Gunkel, *Einleitung in die Psalmen*, Göttingen 1933 ; *Reden und Aufsätze*, Gö 1913.

[7] D. Alonso, *Poesía española. Ensayo de métodos y límites estilísticos*, Madrid 1950 ; D. Alonso - C. Bousoño, *Seis calas en la expresión literaria española*, Madrid 1956². E. Staiger, *Die Kunst der Interpretation*, Zürich 1955. R. Wellek - A. Warren, *Theory of Literature*, London 1963³.

[8] La mayoría de las citas que aduzco están tomadas de la exhaustiva sistematización de Lausberg. Casi todas las he podido comprobar en los textos originales ; algunas se me han resistido a una comprobación directa.

[9] Τιβερίου Ῥήτορος, Περὶ σχημάτων III, 27 (cfr. Spengel, p. 70). Aquilae Romani, *De figuris sententiarum et elocutionis liber*, 33 (cfr. Halm). Martiani Minnei Felicis, *Capellae liber de arte rhetorica*, 41 (cfr. Halm). Iulii Rufiniani, *De schematis lexeos*, 9 (cfr. Halm, 48).

[10] M. F. Quintiliani, *Institutionis oratoriae*, IX 3, 34 (cfr. Radermacher, II, pp. 179. 181).

[11] En la catalogación de Lausberg no he encontrado ninguna referencia al κύκλος, E. des Places, *Une formule platonicienne de récurrence*, Paris 1929, pp. 32-33 recensiona unos cuantos κύκλοι en Platón, y cita a F. Kugler, *De particulae τοι eiusque compositorum apud Platonem usu*, Diss. Bâle, 1886, p. 19. E. König, *Stilistik*, 303 g

1.2.2. Ulteriormente, la inclusión rompe los estrechos límites de la frase, para abrir y cerrar un desarrollo más amplio. Ésta es la concepción de D. H. Müller, que saca partido de este recurso literario, en orden a una división estrófica de numerosos pasajes proféticos [12]. Richard G. Moulton califica el procedimiento como « perhaps the most important figure, and the one most attractive to the genius of Hebrew poetry », y le aplica la etiqueta de « Envelope Figure » [13]. Recientemente C. H. Lohr ha explotado la categoría literaria de la inclusión para poner de manifiesto las articulaciones y la estructura temática del Evangelio según Mateo [14]. Por último, A. Vanhoye, superando también la limitación a una frase y extendiendo el procedimiento a todo un pasaje, acepta la inclusión como un pivote fundamental de su estructuración de la Carta a los Hebreos [15].

Si se quiere reducir la categoría literaria de la inclusión a un diagrama esquemático e intuitivo, se puede aceptar la fórmula de Lausberg: /x .... x/ [16].

1.2.3. La función más importante de la inclusión, como procedimiento estructural, es sin duda poner de relieve la cerrada unidad estilística de una obra literaria, o de una sección determinada. La inclusión engloba relaciones significativas, abraza sintéticamente la dispersión analítica, y unifica dialécticamente eventuales bloques de un desarrollo concreto.

Como síntesis, acepto la definición de Vanhoye: « ce procédé qui consiste à reprendre à la fin d'un passage donné un terme ou une formule utilisés en son début et qui indique donc de manière très concrète les limites du développement » [17].

1.3. *Enlace verbal.*

El término es una acuñación moderna —y reconozco que muy personal— de una larga historia de cambiante nomenclatura. Su historial, en este aspecto, es muy semejante al de la inclusión.

Una observación previa. A primera vista, el calificativo *verbal* —y más claramente la versión francesa « mot-crochet » — parece entrañar la

---

apunta igualmente el κύκλος al estudiar la figura πλοκή y remite a R. Volkmann, *Die Rhetorik der Griechen und Römer*, 1874, pp. 400s.

[12] D. H. Müller, *Die Propheten in ihrer ursprünglichen Form*, Wien 1896, 200s.

[13] R. G. Moulton, *The Literary Study of the Bible*, p. 53.

[14] C. H. Lohr, « Oral Techniques in the Gospel of Matthew », CBQ 23 (1961) 408ss.

[15] A. Vanhoye, *La structure littéraire de l'Épitre aux Hébreux* (Studia Neotestamentica, Studia 1) Paris-Bruges 1963, p. 37. Cfr. del mismo autor: « Les indices de la structure littéraire de l'Épitre aux Hébreux », en *Studia Evangelica* II (TU 87, ed. F. L. Cross) p. 499.

[16] H. Lausberg, *Rhetorik*, 625, p. 317.

[17] A. Vanhoye, *Structure*, p. 37; « Indices », p. 499.

restricción a una sola palabra. En realidad no es así, aunque éste sea el caso más ordinario. El enlace verbal puede rebasar los límites de una palabra aislada y englobar todo un sintagma.

1.3.1. No creo aventurado identificar el enlace verbal con la « figura elocutionis » que Lausberg reseña como « reduplicatio », o ἀναδίπλωσις [18]. La tradición retórica no ha escatimado nomenclatura. Zoneo y Rufiniano hablan de παλιλλογία ; Áquila, Marciano y Beda prefieren el término ἀναδίπλωσις ; Tiberio, por su parte, lo amplifica en ἐπαναδίπλωσις ; los teóricos latinos optan más bien por « reduplicatio » (o « regressio ») [19]. Quintiliano, según costumbre, renuncia a la etiqueta, para insistir en el carácter del producto [20].

1.3.2. Las definiciones del procedimiento manifiestan una clara convergencia de características, que se pueden sintetizar gráficamente en la fórmula esquemática propuesta por Lausberg : / ... x/x ... / [21].

Recientemente, la explotación sistemática de este procedimiento estilístico ha llevado a L. Vaganay a montar sobre él la estructuración completa de la Carta a los Hebreos [22]. Pero en la sistematización de Vaganay se oculta una peligrosa fusión de dos procedimientos distintos : concatenación por medio de « enlaces verbales », y « anuncio del tema », como lo apunta agudamente la crítica de A. Vanhoye [23].

1.3.3. La función estructurante del enlace verbal no se agota en su carácter divisorio, al mismo tiempo que unitivo. Funcionalmente puede implicar además una gradación, que manifieste la progresión interna, o especifique el dinamismo sistemático del desarrollo [24].

También aquí voy a cerrar la exposición con la descripción del *mot-crochet* firmada por Vanhoye : « les mots-crochets, qui, formant suture, marquent la fin du développement en cours et le début du nouveau développement » [25].

---

[18] Cfr. *Rhetorik*, 619-622, pp. 314-315.

[19] Cfr. H. Lausberg, *Rhetorik*, 619, p. 314.

[20] *Instit. Orat.* IX 3, 44 ; cfr. IX 3, 36.

[21] Remito a las definiciones de E. König, *Stilistik*, p. 300, y de H. Lausberg, *Rhetorik*, 619, p. 314.

[22] L. Vaganay, « Le plan de l'Épitre aux Hébreux », en *Mémorial Lagrange*, Paris 1940, pp. 269-277.

[23] A. Vanhoye, *Structure*, pp. 33-37.

[24] Cfr. Lausberg, *Rhetorik*, 619, p. 314 : « Die Wiederaufnahme des Ausklangs der ersten Gruppe zu Beginn der zweiten Gruppe dient der nachdruckhaften Steigerung oder der epexegetischen Ergänzung ». Por su parte, König encasilla la ἀναδίπλωσις dentro de un amplio apartado que titula : « Die Mittel, die ästhetische Gefälligkeit des Sprachstils zu steigern », p. 271, III. Cfr. igualmente las diáfanas precisiones de A. Vanhoye sobre la función del genuino « enlace verbal », en *Structure*, pp. 35-36.

[25] A. Vanhoye, *Structure*, p. 37.

1.4. *Quiasmo.*

Como realidad literaria, el *quiasmo* es un procedimiento más estable y más común que los anteriormente recensionados. Por más que la cristalización terminológica no haya dejado de tener sus avatares.

1.4.1. En la tradición retórica, la denominación dominante parece ser la de ἀντιμεταβολή [26]. Como afines a esta nomenclatura, van apareciendo la ἀντίθεσις, la ἀναστροφή, la σύγκρισις, e igualmente las versiones latinas « commutatio » y « permutatio » [27].

Tal vez el primero en acuñar el término quiasmo haya sido Hermógenes [28]. Otro de los hitos de la corriente quiástica está indudablemente representado por G. J. Vossius [29].

En el uso moderno del término se ha ido filtrando una cierta ambigüedad, que lleva a confundir el auténtico « quiasmo » con la « simetría concéntrica », de la que trataré en el apartado siguiente. Como exponente de esta confusión terminológica, baste citar el nombre de N. W. Lund [30].

1.4.2. Definir con precisión el quiasmo no es cosa fácil ; habrá que proceder por tanteo.

El segundo volumen de Lausberg, en el índice terminológico francés, recoge, más bien que propone, una definición genérica : « Chiasme, figure composée d'une double antithèse dont les termes se croisent » [31]. En el primer volumen, el propio Lausberg se contenta con una « descripción » — no me atrevería a llamarla « definición » — de la « commutatio » : « Die commutatio besteht in der Gegenüberstellung eines Gedankens und seiner Umkehrung durch Wiederholung zweier Wortstämme bei wechselseitigem Austausch der syntaktischen Funktion der beiden Vortstämme in der Wiederholung » [32]. La explicación siguiente es bastante refinada, llegando a distinguir un « cruce de radicales », formulado a^x b^y / b^x a^y, y un « cruce de funciones », cuya fórmula resulta a^x b^y / a^y b^x. El refinamiento se podría llevar a su ápice combinando ambos entrecruzados ; lo que nos daría la configuración : a^x b^y / b^y a^x.

Por su parte, E. König también describe, más que define, el quiasmo. Me contentaré con extraer una sola frase : « ... der Darsteller behandelt

[26] M. F. Quintilianus, *Instit. Orat.* IX 3, 85-86. P. Rutilius Lupus, Σχήματα λέξεως 1, 6. *Carmen de figuris vel schematibus*, 16.

[27] Cfr. Lausberg, *Rhetorik*, 800-803, pp. 395-397.

[28] Περὶ εὑρέσεως, 4 (ed. H. Rabe, pp. 181-182).

[29] *Commentariorum rhetoricorum, sive oratoriarum institutionum* lib. V, cap. XII, IV : « De διαλλήλῳ sive χιαστῷ », Amstelodami 1697, pp. 269-270.

[30] *Chiasmus in the New Testament. A Study in Formgeschichte*, Chapel Hill 1942.

[31] Lausberg, *Rhetorik* II, 1246, p. 893.

[32] *Rhetorik*, 800, p. 395.

das letzte Glied der ersten Aufzählung als erstes Glied der zweiten Aufzählung » [33].

En la misma línea descriptiva, y ya decididamente en campo bíblico, se mueve el siguiente apunte de Moulton : « In the Quatrain Reversed, or Introverted, the first line corresponds with the fourth, and the two middle lines with one another » [34].

Esencialmente, la figura se reduce a un cruce de elementos, que adquiere la configuración de la letra griega *chi* : χ, de donde su nombre de *quiasmo*.

1.4.3. Funcionalmente, el quiasmo tiene una doble vida ; puede funcionar como σχῆμα λέξεως, jugando con palabras aisladas, o también como σχῆμα διανοίας, extendiéndose a todo un sintagma y aun a todo un desarrollo [35].

Como procedimiento estructural, no creo que el quiasmo contribuya a una « psicológica progresión de la claridad », según parece pensar König[36]. La función estructurante iría más bien en la línea señalada por Lausberg : « Die Überkreuzstellung verstärkt durch die einrahmende Funktion des ersten und letzten Gliedes den kyklischen, also periodenartigen Charakter der Kolon- oder Kommafolge, ja des einfachen Satzes » [37].

1.5. *Simetría concéntrica.*

Ya el nombre mismo da una idea del carácter de este recurso estilístico y oratorio. La poesía antigua está, en gran parte, montada sobre una construcción simétrica, en torno a un centro, hacia el que confluyen y desde el que revierten los demás elementos del poema. Algo parecido sucede en un amplio campo de la oratoria clásica. El estudio de la Biblia desde este punto de vista literario, parece ser de origen más bien reciente.

1.5.1. Creo que se puede afirmar que la Retórica clásica no se ocupó directamente de este fenómeno de composición literaria. Una mortecina semejanza se podría, tal vez, encontrar en las figuras ἐπάνοδος y παλίνδρομος [38]. Pero el estudio sistemático de la simetría concéntrica es muy posterior a la tradición retórica clásica.

1.5.2. En los estudios bíblicos actuales, la *simetría concéntrica* no necesita presentación. Para no repetir inútilmente teorías, géneros y denominacio-

[33] *Stilistik*, p. 144.
[34] *Literary Study of the Bible*, p. 50.
[35] Cfr. Vossius, *Comment. rhet.*, p. 270. E. König, *Stilistik*, pp. 144ss.
[36] *Stilistik*, p. 142, III ; 144, 2.
[37] *Rhetorik*, 723, p. 361.
[38] Cfr. Lausberg, *Rhetorik*, 798, p. 393. König, *Stilistik*, pp. 171ss, especialmente 172 d, donde presenta un breve poema de Rückert, compuesto según los cánones de la simetría concéntrica.

nes, me remito a la exposición, tanto teórica como práctica, de N. W. Lund, E. Galbiati y A. Vanhoye [39].

De importancia capital me parece una precisión de Vanhoye. Rechazando el término « quiasmo », aplicado a la « simetría concéntrica », escribe : « Le mot , chiasme ' donne l'idée d'un croisement, or la structure en question n'est pas caractérisée par un croisement, mais par l'existence d'un centre, à égale distance duquel sont placés les éléments qui se répondent » [40].

1.5.3. La simetría concéntrica, como procedimiento estructurante, puede asumir una multiplicidad de funciones : relieve del elemento central, orden y claridad de la exposición o del desarrollo, cerrada unificación de los componentes en torno a un núcleo determinado. La misma belleza de composición armónica es una función, a mi juicio, no despreciable.

Concretamente en Hch 2, espero mostrar la dominante simetría, tanto de las secuencias como de las secciones [41], en torno a la proclamación kerygmática de Pedro, centrada, a su vez, sobre la perspectiva del « Día del Señor, como Salvación definitiva ».

2. Grandes líneas de la estructuración.

El relato de Pentecostés se abre con una doble encuadratura. Las coordenadas de tiempo y espacio cabalgan sobre dos palabras : ἡμέρα y ὁμοῦ, que confluyen en una indicación situacional unificante : ἐπὶ τὸ αὐτό [42].

Siguiendo el curso del relato — salto el discurso de Pedro (vv. 14-36), por constituir un género diverso [43] — se puede constatar que las huellas del ὁμοῦ van desapareciendo gradualmente ; sólo se percibe un eco lejano en el ὁμοθυμαδόν de v. 46. La ordenada temporal, por su parte, después

[39] N. W. Lund, *Chiasmus in the New Testament. A Study in Formgeschichte*, Chapel Hill 1942. E. Galbiati, *La struttura letteraria dell'Esodo*, Roma 1956. A. Vanhoye, *La structure littéraire de l'Épitre aux Hébreux*, Paris-Bruges 1963. Cfr. además P. Lamarche, *Zacharie IX-XIV. Structure littéraire et Messianisme*, Paris 1961. C. H. Lohr, « Oral Techniques in the Gospel of Matthew », CBQ 23 (1961) 430-435. N. Lohfink, *Das Hauptgebot. Eine Untersuchung literarischer Einleitungsfragen zu Dtn 5-11*, (AnalBibl 20) Roma 1963.

[40] *Structure*, p. 62, 1º.

[41] Dadas las dimensiones más bien reducidas del texto sometido a análisis — Hch 2 — sonaría un tanto pretencioso, y hasta exagerado, hablar de « partes ». Por eso, he preferido dividir el texto en « secuencias », y ver si dentro de las secuencias se pueden individuar « secciones », o divisiones menores.

[42] 'Επὶ τὸ αὐτό es indudablemente una lexicalización típica de Hch, como lo demuestra la mera comparación estadística de recurrencias : Mt = 1 ; Mc = 0 ; Lc = 1 ; Jn = 0 ; Hch = *5* (de los cuales, *3* en Hch 2) ; 1 Cor = 3.

[43] Al análisis del discurso de Pedro le dedico toda una sección en el apartado 4 del presente capítulo.

de frecuentes intervenciones a lo largo del capítulo, vuelve a aparecer diáfana en v. 41 : ἐν τῇ ἡμέρᾳ ἐκείνῃ, cerrando así todo un desarrollo concreto. Y alargando un poco más la perspectiva, la indicación de tiempo reaparece de nuevo en el último verso : καθ' ἡμέραν (v. 47), un tanto modificada por el carácter adverbial, pero precisamente en compañía de ἐπὶ τὸ αὐτό. Y así se cierra el capítulo.

Ya esta primera constatación permite individuar una verdadera *inclusión* entre v. 1 : τὴν ἡμέραν τῆς πεντηκοστῆς, y v. 41 : ἐν τῇ ἡμερᾳ ἐκείνῃ que delimita todo el desarrollo del « Día de Pentecostés ».

Análogamente se puede considerar también como *inclusión* — en más ancha perspectiva — la confluencia de ἡμέρα y ἐπὶ τὸ αὐτό que abre, en v. 1, y cierra, en v. 47, todo el capítulo.

La presencia de esta doble inclusión es funcionalmente bivalente. Por una parte, manifiesta la cerrada unidad del capítulo, encauzándolo dentro de unos márgenes formales claramente delimitados. Por otra parte, orienta el análisis hacia una primera fragmentación de la unidad textual en dos bloques sensiblemente desiguales : vv. 1-41 y vv. 42-47.

2.1. *Indicios formales de estructuración.*

En un primer intento de desgajar bloques y recortar unidades menores, quiero apuntar una serie de indicios formales que puedan descubrir los pilares fundamentales, y la estratificación profunda de la estructura de Hch 2.

2.1.1. Ya en el v. 1 surge un detalle interesante. El verbo que pone en marcha la narración es ἦσαν, seguido inmediatamente, en el v. 2, de γίνεσθαι. El mismo fenómeno se presenta en 5-6 y, más adelante, en 42-43. Esta constatación puede ser una de las pautas para fraccionar el relato en secuencias narrativas.

Aquí tengo que hacer una precisión importante a propósito de la construcción narrativa ἦσαν ... γίνεσθαι. Conscientemente he dejado γίνεσθαι en su indeterminación infinitiva, aunque resulta que en los dos primeros casos leemos el aoristo : ἐγένετο (2), γενομένης (6), mientras que en v. 43 se da paso al imperfecto ἐγίνετο. La observación de los cambios de tiempo narrativo me parece fundamental. En la secuencia 1-41 — naturalmente dentro del material narrativo — hay que constatar un predominio aplastante del *aoristo* ; las únicas excepciones se encuentran en vv. 6.7.12. 40. Por el contrario, en la secuencia siguiente (42-47) impera una regularidad absoluta en el uso del *imperfecto* ; y esta vez sin excepciones. No creo que este fenómeno sea puramente casual, sino marcadamente intencionado. Lo apunto como indicio clave, en orden a la estructuración del capítulo.

2.1.2. Otro indicio que llama la atención es la peculiaridad y recurrencia de una determinada construcción sintáctica. El v. 6 presenta la configuración siguiente: al participio inicial le siguen dos aoristos articulados por un καί: γενομένης ... συνῆλθεν ... καὶ συνεχύθη. El mismo fenómeno sintáctico se manifiesta en v. 14a: σταθείς ... ἐπῆρεν ... καὶ ἀπεφθέγξατο. En v. 37 vuelve a aparecer la misma construcción: ἀκούσαντες ... κατενύγησαν ... εἶπόν τε [44]. Finalmente, el v. 40 queda configurado de manera análoga, aunque sustituye el segundo aoristo por un imperfecto, y la colocación del participio aparece quiásticamente traspuesta: διεμαρτύρατο καὶ παρεκάλει ... λέγων [45].

Este tipo de construcción sintáctica no se encuentra más que en los pasajes indicados. Creo, por lo tanto, que se le puede adjudicar una función estructurante, que permite una segmentación de la linearidad narrativa en ulteriores divisiones.

2.1.3. Pero la construcción necesita un entrelazado, una especie de grapas que den cohesión a los diversos elementos y hagan que la estructura pueda surgir firme y esbelta. Esta función viene desempeñada por los *enlaces verbales*.

2.1.3.1. En el v. 4 suena por primera vez la palabra λαλεῖν, que se vuelve a escuchar en v. 6b: λαλούντων.

De igual manera el contenido de la doble reacción en vv. 12-13: τοῦτο εἶναι; y μεμεστωμένοι εἰσίν es recogido por Pedro, al principio de su discurso, en forma quiástica: οὐ μεθύουσιν y τοῦτό ἐστιν (vv. 15-16).

El discurso de Pedro se cierra con una proclamación de la *acción* de Dios en Cristo: ἐποίησεν (v. 36); la multitud responde a esa actuación de Dios con una pregunta acerca de lo que ellos deben *hacer*: ποιήσωμεν (v. 37).

Finalmente, el relato del Día de Pentecostés termina sobre una nota de carácter colectivo, comunitario: ψυχαί (v. 41); indudablemente es también una colectividad — ψυχῇ (v. 43) [46] — la que reacciona con temor reverencial ante la actividad taumatúrgica de los Apóstoles.

2.1.3.2. La función de sutura aparece aún más clara si se observa que, en cada uno de los casos mencionados, el enlace verbal respeta las diversas

---

[44] Quiero notar la variante mínima de esta última fórmula: τε en vez de καί, y naturalmente pospuesta al aoristo. Digo variante mínima, y que en realidad no altera el valor estructural de la fórmula, porque es reconocida la poca diferenciación entre ambas partículas. M. Zerwick llega a afirmar que τε « volente auctore sescenties loco καί adhiberi potest » (*Graecitas biblica*, p. 157, nº 466). Cfr. también Blass-Debrunner, nº 443, especialmente (3).

[45] Cfr. más adelante, p. 57.

[46] Precisamente el carácter distributivo de la construcción acentúa el valor colectivo y generalizante del significado (cfr. Zerwick, *Graecitas*, p. 62, nº 188).

construcciones y fórmulas que anteriormente he identificado como signos de división estructural.

Así, el primer enlace verbal : λαλεῖν (vv. 4.6b) deja intacta la construcción ἦσαν ... γίνεσθαι (v. 5) y la fórmula sintáctica γενομένης ... συνῆλθεν ... καὶ συνεχύθη (v. 6a).

De la misma manera, el doble enlace en vv. 12-13 y en vv. 15-16 se sitúa en ambas orillas de la fórmula σταθείς ... ἐπῆρεν ... καὶ ἀπεφθέγξατο (v. 14a).

Paralelamente, el ἐποίησεν del v. 36, respetando la sintaxis del v. 37a : ἀκούσαντες ... κατενύγησαν ... εἶπόν τε, se repite en el ποιήσωμεν del v. 37b.

Por fin, la mención de ψυχαί en v. 41b salta la construcción narrativa ἦσαν ... γίνεσθαι del v. 42, para continuarse en la mención de ψυχῇ del v. 43a.

2.2. *Las dos grandes unidades narrativas.*

En rápida visión sintética, quiero ahora confrontar los datos obtenidos, para ver si se pueden detectar confluencias significativas, que permitan un primer esbozo de estructura.

2.2.1. La totalidad del capítulo se presenta como una gran unidad narrativa, limitada en ambos extremos por una *doble inclusión* : ἡμέραν ... ἐπὶ τὸ αὐτό (1) y καθ' ἡμέραν ἐπὶ τὸ αὐτό (47).

2.2.2. Un examen global del texto detecta, en primer lugar, una alternancia en los tiempos narrativos. Hasta el v. 41, el relato está montado sobre una serie casi ininterrumpida de *aoristos*. Pero al llegar al v. 43 se advierte el cambio de agujas : la narración entra ahora por el camino invariable del *imperfecto*, hasta el final del capítulo.

En segundo lugar, las dos únicas menciones de ἡμέρα, en contexto narrativo[47], son : la indicación inicial del v. 1 : τὴν ἡμέραν τῆς πεντηκοστῆς, y su resonancia ulterior ἐν τῇ ἡμέρᾳ ἐκείνῃ, precisamente en el v. 41. De esta manera queda encuadrado en perfecta inclusión el relato de los sucesos del Día de Pentecostés.

Por último, en la construcción ἦσαν ... ἐγίνετο, estratégicamente colocada en vv. 42-43, el relato puntual, anecdótico, pivota sobre sí mismo y queda desviado hacia la generalización y continuidad del imperfecto.

2.2.3. Se da, por lo tanto, una confluencia triple que, a mi juicio, manifiesta un primer corte de la linearidad narrativa, después del v. 41. Así

---

[47] Siempre dentro del bloque estructural 1-41, las otras cinco menciones de ἡμέρα se encuentran en el discurso de Pedro ; por lo tanto, fuera de contexto propiamente narrativo : vv. 15. 17. 18. 20. 29.

quedan claramente configuradas dos unidades menores : 1-41 y 42-47. Y al mismo tiempo se han echado las bases para ulteriores segmentaciones estructurales.

2.3. *Los vv. 1-4 como secuencia autónoma.*

Como objeto de análisis tomo ahora el bloque narrativo 1-41, que ofrece a la disección estructural un panorama rico y prometedor.

2.3.1. Ya en la encuadratura inicial (vv. 1-2) surge la construcción ἦσαν ... γίνεσθαι, que origina un movimiento narrativo en torno al grupo de la primera comunidad. En seguida vuelve a aparecer la misma fórmula en v. 5, introduciendo una nueva categoría de personajes : los habitantes de Jerusalén. La reaparición de la fórmula en v. 42 desempeña una función doble. Por una parte, la identidad de sujetos en vv. 41 y 42 caracteriza a la comunidad como descendencia, en línea de continuidad, de la experiencia de Pentecostés ; mientras que por otro lado, ensancha el horizonte y amplía el ámbito en que se mueve y se desarrolla la comunidad nacida del agua y del Espíritu. No hay ruptura, sino una continuidad entre los vv. 41 y 42. Este fenómeno hace resaltar el corte entre los vv. 4 y 5, introducido por la aparición (v. 5) de un nuevo sujeto : Ἰουδαῖοι.

2.3.2. La mera recurrencia de una construcción tan claramente paralela es ya un indicio estructural. Pero además se advierte que el paralelismo entre vv. 5 y 42 está especialmente marcado por la construcción perifrástica que configura ambas instancias : ἦσαν ... κατοικοῦντες (5) y ἦσαν προσκαρτεροῦντες (42). Ahora bien, el paralelismo formal justifica la conclusión —legítima, creo yo — de que también existe un paralelismo funcional. La confluencia formal y funcional pone de manifiesto una cesura entre vv. 4 y 5, que permite tomar el v. 5 como punto de arranque de una ulterior secuencia narrativa.

Por lo tanto, esta simple observación que descubre dentro del bloque narrativo 1-41 dos partes cuantitativamente desiguales —1-4 y 5-41 — autoriza a desgajar los vv. 1-4 como una secuencia independiente, con vida y atributos peculiares.

2.3.3. El desmembramiento de 1-4 como secuencia autónoma queda confirmado por la aparición en v. 6a de τῆς φωνῆς ταύτης, que es una referencia explícita a lo que precede —concretamente, a la locución apostólica[48] — y que extiende su radio de acción hasta la φωνή de Pedro en el lejano v. 14a.

[48] Me inclino a interpretar la φωνή del v. 6 como referida a la locución apostólica, más bien que al ἦχος del v. 2. Efectivamente, en las repetidas recurrencias de φωνή a lo largo de Lc (14) y Hch (27), la expresión designa casi invariablemente un sonido articulado, proveniente de seres humanos o humanizados.

2.4. *La secuencia central*: *vv. 5-41.*

Una vez disociados los vv. 1-4 como secuencia independiente, queda como material de análisis el bloque 5-41. Como instrumento para un proceso de disección ulterior, tomo ahora un par de recurrencias significativas.

2.4.1. En primer lugar, la construcción : *participio-aoristo-καί-aoristo*. Esta fórmula aparece únicamente en el ámbito de los vv. 5-41. Una simple lectura del texto permite apreciar la colocación regular y periódica de esta construcción sintáctica. Estadísticamente ocurre, como ya dije anteriormente, en los vv. 6a.14a.37a.40a. Esto quiere decir, en primer lugar, que la fórmula se encuentra únicamente en las secciones genuinamente narrativas. En segundo lugar, los vv. 6a.14a.37a introducen respectivamente las reflexiones de la multitud, el discurso de Pedro, y el diálogo parenético; mientras que el v. 40, construído sobre ligeras variantes de la fórmula, cierra el desarrollo, e introduce la conclusión de todo el relato del Día de Pentecostés (v. 41).

2.4.2. Por otra parte, la función que desempeña esta construcción sintáctica, como soporte estructural, viene confirmada y reforzada por los *enlaces verbales*. La situación de estos enlaces resulta marcadamente estratégica. Desde un punto de vista puramente estático, los enlaces verbales aparecen al final de una sección y al principio de la siguiente; y precisamente, anteceden o siguen a la fórmula sintáctica, con la sola excepción del enlace ψυχαί en el v. 41b [49]. Funcionalmente crean una especie de cinturón alrededor de las fórmulas que sustentan el armazón estructural, mantienen firmemente ensambladas las junturas de los diversos bloques, y hacen posible la unidad y continuidad armónica de toda la estructura.

Esquematizando estos datos, se obtiene el cuadro siguiente :

4b : ἤρξαντο λαλεῖν: enlace verbal con λαλούντων (6b)
6a : γενομένης ... συνῆλθεν ... καὶ συνεχύθη: construcción sintáctica.
6b : λαλούντων: enlace verbal con λαλεῖν (4)

12-13 : τοῦτο εἶναι; μεμεστωμένοι εἰσίν: enlace verbal con μεθύουσιν, τοῦτό ἐστιν (15-16)
14a : σταθείς ... ἐπῆρεν κ. ἀπεφθέγξατο: construcción sintáctica
15-16 : μεθύουσιν, τοῦτό ἐστιν: enlace verbal con τοῦτο εἶναι; μεμεστωμένοι εἰσίν (12-13)

---

[49] Esto se debe indudablemente al hecho de que ψυχαί-ψυχῇ enlazan no precisamente secciones de una misma secuencia, sino dos secuencias propiamente tales : 2ª y 3ª. En este sentido, se podría poner en paralelo la recurrencia ψυχαί-ψυχῇ (vv. 41. 43) con λαλεῖν-λαλούτων (vv. 4. 6), que desempeña una función semejante de sutura de las secuencias 1ª y 2ª.

36b : ἐποίησεν: enlace verbal con ποιήσωμεν (37b)
37a : ἀκούσαντες ... κατενύγησαν ... εἶπόν τε: construcción sintáctica
37b : ποιήσωμεν: enlace verbal con ἐποίησεν (36b)

40a : διεμαρτύρατο καὶ παρεκάλει ... λέγων construcción sintáctica como recapitulación conclusiva [50].

2.4.3. Por lo tanto, la confluencia entre situación y función, tanto de la construcción sintáctica « participio-aoristo-καί-aoristo », como de los « enlaces verbales », permite deslindar limpiamente, dentro de la secuencia 5-41, tres secciones individuales : 5-13 ; 14-36 ; 37-41.

2.5. *Secuencias y Secciones.*

Con este puñado de observaciones por delante, creo que puedo aventurarme a diseñar las grandes líneas estructurales del capítulo.

Los indicios que acabo de analizar, en su situación estática y en sus confluencias y funciones dinámicas, revelan una estructura armónica y equilibrada.

Reducidos a esquema intuitivo, arrojan el balance que recoge el diagrama I-1.

Y aquí termina mi primera excursión. Ha sido una marcha en zig-zag y a grandes saltos, en orden a descubrir las grandes líneas de fuerza del relato. Me espera la segunda vuelta.

3. Articulaciones internas.

El camino ahora va a ser más reposado ; una especie de labor artesana, detallista, menuda, que no quisiera degenerar en minuciosa.

Voy a ir deteniéndome en cada una de las secciones, con un afán de descubrir la variada articulación.

Una vez más voy a echar mano de la *repetición*. Quiero perseguirla, a través de sus ocultamientos y reapariciones, para ver si su curso sinuoso traiciona y manifiesta de alguna manera una función estructural.

3.1. *1ª Secuencia (1-4).*

3.1.1. La encuadratura inicial traza el eje histórico del acontecimiento. Una ordenada temporal clara y precisa : ἡμέρα τῆς πεντηκοστῆς ; la otra,

---

[50] Cfr. más delante, p. 57.

la espacial : ὁμοῦ, difuminada y genérica. Y en el cruce, en el eje del sistema, otra vez la indeterminación y vaguedad del elemento personal : πάντες, ἐπὶ τὸ αὐτό.

3.1.2. El montaje de los tres versos siguientes es claramente paralelo : καί-aoristo-sujeto-καί-aoristo :

2.	καὶ ἐγένετο	ἦχος	καὶ ἐπλήρωσεν
3.	καὶ ὤφθησαν	γλῶσσαι	καὶ ἐκάθισεν
4.	καὶ ἐπλήσθησαν	πάντες	καὶ ἤρξαντο

Con todo, el paralelismo entre 2.3 está notablemente subrayado por la doble comparación y los correspondientes detalles intermedios :

v. 2	*v. 3*
καὶ ἐγένετο (ἄφνω ἐ. τ. οὐραν.)	καὶ ὤφθησαν (αὐτοῖς διαμερ.)
ἦχος ὥσπερ (φερ.) πνοῆς	γλῶσσαι ὡσεὶ πυρός
καὶ ἐπλήρωσεν (ὅλον τ. οἶκ.)	καὶ ἐκάθισεν (ἐφ' ἕνα ἕκαστ.)

3.1.3. El v. 4 confluye y difiere, conserva y añade. Por una parte, precipita el paralelismo, cortando la comparación y salvando espacios intermedios ; mientras que, por otra parte, —tal vez para compensar y restablecer el equilibrio interno — se prolonga en doble frase paralela, montada sobre dos infinitivos :

καὶ ἐπλήσθησαν
πάντες
καὶ ἤρξαντο λαλεῖν ...
ἀποφθέγγεσθαι ...

3.1.4. La repetición regular de una determinada fórmula sintáctica juega un papel determinante, como función estructural. Traza una línea divisoria entre el v. 1 y el resto de la sección y, de esta manera, relega el verso inicial a una función puramente introductoria.

La narración rueda ahora fácilmente sobre el engranaje de seis καί, a los que van acoplados otros tantos aoristos. Pero por una parte, observamos —como acabo de indicar — el paralelismo casi gemelo de 2-3, y la traviesa independencia de 4. Por otra parte, hay que constatar que, mientras en 2-3 los sujetos ἦχος, γλῶσσαι —determinados por las comparaciones que les acompañan — se dejan encuadrar en la categoría definida de « fenómenos naturales », el sujeto de 4, πάντες, vuelve a declarar su independencia personal. Tenemos, por lo tanto, que volver a trazar otra línea de puntos entre 3 y 4. Y así quedan configuradas las tres divisiones de la sección : 1 ; 2-3 ; 4.

Lo curioso es notar cómo en 2-3.4 el sujeto, rodeado de aoristos, ocupa invariablemente la posición central: ἦχος, γλῶσσαι, πάντες. Si a esto añadimos que algo parecido sucede en v. 1 —el sujeto πάντες colocado entre las dos ordenadas de tiempo y espacio — resulta una figura estructural perfectamente simétrica: πάντες - ἦχος - γλῶσσαι - πάντες.

Esta clara simetría descubre además la función estructural de πάντες: una manifiesta *inclusión*, que abre y cierra el desarrollo narrativo. Aparte de que sólo se encuentra en 1 y 4; las demás veces que se podría esperar su aparición, la palabra πᾶς viene cuidadosamente evitada, y se sustituye por ὅλος (2), o por εἷς ἕκαστος (3).

3.1.5. Con todo, el v. 4 merece una atención particular. Ya he señalado su independencia por carta de más, estirándose y desdoblándose, y por carta de menos, estrechando y suprimiendo. Antes he hablado de la segunda; ahora me interesa analizar la primera.

Lo más importante es indudablemente la doble mención explícita del Espíritu: πνεύματος ἁγίου, τὸ πνεῦμα, que constituye el punto climático de todo el desarrollo. La indefinida vaguedad inicial va abriéndose luz paulatinamente a través de los fenómenos audiovisuales, hasta estallar diáfana en esta repetición marcadamente paralela. En esta identificación confluyen todas las líneas del relato. El viento huracanado que ruge, el fuego que se distribuye en lenguas, son los *signos* del Espíritu.

Más aún, se puede constatar todo un proceso de transformación. El πνοή atmosférico de 2 queda transformado en πνεῦμα; análogamente las γλῶσσαι visuales de 3 quedan articuladas en un «lenguaje» polivalente: ἑτέραις γλώσσαις.

Por último quiero fijarme en la bina λαλεῖν - ἀποφθέγγεσθαι. Formalmente es un mero desdoblamiento paralelo, y aun sinonímico. Funcionalmente es mucho más rica.

En primer lugar, ya he señalado con anterioridad la función de enlace verbal que desempeña λαλεῖν en 4, con respecto a su reaparición en 6.

Además, hay que constatar que, gramaticalmente, ambos miembros de la bina dependen de ἤρξαντο: λαλεῖν directamente, como completiva; ἀποφθέγγεσθαι indirectamente, a través de la comparativa introducida por καθώς. Esta dependencia gramatical confiere a la bina una función doble: por una parte, el desdoblamiento equilibra la frase y le da su redondeamiento conclusivo; por otra parte, la idea de «comienzo» marca un nuevo rumbo y abre una proyección ulterior. En efecto, en la sección siguiente vuelven a aparecer ambos elementos. En el v. 6, λαλεῖν anuda el enlace verbal con 4, mientras que su reaparición en 7. 11 le convierte en término característico, que impone su tonalidad a toda la sección. Por su parte ἀποφθέγγεσθαι emerge en 14a, como caracterización de todo el discurso de Pedro, que constituye la tercera sección.

Por último, no quiero ignorar la presencia de ἐδίδου. Como elemento integrante del desdoblamiento paralelo, su función adquiere una característica singular. Precisamente a través del verbo διδόναι quedan estrechamente enlazados λαλεῖν y πνεῦμα, hasta el punto de llegar a la afirmación explícita de que la locución apostólica es un verdadero « don » del Espíritu.

3.1.6. Cierro el análisis de la primera secuencia apuntando, sólo de pasada, el complejo de resonancias que establece la raíz πλε- a su paso por toda la secuencia : συμπληροῦσθαι (v. 1), ἐπλήρωσεν (v. 2), ἐπλήσθησαν (v. 4).

3.2. *2ª Secuencia* : *1ª Sección* (*5-13*).

Cambio de escena. La nueva secuencia viene introducida de una manera análoga a la anterior. Otra vez es la construcción narrativa ἦσαν ... γίνεσθαι —en este caso ἦσαν ... γενομένης — la que levanta el telón.

3.2.1. El cambio consiste en la ampliación del espacio y en la aparición de nuevos personajes. Frente al restringido e indeterminado grupo de los vv. 1-4 (πάντες), aparece en v. 5 una nueva magnitud personal, igualmente indiferenciada : Ἰουδαῖοι, ἄνδρες εὐλαβεῖς ἀπὸ παντὸς ἔθνους τῶν ὑπὸ τὸν οὐρανόν. La indecisa indicación espacial del comienzo : ὁμοῦ (v. 1) se ensancha ahora hasta abarcar toda la ciudad : εἰς Ἰερουσαλήμ (v. 5) y todos los pueblos de la tierra : πᾶν ἔθνος (v. 5). De esta manera, el v. 5 desempeña una función estructural paralela a la del v. 1 : una función introductoria.

3.2.2. En el v. 6a se encuentra por primera vez la construcción sintáctica « participio-aoristo-καί-aoristo ». En el apartado anterior he identificado esta fórmula como uno de los pilares que sostienen el armazón estructural de toda la segunda secuencia. El paralelismo manifiesto entre vv. 6a. 14a, como introducción a las respectivas secciones, delimita claramente el contorno de esta primera sección, y la mantiene perfectamente unificada : vv. 6-13.

Dentro de esta cerrada unidad, todo el desarrollo siguiente está cruzado por una confrontación dialéctica entre los personajes. El v. 6b anuncia y presenta de entrada la oposición, en forma paralela personal :

6b: ἤκουον εἷς ἕκαστος
λαλούντων αὐτῶν [51].

[51] No quiero pasar por alto un pequeño detalle que puede ser altamente significativo en orden a la interpretación. En el v. 6, τῇ ἰδίᾳ διαλέκτῳ está colocado en el medio, de manera que puede determinar igualmente al ἀκούειν o al λαλεῖν. Sin embargo, los vv. 8. 11 rompen esa neutralidad inicial del v. 6, y toman partido : el

Un nuevo contraste en 7-11 opone ambos grupos, esta vez a nivel gentilicio :

7: πάντες οὗτοι .... Γαλιλαῖοι
8: ἡμεῖς ....
9-11: .... Πάρθοι καὶ Μῆδοι καὶ ...

El contraste queda subrayado por la repetición, en inclusión quiástica, de los verbos que, en 6b, anunciaban la oposición dialéctica :

7b-8: λαλοῦντες ἀκούομεν
11: ἀκούομεν λαλούντων

Y ampliando aún más el círculo, se puede detectar un nuevo cinturón inclusivo :

7: ἐξίσταντο δὲ [πάντες] κ. ἐθαύμαζον λέγοντες[52].
12: ἐξίσταντο δὲ πάντες κ. διηποροῦντο λέγοντες.

Fuera del marco trazado por esta última inclusión se encuentran dos elementos que juegan también un papel importante, desde el punto de vista estructural. Por una parte, el λαλούντων de 6b forma enlace verbal con el λαλεῖν del v 4, en la secuencia anterior. Por otra parte, la pregunta de 12 : τοῦτο εἶναι y el despectivo comentario de 13 : μεμεστωμένοι εἰσίν, enlazan verbalmente esta sección con la siguiente, al reaparecer en 15-16, como proemio del discurso de Pedro.

3.2.3. Ahora, una mirada rápida a la construcción de la lista de pueblos : vv. 9-11a.

Se abre la enumeración con tres « gentilicios » : Πάρθοι καὶ Μῆδοι καὶ Ἐλαμῖται. Sigue después una larga recensión de « regiones », introducidas por οἱ κατοικοῦντες. Y se termina la lista introduciendo con οἱ ἐπιδημοῦντες una nueva tríada : Ῥωμαῖοι, Ἰουδαῖοί τε καὶ προσήλυτοι, y una especie de apéndice sintético : Κρῆτες καὶ Ἄραβες[53], en que vuelven a dominar claramente los « gentilicios ».

---

v. 8 se inclina hacia la audición, mientras el v. 11 se decide claramente por la locución. No creo, por lo tanto, que el texto dé pie a una determinada interpretación del fenómeno, sea como « milagro de locución » (= ¿ glosolalia ?), o como « milagro de audición ». Cfr. los comentarios a este pasaje.

[52] Pongo entre paréntesis el πάντες de v. 7 para llamar la atención sobre la variante textual presente en muchos manuscritos. En realidad, sólo el Codex Vaticanus (B), la recensión Koinê (K), el Codex Bezae Cantabrigensis (D) y algunos más (al), omiten πάντες ; mientras que la enorme masa de la recensión egipcia (H-esiquio), muchísimos mms (pm) y Tischendorf (T) admiten πάντες como parte integrante del texto.

[53] O. Eissfeldt, « Kreter und Araber », TLZ 72 (1947) 207-212.

3.2.4. Una observación global de los diversos encuadres me lleva ahora a reseñar la construcción sintáctica que abre la sección (6a), y la inclusión que subraya el desconcierto de la multitud y sus reflexiones (7a. 12a).

Lo primero que llama la atención es el paso del aoristo al imperfecto; en segundo lugar, la disposición inclusiva del marco de las reflexiones:

6a: γενομένης .... συνῆλθεν ... καὶ συνεχύθη
7a: ἐξίσταντο δὲ ... καὶ ἐθαύμαζον .... λέγοντες
12a: ἐξίσταντο δὲ ... καὶ διηποροῦντο... λέγοντες .

La impresión de desconcierto que se apodera de la multitud en un momento dado — συνεχύθη (= aoristo) — queda mantenida, tensa, en expectación; una impresión que dura, que permanece abierta a una explicación. El imperfecto recoge esta continuidad de la experiencia.

La inclusión, por su parte, pone de relieve el carácter peculiar y específico de esa experiencia. Reflejo de la impresión mantenida es, sin duda, la inusitada acumulación de preguntas, sobre las que cabalgan las reflexiones de la multitud desconcertada.

3.2.5. Otra observación global. Toda la sección está dominada por una tonalidad fuerte, marcada, repetida, en torno a la idea de *palabra*. Esto es lo que manifiesta el dobre trío:

— λαλούντων (6b); λαλοῦντες (7b); λαλούντων (11b);
— τῇ ἰδίᾳ διαλέκτῳ (6b); τῇ ἰδίᾳ διαλέκτῳ (8); ταῖς ἡμετέραις γλώσσαις (11b).

Una serie doble que no hace más que desarrollar en amplios círculos el ἤρξαντο λαλεῖν ἑτέραις γλώσσαις con que se cerraba la primera sección (4).

Y en paralelo con esta triple insistencia en la palabra, una correspondiente insistencia en el *oir*:

ἤκουον (6b); ἀκούομεν (8); ἀκούομεν (11b).

Se establece así una verdadera dialéctica « hablar-oir », que halla eco en la construcción de 7b-8a:

οἱ λαλοῦντες — ἀκούομεν
Γαλιλαῖοι — ἡμεῖς ,

se concreta en la marcada inclusión quiástica 7b-8. 11b:

λαλοῦντες
 ἀκούομεν
 ἀκούομεν
λαλούντων ,

e impone a toda la sección un carácter típico e individual inconfundible.

3.2.6. Quiero terminar el análisis recogiendo los datos apuntados y reduciéndolos a esquema intuitivo y sintético.

Para marcar las correspondencias, señalo en doble columna los procedimientos estructurales y el texto estructurado.

Bastará una simple mirada, para apreciar la armónica simetría concéntrica, en la que se revela la estructura de esta sección.

Procedimientos estructurales	**Texto estructurado**
Fórmula introductoria (5)	ἦσαν .... γενομένης
Construcción sintáctica (6a)	γενομένης ... συνῆλθεν ... καὶ συνεχύθη
Enlace verbal (6b)	λαλούντων
Inclusión (7a)	ἐξίσταντο δὲ ... καὶ (ἐθ.) λέγοντες
Inclusión quiástica (7b-8)	λαλοῦντες — ἀκούομεν
Tríada de Pueblos (9a)	Πάρθοι καὶ Μῆδοι καὶ Ἐλαμῖται
Lista de regiones (9b-10b)	οἱ κατοικοῦντες Μεσοποταμίαν, Ἰουδαίαν,... οἱ ἐπιδημοῦντες
Tríada de Pueblos (10b-11a)	Ῥωμαῖοι, Ἰουδαῖοι, προσήλυτοι
Inclusión quiástica (11b)	ἀκούομεν — λαλούντων
Inclusión (12a)	ἐξίσταντο δὲ...καὶ (διηπ.) λέγοντες
Enlace verbal (12b-13)	τοῦτο εἶναι; μεμεστωμένοι εἰσίν

3.3. *2ª Secuencia*: *2ª Sección* (*14-36*).

La segunda sección es fácilmente reconocible, y no hay que discutir mucho para reconocer sus fronteras.

De nuevo surge la construcción sintáctica « participio-aoristo-καί-aoristo », con su función introductoria : σταθείς ... ἐπῆρεν ... καὶ ἀπεφθέγξατο (14a). El género literario *discurso*, introducido por ἀπεφθέγξατο, confiere a esta sección su fisonomía propia e individuante.

Es verdad que la mayoría de los comentaristas alargan el discurso hasta el v. 40. Pero, a mi juicio, el análisis estructural conducido en el apartado 2° de este capítulo, y el que voy a intentar en las líneas que siguen, constituyen un fundamento suficientemente sólido para encerrar el discurso de Pedro entre los límites de los vv. 14b-36.

3.3.1. La primera frase es obviamente introductoria ; y cualquiera, un poco familiarizado con la oratoria clásica, puede ponerla en línea con los exordios típicos de los discursos de la antigüedad.

El encabezamiento recoge, en orden inverso, los elementos del introductorio verso 5 :

5:	... (εἰς) Ἰερουσαλὴμ	κατοικοῦντες	Ἰουδαῖοι, ἄνδρες ...	
14b:	ἄνδρες	Ἰουδαῖοι	(καὶ οἱ) κατοικοῦντες	Ἰερουσαλήμ

La adición πάντες — en la que tal vez se pueda ver un eco del ἀπὸ παντὸς ἔθνους de 5 — adquiere una relevante significación estructural, si comparamos esta introducción con la conclusión, en v. 36, πᾶς οἶκος Ἰσραήλ. Se da una correspondencia notable, que da pie para considerar πάντες-πᾶς como una verdadera inclusión que abraza todo el discurso.

La sucesión de los dos miembros siguientes — τοῦτο ὑμῖν γνωστὸν ἔστω y ἐνωτίσασθε τὰ ῥήματά μου — plantea una cierta fricción lógica. Cabría esperar un orden inverso, de modo que 15-16 fuesen la inmediata explicitación de τοῦτο en 14b. Con todo, la disposición del texto actual parece estructuralmente más fuerte. La unión inmediata de πάντες y γνωστὸν ἔστω corresponde admirablemente a la bina sinónima γινωσκέτω πᾶς del v. 36. La inclusión resulta perfecta, englobando todo el desarrollo.

3.3.2. Los vv. 15-16 desempeñan una clara función de enlace verbal con 12b-13. El ἐξίσταντο ... de 12a se ha escindido en una perplejidad, manifestada en la pregunta τί θέλει τοῦτο εἶναι (12b), y en una burla con que algunos — ἕτεροι (13) — expresan su escepticismo. Pedro recoge esa excisión y monta sobre ella su discurso. Pero lo hace en forma quiástica :

12b:	τοῦτο εἶναι ;	╲╱	15:	οὐ μεθύουσιν
13 :	μεμεστωμένοι εἰσίν	╱╲	16:	τοῦτό ἐστιν .

El quiasmo da un fuerte relieve a la afirmación τοῦτό ἐστιν (16), con que Pedro responde a la pregunta ; y subraya la razonada negativa — οὐ μεθύουσιν (15) — con que rechaza la burlona suposición : ὡς ὑμεῖς ὑπολαμβάνετε (15).

3.3.3. Con el τοῦτό ἐστιν queda introducida la primera parte del discurso : una larga cita de Joel (Jl 3,1-5a).

El texto profético, tanto en la cita como en el original[54], traza un arco en dos vertientes. Los soportes extremos (17. 21) descansan sobre una fórmula, de muy exiguo valor estilístico, pero con una decidida función estructural de inclusión: καὶ ἔσται (וְהָיָה).

3.3.3.1. El ámbito de la primera vertiente queda nítidamente recortado. La repetición de una frase idéntica en 17a. 18b constituye una manifiesta inclusión interna:

ἐν ταῖς ... ἡμέραις ἐκχεῶ ἀπὸ τοῦ πνεύματός μου ... κ. προφητεύσουσιν.

Dentro de este recinto, los espacios se distribuyen regularmente, alternando magnitudes binarias con cuaternarias. La dual diferenciación de sexos — υἱοί-θυγατέρες, δούλους-δούλας —, al combinarse con la polaridad de edades — νεανίσκοι-πρεσβύτεροι —, da origen a una cuádruple categoría personal. Los contrastes quedan acentuados por un expresivo quiasmo:

υἱοί — θυγατέρες
νεανίσκοι
πρεσβύτεροι
δούλους — δούλας

La pareja central de verbos — ὄψονται-ἐνυπνιασθήσονται — atrae a los gemelos — προφητεύσουσιν —, formando así otra cadena cuádruple:

προφητεύσουσιν
ὄψονται
ἐνυπνιασθήσονται
προφητεύσουσιν.

Sería fácil barajar los diversos elementos y categorías, y reseñar las correspondencias. Me limito únicamente a señalar la alternancia de quiasmo y paralelismo:

[54] A este punto, me parece obligado llamar la atención sobre las variantes introducidas en el texto lucano, con respecto a TM y aun a LXX. Las más significativas creo que son: ἐν ταῖς ἐσχάταις ἡμέραις (v. 17), en vez de אַחֲרֵי כֵן o μετὰ ταῦτα — esta última lectura atestiguada sólo por el códice B —; adición de un segundo καὶ προφητεύσουσιν (v. 18); e introducción de σημεῖα en v. 19. La segunda y tercera son fácilmente explicables por la peculiar teología lucana de insistencia en la proclamación de la palabra, y la regular geminación τέρατα καὶ σημεῖα, especialmente en Hch. En cuanto a la dimensión escatológica del acontecimiento, introducida por la primera variante, me remito al excelente estudio de F. Mussner, « In den letzten Tagen (Apg 2,17a) », BZ NF5 (1961) 263-265, cuyas conclusiones comparto plenamente.

προφητεύσουσιν ╳ υἱοί-θυγατέρες
δούλους-δούλας ╳ προφητεύσουσιν
νεανίσκοι — (ὁράσεις) — ὄψονται
πρεσβύτεροι — (ἐνυπνίοις) — ἐνυπνιασθήσονται.

Con todo, el v. 18 presenta una serie de particularidades, un par de menudencias que, sin perturbar la simetría del conjunto, da un relieve especial a la categoría de « los siervos ».

En primer lugar una cierta sustentación precede a la aparición de los siervos. El simple artículo que presenta a los « hijos e hijas » y la normal coordinación « καί--artículo » que introduce a los « jóvenes y ancianos », se alarga en καί γε ἐπί antes de la entrada en escena de los « siervos y siervas ».

Además, el ἐπί inicial, que generaliza la efusión del Espíritu, se repite aquí y sólo aquí.

Otra peculiaridad interesante es el cambio de posesivo. Mientras « hijos e hijas, jóvenes, ancianos » quedan en un nivel puramente judío : ὑμῶν, los « siervos y siervas » son asumidos como posesión especial de Dios : δούλους μου, δούλας μου.

Por último, el quiasmo que acabo de apuntar hace un momento recalca la diferencia de esta categoría personal.

3.3.3.2. Un simple y trivial καί marca la transición a la segunda vertiente de la cita profética.

También esta parte —igual que la anterior — camina sobre verbos en futuro. El carácter típico de la profecía, como tal, es esa proyección y apertura hacia el después, hacia el más adelante. El texto adquiere así un carácter eminentemente dinámico y progresivo.

De nuevo aparece aquí el montaje predominantemente binario : τέρατα-σημεῖα, οὐρανῷ-γῆς, ἄνω-κάτω, ἥλιος-σελήνη, σκότος-αἷμα, δώσω-μεταστραφήσεται. Sólo la terna αἷμα-πῦρ-ἀτμίδα καπνοῦ rompe la uniformidad binaria dominante.

La estructura es fundamentalmente paralela, aunque no falta la articulación quiástica. El enunciado general se ordena en serie paralela :

τέρατα ἐν τῷ οὐρανῷ ἄνω
σημεῖα ἐπὶ τῆς γῆς κάτω.

Igualmente la concreción de fenómenos celestes :

ὁ ἥλιος εἰς σκότος
ἡ σελήνη εἰς αἷμα .

Se advierte, con todo, que al pasar del enunciado general a los fenómenos concretos, el orden paralelístico queda alterado quiásticamente, al pasar revista primero a los fenómenos terrestres y últimamente a los celestes :

τέρατα	ἐν	τῷ	οὐρανῷ	ἄνω	αἷμα - πῦρ - ἀτμίδα καπνοῦ
σημεῖα	ἐπὶ	τῆς	γῆς	κάτω	ὁ ἥλιος εἰς σκότος ἡ σελήνη εἰς αἷμα

3.3.3.3. Y aislado, independiente, como una meta hacia donde tiende la serie de futuros, aparece el *Día del Señor* (20b).

Es curiosa esta mención de ἡμέρα precisamente aquí, al final de la cita profética, en la línea divisoria de las dos partes del discurso, casi exactamente en la mitad del capítulo. No creo que sea rebuscado ver en esta estratégica reaparición de ἡμέρα una correspondencia sugestiva con los vv. 1. 41, por una parte, y por otra, con 1. 47.

Con la repetición de la fórmula transicional καὶ ἔσται (21) se concluye la cita profética y la primera parte del discurso. Pero dos alusiones de gran importancia —τὸ ὄνομα κυρίου y el futuro σωθήσεται — quedan resonando como germen de un desarrollo ulterior.

En realidad, τὸ ὄνομα κυρίου desemboca inmediatamente — traspuesto de clave, eso sí — en el nombre de *Jesús*, que va a ser la nota dominante de la segunda parte.

Análogamente, σωθήσεται va a ir apareciendo a intervalos, bajo diversas formas, señalando el final y el resumen de las « múltiples palabras exhortativas » de Pedro, en la cuarta sección (40), y cerrando sobre esta tónica todo el relato (47).

La situación central de los temas ἡμέρα y σῴζεσθαι, y la constelación de resonancias textuales que encierran y engendran, les confiere una función privilegiada desde el punto de vista de la estructura. Son, sin duda, los temas hacia donde convergen y de donde parten las líneas de fuerza de toda la composición ; centrales en su colocación, son no menos centrales en su significación[55].

3.3.4. Un nuevo exordio da acceso a la segunda parte del discurso. El encabezamiento : ἄνδρες Ἰσραηλῖται (22), es más sintético que en el primer exordio (cfr. 14b) ; la llamada a prestar atención, sinonímicamente paralela :

ἐνωτίσασθε	τὰ	ῥήματα	(μου)
ἀκούσατε	τοὺς	λόγους	(τούτους).

Los límites de esta segunda parte se presentan limpiamente recortados. La clave nos la da el v. 36 que, en su calidad de conclusión del discurso, sintetiza todos los elementos que soportan la estructura :

[55] Un desarrollo ulterior de esta reflexión puede verse en la sección 4 de este mismo capítulo, pp. 69-70.

— κύριον καὶ χριστόν
— ἐποίησεν ὁ θεός
— τοῦτον τὸν Ἰησοῦν
— ὃν ὑμεῖς ἐσταυρώσατε.

Esta simple enumeración, seca y fáctica en su materialidad, irá cobrando vida en el curso de los análisis que siguen. Espero poder mostrar el rico juego de relaciones y correspondencias internas, que traicionan una estructura fundada sobre pilares firmes y armoniosos, y un complejo de articulaciones estéticas y funcionales.

3.3.4.1. Solemne, aislado, en cabeza, sin artículo, el nombre de Jesús. Este comienzo enfático, abriendo la frase con un complemento, pone de relieve, ya desde el principio, la función clave que el nombre de Jesús desempeña en la estructura.

Más aún, antes de que el sentido gramatical cierre la enorme frase, tan solemnemente iniciada en 22b, vuelve a sonar potente el nombre de Jesús, esta vez en forma pronominal: τοῦτον (23). Y alargando aún más la frase, por medio de una oración relativa, todavía se oye el eco del comienzo en el relativo personal ὅν (24).

Más adelante, cuando ya se hace sentir el cansancio de las citas y de la argumentación escriturística, reaparece un sonoro y recapitulante τοῦτον τὸν Ἰησοῦν (32).

Y sobre esta nota dominadora queda redondeado todo el desarrollo y todo el discurso. El τοῦτον τὸν Ἰησοῦν final (36) recoge vigorosamente, en nítida inclusión, los ecos despertados por el Ἰησοῦν τόν ... τοῦτον del comienzo (22b).

Junto al nombre de Jesús, en bina personal inseparable, suena insistentemente el nombre de Dios.

Ocho veces sale al paso la palabra θεός en estos quince versos. Cinco veces θεός es el sujeto explícito de un verbo de acción: ἐποίησεν (22b), ἀνέστησεν (24), ὤμοσεν (30), ἀνέστησεν (32), ἐποίησεν (36). Y el destinatario de esa acción de Dios es generalmente Jesús: tres veces explícitamente (24. 32. 36) y una indirectamente, por medio de «signos y prodigios» (22b). La única excepción es el juramento hecho a David (30).

Las otras tres menciones del nombre de Dios aparecen ligadas a participios — ἀποδεδειγμένον (22b), ὑψωθείς (33) — o a un adjetivo verbal — ἔκδοτον (23) — que configuran la acción de Dios en Jesús. Efectivamente, en todos estos casos, es invariablemente Jesús el acreditado, el entregado, el exaltado.

La recurrencia de esta bina nominal es clave, en orden a determinar la articulación interna de esta segunda parte.

3.3.4.2. Antes de nada, voy a intentar desmontar esa frase gigantesca y gramaticalmente compleja, que abarca tres versos llenos : 22b-24. Una vez más va a ser la repetición la que ponga al descubierto las suturas de este encadenamiento sintáctico.

La pauta para descoser la frase y seccionarla en segmentos, la encuentro en la repetición periódica — a diversos niveles gramaticales — del nombre de Jesús. El acusativo inicial Ἰησοῦν (22b) — y su duplicado δι' αὐτοῦ — se refracta en el τοῦτον con que empieza el v. 23, y se prolonga en el relativo ὅν que introduce el v. 24.

Con este primer indicio divisor colabora la repetición del nombre de Dios. La doble mención en 22b : ἀπὸ τοῦ θεοῦ, ὁ θεός, reaparece simplificada en 23 : βουλῇ καὶ προγνώσει τοῦ θεοῦ, y ulteriormente en 24 : ὁ θεός.

Por último, teniendo en cuenta que las formas verbales configuran y cualifican la acción de Dios en Jesús, se pueden aislar fácilmente tres momentos de esa actuación : la actividad milagrosa durante el ministerio público (εἰς ὑμᾶς, ἐν μέσῳ ὑμῶν), la muerte, y la resurrección.

De esta manera, la recurrencia de la bina personal *Jesús-Dios* permite desmembrar limpiamente el conglomerado sintáctico en tres segmentos : 22b/23/24.

Con esta división empiezan ya a perfilarse los contornos de la estructura. Con todo, para una apreciación de conjunto, hay que llegar hasta el final.

3.3.4.3. Para encontrar de nuevo la repetición binaria Jesús-Dios tenemos que saltar hasta el v. 32. Y aquí, el paralelismo con v. 24 es manifiesto :

24:	ὅν	ὁ θεὸς	ἀνέστησεν
32:	τοῦτον τὸν Ἰησοῦν	ἀνέστησεν	ὁ θεός.

Una inclusión interna engloba todo el desarrollo de la Resurrección, anudando firmemente los cabos del segmento (24. 32). El quiasmo entre sujetos y verbos subraya el significado de la Resurrección como « la gran actuación de Dios », como « el día en que actuó el Señor » (cfr. Sal 118, 24), constituyendo a Jesús como « Mesías » (31 : cfr. 36)

Esta última mención sirve de puente a una nueva acción de Dios en Jesús : τῇ δεξιᾷ τοῦ θεοῦ ὑψωθείς (33) La estrecha relación entre ὑψωθείς (33) y ἀνέβη (34), la correspondencia — meramente formal, desde luego [56] — entre δεξιᾷ τοῦ θεοῦ (33) y ἐκ δεξιῶν μου (34), y el carácter de « entronización victoriosa » de la cita que sigue (34-35), unen íntimamente estos tres versos, creando una cerrada unidad, dominada por la constante actuación de Dios, que exalta a Jesús como « Señor » (34).

[56] Cfr. más adelante : 3.3.6.4.

3.3.5. Y así llegamos a la *conclusión* (36), que fue el punto de partida.

En visión sintética, se puede afirmar que la actuación de Dios en Jesús es cuádruple: lo acredita ante el pueblo, por medio de signos y prodigios (22b); lo entrega, según su plan predeterminado (23); lo resucita, arrancándolo de los lazos de la muerte y constituyéndolo Mesías (24-32. 36); lo exalta como Señor victorioso (33-35. 36).

Esta cuádruple enumeración define los cuatro *hechos* que constituyen el núcleo de la proclamación kerygmática y, al mismo tiempo, asientan firmemente los pilares de la estructura cuatripartita.

Frente a la actuación de Dios en Jesús, toma cuerpo, antitéticamente, la acción de los Judíos (23. 36). El contraste queda subrayado aun por la misma sintaxis. En v. 23, la actuación judía — destructora y vilmente asesina — cobra todo el énfasis de la afirmación principal, mientras la entrega de Dios está enmarcanda en una frase relativa. Por el contrario, en v. 36, el peso se invierte, con lo que el quiasmo ideológico resulta más hiriente e incisivo. La cuádruple actuación de Dios se manifiesta invasoramente irresistible.

3.3.6. Al observar de cerca cada uno de estos cuadros, con una preocupación estructural, lo primero que salta a la vista es la construcción predominantemente binaria.

Ante todo, una bina personal: « Jesús-Dios » es la que ha constituido la clave para identificar la articulación interna de esta segunda parte del discurso de Pedro.

En segundo lugar, las cuatro subpartes se corresponden mutuamente dos a dos. La primera y segunda (22b. 23) contienen una mera enunciación de la actuación de Dios en Jesús. La tercera y cuarta, aparte de la enunciación del hecho (24a. 32a; 33a), se alargan en una cita de la Escritura (25-28; 34b-35) y en una argumentación, desarrollada en la tercera parte (29-31), meramente insinuada en la cuarta (34a). Hay que señalar, por otro lado, que, mientras el esquema de la tercera parte es; « enunciación-cita-argumentación », la cuarta parte altera esta secuencia, insinuando la argumentación antes de la cita.

Pero además, cada segmento en particular aparece transido de relaciones binarias, sea en puro paralelismo, sea en quiasmo significativo.

3.3.6.1. El v. 22b está montado sobre dos líneas paralelas de acción:

Ἰησοῦν	ἀποδεδειγμένον	ἀπὸ τοῦ θεοῦ	εἰς ὑμᾶς
ἐποίησεν	δι' αὐτοῦ	ὁ θεὸς	ἐν μέσῳ ὑμῶν.

Sobre este paralelismo linear se entrecruza y se mezcla una variada constelación de relaciones quiásticas y paralelísticas.

Junto al quiasmo de acción:

Ἰησοῦν ╳ ἀποδεδειγμένον
ἐποίησεν ╳ δι' αὐτοῦ

se sitúa un doble paralelismo personal:

Ἰησοῦν — τοῦ θεοῦ   τοῦ θεοῦ — εἰς ὑμᾶς
δι' αὐτοῦ — ὁ θεός   ὁ θεός — ἐν μέσῳ ὑμῶν.

Y en el centro de la secuencia, rompiendo el esquema binario, aparece una tríada:

δυνάμεσι καὶ τέρασι καὶ σημείοις.

Sin querer exagerar, ni aguzar demasiado, me parece que lo notable de esta tríada es que no resulta de la simple suma de tres elementos (1 + 1 + 1), sino de la adición 1 + 2. En realidad, τέρατα καὶ σημεῖα es una bina típica que, en todo el NT, no se encuentra más que en el libro de los Hechos (5 veces). Su alternativa σημεῖα καὶ τέρατα aparece 4 veces en Hch, y sólo 7 en el resto de NT. Por lo tanto, de las 16 veces que la fórmula, en sus dos alternativas, hace su aparición en todo el NT, 9 veces se instala en el libro de los Hechos.

Esta constatación puramente estadística lleva a pensar que la tríada de 22b es radicalmente una bina en expansión [57].

Desde el punto de vista funcional, la terna δυνάμεσι καὶ τέρασι καὶ σημείοις es una caracterización concisa de un todo orgánico. La realidad compleja y múltiple del ministerio público de Jesús queda descrita en tres pinceladas rápidas, hasta impresionistas, que captan y caracterizan lo peculiar y llamativo de toda su actividad.

3.3.6.2. El segundo cuadro (v. 23) está igualmente marcado por la relación binaria. En este caso se trata de una bina cualificada: una *antítesis* [58].

Una vez más es el nombre de Jesús, en forma pronominal solitaria y enfática: τοῦτον, el que inicia el movimiento. El desarrollo procede también aquí sobre vías paralelas, pero en un clima de antítesis agresiva:

[57] La tríada recurre además en Rm 15,19; 2 Cor 12,12; 2 Tes 2,9; Hbr 2,4. De entrada hay que descartar Rm y 2 Tes, porque el singular δυνάμει desarticula la tríada, dejando al desnudo la bina clásica σημεῖα καὶ τέρατα. En cuanto a las otras dos recurrencias, la introducción de la partícula τε entre los dos miembros destruye el paralelismo estricto con Hch 2,22b. Por lo tanto, el pasaje que me ocupa es el único caso de una auténtica tríada; pero dada la constante presencia en Hch de τέρατα καὶ σημεῖα como expresión binaria, la adición de δυνάμεσι, en el caso único de 2,22b, bien puede considerarse como expansión de la bina típica y normal.

[58] Para una apreciación de esta importante figura retórica, me remito a Lausberg, *Rhetorik I*, pp. 389ss.

τῇ ὡρισμένῃ βουλῇ καὶ προγνώσει τοῦ θεοῦ ἔκδοτον
διὰ χειρὸς ἀνόμων προσπήξαντες.

Con la actuación de Dios contrasta violentamente la actuación del pueblo judío. El ritmo lento y reposado del plan de Dios choca secamente con la materialidad del rápido χειρός. La mera confrontación τοῦ θεοῦ - ἀνόμων es ya en sí misma significativa. La generosidad y cariño del « don » se estrella contra la crueldad asesina del προσπήξαντες.

Por eso, la frase se cierra con un enérgico y acusatorio ἀνείλατε que, estructuralmente, restablece el equilibrio del período antitético :

τοῦτον ἔκδοτον
προσπήξαντες ἀνείλατε.

3.3.6.3. Al dramatismo concentrado del segundo cuadro sucede una tonalidad amplia de triunfo y de victoria, que invade la tercera parte (24-32). Pero como triunfo y victoria suponen una lucha, también aquí vuelve a aparecer la construcción binaria antitética.

Igual que en las dos partes anteriores, la escena se pone en marcha con una mención del nombre de Jesús, recapitulado aquí en un relativo : ὅν.

Y en seguida, en un ligado inmediato, el grito de victoria : ὁ θεὸς ἀνέστησεν, que marca la tonalidad dominante.

El ἀνέστησεν se desmembra en dos temas paralelos, en dos frases subordinadas, que describen la atmósfera de lucha :

λύσας τὰς ὠδῖνας τοῦ θανάτου
οὐκ ἦν δυνατὸν κρατεῖσθαι αὐτὸν ὑπ' αὐτοῦ.

Esta exposición de los temas implica una presentación antitética de los personajes :

ὁ θεός τοῦ θανάτου
αὐτόν (= 'Ιησοῦν) ὑπ' αὐτοῦ (= θάνατος).

El ambiente de lucha queda caracterizado por dos rasgos vigorosos, en manifiesto paralelismo :

λύσας τὰς ὠδῖνας
οὐκ ἦν δυνατὸν κρατεῖσθαι.

A la exposición de temas sigue un largo desarrollo binario, en doble clave : cita de la Escritura (25-28), y argumentación consiguiente (29-31).

3.3.6.3.1. La cita del Sal 16,8-11 está estructurada a base de una alternancia de articulaciones binarias y ternarias.

La experiencia íntima de una continua presencia de Dios (25) está enunciada en paralelismo binario:

ἐνώπιόν μου
ἐκ δεξιῶν μου.

Esta experiencia sentida hondamente se desborda en una triple oleada de alegría —tres verbos—, que inunda hasta la más externa corporeidad del salmista —tres sustantivos—:

ηὐφράνθη μου καρδία
ἠγαλλιάσατο μου γλῶσσα
κατασκηνώσει μου σάρξ [59]

La tríada expresa sin duda el desbordamiento externo de la vivencia interior. Con todo, la estructura deja entrever una cierta tensión entre el resultado triádico y los componentes individuales.

Los dos primeros verbos: ηὐφράνθη, ἠγαλλιάσατο expresan claramente un sentimiento de alegría; mientras que el último: κατασκηνώσει, aun en conjunción con el elemento adverbial ἐπ' ἐλπίδι, tiene un matiz diverso. Además, los dos primeros recogen una experiencia pasada: aoristo; el último se proyecta hacia el futuro.

Algo parecido sucede con los sustantivos. Por una parte, los dos primeros concretizan localmente la experiencia: καρδία, γλῶσσα; el último, por su parte, amplía en el generalizante σάρξ la esperanza futura.

La estructura misma de las tres frases resulta ligeramente modificada. Las dos primeras se suceden en ritmo paralelístico, con un quiasmo final entre sujetos y posesivos:

ηὐφράνθη μου ἡ καρδία
ἠγαλλιάσατο ἡ γλῶσσά μου.

En cambio, la última frase anticipa el sujeto antes del verbo, alarga la introducción —ἔτι δὲ καί en vez del simple καί— y prolonga la conclusión por medio de una expresión adverbial: ἐπ' ἐλπίδι.

Por lo tanto, aunque la articulación ternaria conserva todo su valor como expresión de una alegría desbordada, el esquema binario se hace sentir en varios detalles y en la simetría formal de conjunto.

En los vv. 27-28 entra nuevamente la articulación en binas paralelas. Más aún, cabe distinguir dos niveles: negativo el primero, el segundo positivo.

[59] Reconozco que esta presentación esquemática no respeta del todo el orden de los elementos en el texto. Mi intención es más bien cualitativa; es decir, intento subrayar la triple correspondencia —verbos, posesivos, sustantivos— que configuran esa triple oleada de alegría.

Los dos planos se suceden en simétrico paralelismo interno:

— οὐκ ἐγκαταλείψεις		τὴν ψυχήν	μου	εἰς ᾅδην
— οὐδὲ δώσεις		τὸν ὅσιόν	σου	ἰδεῖν διαφθοράν
— ἐγνώρισάς	μοι	ὁδοὺς ζωῆς		
— πληρώσεις	με	εὐφροσύνης.		

Frente a este paralelismo interno, la estructura misma refleja el carácter opuesto de ambos niveles. Esta oposición se enuncia, no sólo por la presencia (27) o ausencia (28) de partículas negativas, sino sobre todo por la disposición, que se podría llamar quiástica, del último elemento de cada frase:

27:	εἰς ᾅδην	ἰδεῖν διαφθοράν
28:	ὁδοὺς ζωῆς	εὐφροσύνης.

La cita termina con una resonancia de la nota inicial: la presencia de Dios. Suavizando contrastes y anudando paralelismos, el final μετὰ τοῦ προσώπου σου empalma con el ἐνώπιόν μου del comienzo.

3.3.6.3.2. El paso de la cita a la argumentación está marcado por un nuevo exordio [60].

La mención del nombre de David, repetida aquí en correspondencia con 25a, introduce el proceso de argumentación, lo mismo que allí introducía la cita del Salmo.

De manera análoga, la estructura de esta parte argumentativa alterna esquemas binarios con ternarios.

El montaje global del razonamiento probatorio discurre una vez más en articulación binaria:

29:	(εἰπεῖν)	περὶ	τοῦ	πατριάρχου	Δαυίδ
31:	(ἐλάλησεν)	περὶ	τῆς	ἀναστάσεως	τοῦ Χριστοῦ.

Igualmente, el proceso mismo de la argumentación está montado en paralelismo binario:

29:	περί ...	ὅτι καί ... καί
31:	περί ...	ὅτι οὔτε ... οὔτε.

En cambio, la caracterización de David registra un predominio —tal vez aparente— de la articulación ternaria:

29:	ἐτελεύτησεν	ἐτάφη	τὸ μνῆμα αὐτοῦ ἔστιν
30:	προφήτης ὑπάρχων	εἰδώς	προϊδὼν [ἐλάλησεν].

[60] El carácter y la función del segundo exordio están claramente descritos y ampliamente ilustrados por Lausberg, *Rhetorik I*, pp. 162-163, nº 287.

Igualmente, el juramento hecho por Dios a David acerca de la perpetuidad de su dinastía (30b), está articulado a base de una triple insistencia en αὐτός :

30b: αὐτῷ αὐτοῦ αὐτοῦ.

Acabo de hablar de un aparente predominio ternario. Digo « aparente », primero porque los rasgos de la caracterización davídica, aunque en número de tres, aparecen en sucesión binaria : dos series de tres características (3 + 3) ; y segundo, porque las tríadas mismas dejan entrever una cierta tendencia a la construcción binaria.

En la terna ἐτελεύτησεν, ἐτάφη, τ. μνῆμα ... ἔστιν (29), la rápida brevedad de los dos primeros verbos se prolonga y se alarga en toda una frase, que constituye el tercer miembro.

En cuanto a la segunda terna : προφήτης ὑπάρχων, εἰδώς, προϊδὼν ἐλάλησεν (30), es fácil detectar un paralelismo sinonímico entre el primer miembro : προφήτης ὑπάρχων y el tercero : προϊδὼν ἐλάλησεν.

No insisto, porque me parece una minucia, en la serie de αὐτός, en la que el primero tiene carácter pronominal, frente a los otros dos adjetivos.

Con lo cual se ve claramente que, a pesar de las apariencias, la tendencia general de la estructura es de signo decididamente binario, más expresivo, más rápido, más incisivo.

Por eso no es extraño que, al llegar a la conclusión (31b), el cumplimiento cristológico de la profecía quede articulado en ritmo marcadamente binario :

οὔτε	ἐγκατελείφθη	εἰς ᾅδην
οὔτε	ἡ σὰρξ αὐτοῦ	εἶδεν διαφθοράν.

Terminada la argumentación, se acaba también esta tercera subparte, de la misma manera que había comenzado.

El momento inicial (24) se repite en alteración quiástica :

24:	(ὅν)	ὁ θεὸς	╲╱	ἀνέστησεν
32:	(τοῦτον τὸν Ἰησοῦν)	ἀνέστησεν	╱╲	ὁ θεός.

Y así queda abarcado todo el complejo desarrollo interno entre los límites de una perfecta y sonora inclusión.

3.3.6.4. El paso a la cuarta parte lo señala, también aquí, un participio : ὑψωθείς (33), en el que resuena implícitamente el Ἰησοῦν que cerraba el cuadro precedente. Una vez más es la acción explícita de Dios — δεξιᾷ τοῦ θεοῦ [61] y el carácter pasivo del participio ὑψωθείς — la que sirve de lazo de unión.

La tonalidad de toda esta parte queda fijada, desde el mismo comienzo, por ὑψωθείς. Realmente se puede constatar una coincidencia, que entraña una explicitación de sentido del participio, primero en el ulterior ἀνέβη εἰς τοὺς οὐρανούς (34a) — negado literalmente a David: οὐ γὰρ Δαυίδ — y en segundo lugar, en el carácter y significación de la cita escriturística (34b-35).

Con todo, la estructura del v. 33, que enuncia el hecho de la Exaltación de Jesús, gira en torno a otro fenómeno, el acontecimiento actual de la efusión del Espíritu, el cumplimiento de la profecía de Joel. Por eso, en manifiesta correspondencia con la cita profética, reaparece aquí — y por cierto, por última vez en todo el libro de los Hechos — el verbo ἐκχεῖν [62].

3.3.6.4.1. Precedido de un paralelismo binario en participio de aoristo: ὑψωθείς-λαβών, y seguido de otra bina paralela: καὶ βλέπετε - καὶ ἀκούετε, el ἐξέχεεν queda en posición central y como punto de convergencia de la actividad celeste y de la experiencia humana:

τῇ δεξιᾷ τοῦ θεοῦ ὑψωθείς
τὴν ἐπαγγελίαν λαβὼν παρὰ τοῦ πατρός
ἐξέχεεν
καὶ βλέπετε
καὶ ἀκούετε.

Mientras la doble experiencia humana — meramente receptiva — queda consignada en dos verbos exactamente paralelos: καὶ βλέπετε - καὶ ἀκούετε, la acción celeste adquiere un relieve particular al manifestarse en construcción quiástica:

τῇ δεξιᾷ τοῦ θεοῦ ὑψωθείς
λαβὼν παρὰ τοῦ πατρός.

---

[61] Aunque teóricamente el dativo puede considerarse como « instrumental », o como « locativo », me decido por el primer aspecto, que creo más en consonancia con todo el movimiento de la frase. De esta manera queda subrayada la « acción » de Dios, ya implícita en el participio pasivo ὑψωθείς; por otra parte, se acentúa el contraste entre el carácter « estático » de δεξιά en vv. 25.34, y el « dinamismo » de la recurrencia en este v. 33. Cfr. Zerwick, *Graecitas*, p. 20, nº 57; en sentido opuesto Bl.-Debr., nº 199.

[62] Es curioso notar que en todo el discurso Jesús es invariablemente « objeto » de la actuación de Dios, que siempre aparece como « sujeto » del verbo. La única « acción » de Jesús es precisamente la efusión del Espíritu (ἐξέχεεν).

3.3.6.4.2. El enunciado de la Exaltación de Jesús, después de describir un círculo alrededor de la efusión (ἐξέχεεν) del Espíritu, desemboca en la prueba del hecho.

Un cierto paralelismo con la parte precedente se pucdc dctcctar en la recurrencia binaria del nombre de David : pero con una diferencia. Mientras en 25. 29 el nombre Δαυίδ está explícitamente consignado, aquí (34a) se sustituye la segunda mención por la forma pronominal αὐτός.

Por otra parte, de manera inversa al cuadro anterior (25-31), la argumentación precede aquí (34a) a la cita misma (34b-35). Y hay que notar que el proceso de argumentación está meramente esbozado, en un solo rasgo negativo : οὐ γὰρ Δανὶδ ἀνέβη εἰς τοὺς οὐρανούς (34a).

Además, la construcción quiástica de las frases en torno a David confirma la inversión del proceso « cita-argumentación » (25-31) en « argumentación-cita » :

25 :	Δαυὶδ γὰρ λέγει (= cita)
29 :	περὶ τοῦ πατριάρχου Δαυίδ (= argumentación)
34a :	οὐ γὰρ Δαυίδ (= argumentación)
34a :	λέγει δὲ αὐτός (= cita).

La cita del Sal 110,1 es breve, concentrada. La estructura es antitética, dialécticamente binaria.

Inmediatamente después de la presentación de la bina personal κύριος-κυρίῳ se desatan los contrastes. Se percibe una oposición de personajes : τῷ κυρίῳ - τοὺς ἐχθρούς, y una oposición de situaciones : κάθου ἐκ δεξιῶν, ὑποπόδιον τῶν ποδῶν. El juego de posesivos subraya la dialéctica.

De manera que la cita queda dialécticamente estructurada a base de oposiciones binarias :

34a:	εἶπεν κύριος	τῷ κυρίῳ	μου
	κάθου	ἐκ δεξιῶν	μου [63]
35 :	θῶ	τοὺς ἐχθρούς	σου
	ὑποπόδιον	τῶν ποδῶν	σου.

3.3.6.5. Sin repeticiones, como en v. 32, rápidamente se da el paso a la *peroración*. La transición entre el bloque de la segunda parte del discurso y la conclusión perorativa se concentra en el minúsculo οὖν.

El v. 36 está compuesto según todas las reglas de la Retórica clásica. Una sintética referencia al exordio, y la típica bipartición en « recapitulación » y « provocación afectiva ».

---

[63] En este juego de posesivos, colocados en manifiesto paralelismo, creo que no está de más subrayar explícitamente la diversidad de referentes : David y Dios, para la primera persona (μου) ; Cristo, para la segunda (σου).

La afirmación inicial : ἀσφαλῶς γινωσκέτω πᾶς οἶκος Ἰσραήλ es una especie de calco invertido del exordio (14b). Manifiesta es la correspondencia entre los imperativos γινωσκέτω y γνωστὸν ἔστω, y entre πᾶς y πάντες ; no menos clara la síntesis de ἄνδρες Ἰουδαῖοι καὶ οἱ κατοικοῦντες Ἰερουσαλήμ en el concentrado οἶκος Ἰσραήλ. De esta manera queda perfectamente delimitado el contorno del discurso de Pedro en una precisa, vigorosa y sintética inclusión.

La última frase, bipartita en su contenido, lo es también en su estructura formal.

La bina κύριον καὶ χριστόν recapitula el núcleo de la proclamación kerygmática, en decidida correspondencia inversa con Χριστοῦ (31a) y con el más vecino κυρίῳ (34b) ; y lo centra todo en αὐτόν, que inmediatamente va a ser especificado en τοῦτον τὸν Ἰησοῦν :

καὶ κύριον αὐτὸν καὶ χριστόν
τοῦτον τὸν Ἰησοῦν

Y ese núcleo del kerygma es una pura actuación de Dios en Jesús. Una vez más, definitivamente, queda subrayada la acción de Dios : ἐποίησεν ὁ θεός, en correspondencia estructural —inclusiva, sin duda— con el inicial ἐποίησεν ὁ θεός (22b).

La « provocación afectiva » —segundo motivo de la peroración— nace de un violento contraste, montado en bina antitética. A la actuación de Dios se opone vigorosamente, sin reticencias ni conformismos, la actuación judía. La estructura quiástica de la última frase hace de bulto esta dialéctica actuacional :

ἐποίησεν ╲╱ ὁ θεός
ὑμεῖς ╱╲ ἐσταυρώσατε.

Y como sujeto central, hacia el que todo converge, abrazando en poderosa inclusión toda la segunda parte del discurso, y cerrando en perfecta simetría concéntrica el movimento envolvente de la frase, resuena τοῦτον τὸν Ἰησοῦν :

ἐποίησεν - - - - - - - - - - - - - - - - - - ἐσταυρώσατε
ὁ θεός- - - - - - - - - - - - ὑμεῖς
τοῦτον τὸν Ἰησοῦν

Así acaba la sección central, indudablemente la más importante ; pero sin cerrarse en sí misma, sino abriéndose a una *nueva actuación*, a un cambio de mentalidad en los oyentes. Por eso, la palabra ἐποίησεν es la encargada de empalmar con la sección siguiente, desempeñando una función indiscutible de enlace verbal.

3.4. *2ª Secuencia: 3ª Sección (37-41).*

Al entrar en la sección tercera, se vuelve a pisar terreno conocido. La construcción sintáctica « participio-aoristo-καί-aoristo », que había quedado atrás, allá en los límites de la segunda sección (v. 14a), es fácilmente reconocible en el mismo umbral de esta sección : ἀκούσαντες ... κατενύγησαν ... εἶπόν τε (37a).

Indudablemente, la partícula τε, de uso tan frecuente en Hch, no es más que una mínima variación de καί y, por lo tanto, no altera fundamentalmente la fórmula [64].

Hacia el final de la sección, en v. 40a, reaparece una construcción sintáctica muy similar, esta vez alterando el orden de los elementos : « aoristo-καί-imperfecto-participio » : διεμαρτύρατο καὶ παρεκάλει ... λέγων.

De la misma manera que en las secciones anteriores, la recurrencia de esta fórmula (cfr. 6a. 14a) delimitaba el perímetro del desarrollo, también aquí se podría pensar en una función semejante.

La inversión del orden en v. 40a me parece que hay que explicarla a nivel funcional. El quiasmo da relieve, indica algo especial. Y este relieve consiste aquí en subrayar el carácter conclusivo. En realidad, el v. 40 señala el final, no sólo de la sección tercera, sino de toda la secuencia central : 5-41.

No quiero dejar a un lado el curioso paso al imperfecto παρεκάλει. En realidad, el clima « imperfecto » está creado por varios detalles. La parenesis de Pedro es insistente, reiterativa : ἑτέροις λόγοις πλείοσιν ; el concomitante διεμαρτύρατο, consagración del testimonio apostólico, entraña una cierta actividad continuada, más bien que un acto aislado. Y sobre todo, creo que se empieza a preparar el ambiente de la última secuencia del capítulo (vv. 42-47), dominadoramente acaparado por el imperfecto.

Así quedan definidos los contornos —a nivel de secuencia y a nivel de sección — en una inclusión que se podría titular « inclusión sintáctica ».

3.4.1. Dentro de los límites apuntados, el desarrollo se sucede en alternancia de articulaciones binarias y ternarias.

3.4.1.1. Un paralelismo binario introduce el diálogo inicial :

37:	(εἶπόν)	τε	πρὸς	τὸν Πέτρον καὶ τ. λ. ἀποστόλους
38:	(Πέτρος)	δὲ	πρὸς	αὐτούς

El diálogo es igualmente binario : una pregunta ; y una respuesta, que se irá articulando ulteriormente.

La pregunta de la multitud es condensada, monomembre. Ya he señalado antes la función unitiva del ἐποίησεν (36), que se repite en el ποιήσωμεν (37b), estableciendo así una continuidad entre las dos secciones, me-

[64] Cfr. anteriormente, p. 31, nota 44.

diante el enlace verbal. Igualmente se percibe una cierta resonancia de la sección anterior en el título dado a los Apóstoles : ἄνδρες ἀδελφοί (cfr. 29).

3.4.1.2. El ποιήσωμεν interrogativo recibe, por parte de Pedro, una respuesta articulada en tres miembros :

μετανοήσατε - βαπτισθήτω - λήμψεσθε.

Al examinar de cerca esta tríada, lo primero que se advierte es el movimiento expansivo interno.

El primer imperativo : μετανοήσατε es incisivo, perentorio, general y universalizante.

El segundo : βαπτισθήτω se particulariza individualmente en ἕκαστος ὑμῶν y se alarga, recensionando el carácter del bautismo : ἐπὶ τῷ ὀνόματι Ἰησοῦ Χριστοῦ y la finalidad : εἰς ἄφεσιν τῶν ἁμαρτιῶν ὑμῶν.

El tercer miembro reviste un carácter diferente. En primer lugar, un cambio de tiempo. Cesa el apremio de los imperativos, para dar paso a un futuro de promesa. La expansión interna se prolonga, pasando revista a una sucesión de generaciones futuras, que engloba no sólo la nación judía —ὑμῖν, τοῖς τέκνοις ὑμῶν —, sino la misma gentilidad — πᾶσιν τοῖς εἰς μακράν [65] — bajo el signo de la ἐπαγγελία y de la llamada — προσκαλέσηται — de « nuestro Dios ».

Esta amplitud de horizonte queda perfectamente expresada en la espaciosa tríada central : ὑμῖν - τέκνοις ὑμῶν - πᾶσιν (39), que rebasa toda clase de particularismos generacionales y religiosos.

Por otra parte, la doble sucesión triádica confiere una relevancia capital al centro de donde procede la fuerza expansiva : el Espíritu Santo. La bina de imperativos, más el futuro, convergen hacia τὴν δωρεὰν τοῦ ἁγίου πνεύματος ; y de ese « don », fruto de la « promesa » — ἐπαγγελία — nace un triple movimiento expansivo.

Estructuralmente se puede configurar el dinamismo de la frase en una simetría envolvente :

μετανοήσατε   πᾶσιν
 βαπτισθήτω   τέκνοις
  λήμψεσθε   ὑμῖν
   δωρεάν   ἐπαγγελία
    τοῦ ἁγίου πνεύματος

Es verdad que las dos tríadas — μετανοήσατε, βαπτισθήτω, λήμψεσθε y ὑμῖν, τέκνοις, πᾶσιν — poseen un ritmo de diferente longitud :

[65] No niego la posibilidad de que οἱ εἰς μακράν pueda referirse a la Diáspora judía (cfr. Is 57,19 ; Zac 10,9 ; Dn 9,7 ; Est 9,20). Con todo, la gran mayoría de los textos — el AT especifica frecuentemente añadiendo ἔθνη — apuntan decididamente hacia los « gentiles ». Más aún, el NT subraya la oposición entre οἱ ἐγγύς - οἱ μακράν, en sentido de « Israel - no Israel » (Ef 2,13.17). A esta luz, no dudo en interpretar Hch 2,39 como una clara referencia a los *Gentiles*.

μετανοήσατε	: una sola palabra ——	πᾶσιν	: frase muy larga
βαπτισθήτω	: frase muy larga ——	τέκνοις	: frase muy breve
λήμψεσθε	: frase larga ————	ὑμῖν	: frase larga.

Creo, con todo, que la disposición simétrica que he señalado se puede justificar por los contrastes internos. El seco y aislado μετανοήσατε se opone a la larga línea que arranca de πᾶσιν. El contraste se invierte entre βαπτισθήτω y τέκνοις. Mientras que entre los dos miembros restantes se restablece una especie de equilibrio de longitud de frase.

3.4.2. Un complemento generalizante: ἑτέροις τε λόγοις πλείοσιν (40a) da paso a la quiástica fórmula sintáctica conclusiva, que cierra el desarrollo.

Pero la sección se cierra abriéndose y ampliando la perspectiva. La última palabra de Pedro es un apremiante σώθητε que, en correspondencia con la última palabra de la cita de Joel: σωθήσεται (21), traza un camino abierto al futuro y señala una norma de conducta, apoyada en la promesa.

3.4.3. El v. 41 constituye una especie de *colofón*. La sección tercera ha quedado prácticamente cerrada en 40, con un quiasmo sintáctico. Recalcando aún más la conclusión de toda la secuencia (5-41), aparece este verso aislado, informativo, que recoge temas y recapitula el acontecimiento de Pentecostés.

El carácter recapitulativo se manifiesta claramente en la lexicalización μὲν οὖν, típica de los sumarios. Funcionalmente, μὲν οὖν actúa como bisagra, en virtud de cada uno de sus componentes: μέν abre una cierta contraposición, que normalmente se recoge en el correlativo δέ: οὖν, por su parte, es más sociable, resume y sintetiza el desarrollo anterior, y da paso a la consecuencia.

La estructura del v. 41 es peculiar, marcadamente sintética. Dos sujetos y dos verbos se colocan en manifiesta simetría:

οἱ μὲν οὖν ἀποδεξάμενοι
ἐβαπτίσθησαν
προσετέθησαν
ψυχαὶ ὡσεὶ τρισχίλιαι.

El carácter sintético está expresado en el complemento ἐν τῇ ἡμέρᾳ ἐκείνῃ que, en nítida inclusión con τὴν ἡμέραν τῆς πεντηκοστῆς (1), subraya la cohesión y unidad del relato en torno al *Día de Pentecostés.*

Pero aunque el Día se acaba, queda sonando una nota de colectividad: ψυχαί que, en su función de enlace verbal con el v. 43: πάσῃ ψυχῇ, señala el paso a un estadio nuevo: el tiempo de la comunidad eclesial en expansión, bajo el impulso del Espíritu.

3.5. *3ª Secuencia (42-47).*

Con el v. 42 entramos en el terreno de lo cotidiano, de lo temporal en ancha perspectiva. Las fórmulas se alargan, los aoristos puntuales ceden el paso a la continuidad e iteración de los imperfectos, lo concreto se generaliza; en una palabra, el *Día* se hace *historia*, ἡμέρα se convierte en καθ' ἡμέραν.

3.5.1. El límite inicial de la secuencia está bien marcado. De nuevo aparece la fórmula ἦσαν ... γίνεσθαι — concretamente ἦσαν ... ἐγίνετο — que, análogamente a 1-2 y 5-6, pone en marcha la nueva secuencia narrativa.

La construcción perifrástica que abre la narración: ἦσαν προσκαρτεροῦντες subraya intensamente — más que el simple imperfecto — la continuidad cotidiana, e introduce, ya desde el comienzo, la tonalidad general, apoyada en la sucesión de imperfectos.

En seguida, una enumeración rápida, doblemente binaria, en paralelismo formal:

τῇ διδαχῇ τῶν ἀποστόλων καὶ τῇ κοινωνίᾳ
τῇ κλάσει τοῦ ἄρτου καὶ ταῖς προσευχαῖς.

Esta enumeración preludia el desarrollo siguiente. La primera bina — de carácter indudablemente *comunitario* — se amplifica en 43-45; la segunda — de carácter más bien *litúrgico* [66] — se configura detalladamente en 46.

3.5.2. La estructura binaria del v. 43 es manifiesta. Dos frases sintácticamente paralelas se suceden creando una simetría inversa: « verbo-complemento-sujeto : sujeto-complemento-verbo »:

ἐγίνετο δὲ
  πάσῃ ψυχῇ
    φόβος
    πολλὰ τέρατα καὶ σημεῖα
  διὰ τῶν ἀποστόλων
ἐγίνετο

La aparicion de ψυχῇ precisamente aquí, al principio del desarrollo, muestra que la nueva atmósfera no es totalmente extraña a la sección pre-

[66] Aun reconociendo el carácter « litúrgico » de esta segunda bina, no me parece aceptable la opinión de que 2,42 describa el desarrollo concreto de una acción litúrgica primitiva (cfr. J. Jeremias, *Die Abendmahlsworte Jesu*, Göttingen ³1960, 111-114; O. Cullmann, *Urchristentum und Gottesdienst* (AbhTANT 3) Zürich ²1950, 16ss.). Más bien, creo ver en este verso pleno un apretado resumen de la « vida » de la comunidad naciente.

cedente. A pesar de que ψυχή tiene en 43 un sentido más amplio que ψυχαί en 41, no me parece aventurado ver en esta repetición un enlace verbal, que señala la ampliación del horizonte, abierto a la expansión de la comunidad.

La mención de τέρατα καὶ σημεῖα, por una parte amplía el campo de la actividad apostólica, restringida a la διδαχή en 43, y por otra la pone en continuidad con la actividad taumatúrgica del ministerio terrestre de Jesús (cfr. 22b) [67].

3.5.3. Los vv. 44-45 rompen la articulación en binas. La frase adquiere mayor amplitud, montada sobre tres imperfectos : εἶχον, ἐπίπρασκον, διεμέριζον. El análisis estructural descubre dentro de la tríada una alternancia sintáctica significativa. Mientras εἶχον y διεμέριζον posponen los complementos respectivos : ἅπαντα y αὐτά, el imperfecto ἐπίπρασκον alarga su propio complemento, duplicándolo, y lo coloca en primer término. Se crea así un quiasmo interno, que confiere variedad e intensidad a todo el período :

εἶχον ἅπαντα
τὰ κτήματα καὶ τὰς ὑπάρξεις ἐπίπρασκον
διεμέριζον αὐτά

Por otra parte, la doble recurrencia de la totalidad comunitaria : πάντες, πᾶσιν enlaza el principio con el final, y equilibra el movimiento del período dentro de una armónica simetría concéntrica :

πάντες
εἶχον
ἐπίπρασκον
διεμέριζον
πᾶσιν

Como reflejo de la κοινωνία (42) surge aquí el adjetivo κοινά, concretando en una manifestación determinada la vida de unión de la comunidad.

3.5.4. Sigue, en 46-47a, una frase larga y pesada. Dentro del conglomerado sintáctico no resulta difícil aislar algunos elementos estructurales.

[67] A lo largo del libro de los Hch, dos rasgos fundamentales caracterizan el « testimonio » apostólico : la proclamación de la palabra, y la actuación taumatúrgica. Esta doble actividad no hace más que continuar en expansión la bina ποιεῖν-διδάσκειν con que al principio de Hch (1,1) se resume el ministerio de Jesús ; lo que Jesús « empezó » (ἤρξατο) tiene su continuidad en el « testimonio » apostólico, y orienta así nuestra misión de testimonio por la palabra y por la acción.

Estadísticamente se pueden señalar cuatro participios: προσκαρτεροῦντες, κλῶντες, αἰνοῦντες, ἔχοντες y un verbo principal: μετελάμβανον, que divide la serie participial en dos mitades. La mera recensión estadística pone al descubierto una articulación doblemente binaria.

Los dos primeros participios, en segmentos paralelos, comentan la segunda bina de la enunciación general (42):

προσκαρτεροῦντες	(τε) ἐν τῷ ἱερῷ ⟶	(προσευχαί)
κλῶντες	τε κατ᾽ οἶκον ἄρτον ⟶	(κλάσις τ. ἄρτου)

La oposición interna ἐν τῷ ἱερῷ - κατ᾽ οἶκον define el carácter peculiar de cada una de esas dos manifestaciones cultuales, y la contraposición « público-privado » que encierran.

Por su parte, la segunda bina participial: αἰνοῦντες - ἔχοντες, articula en dos relaciones la manera de ser cristiana en su totalidad: relación de alabanza, con respecto a Dios, y relación de simpatía, de benévola aceptación, de impresión favorable, por parte del pueblo:

αἰνοῦντες		τὸν θεόν
ἔχοντες χάριν	(πρὸς)	τὸν λαόν·

Y en el centro divisorio queda consignada la atmósfera que preside las comidas comunitarias: un ambiente de intensa alegría y de ingenua simplicidad.

Desde el punto de vista estructural, todo gira en torno a ese centro; hacia ahí converge y de ahí brota, tanto la vida cúltica de la comunidad, como la totalidad de sus relaciones. Una vez más se impone la simetría concéntrica de la estructura:

προσκαρτεροῦντες ἐν τῷ ἱερῷ
κλῶντες κατ᾽ οἶκον ἄρτον
μετελάμβανον τροφῆς ...
αἰνοῦντες τὸν θεόν
ἔχοντες χάριν τὸν λαόν.

3.5.5. Y llegamos al final. Una frase de grande aliento cierra el capítulo, recogiendo temas, anudando relaciones dispersas, encuadrando todo el desarrollo unitario dentro de una magnífica inclusión.

El κύριος, con artículo, que inicia todo el movimiento de la frase, remite sin duda a la conclusión del discurso de Pedro (36). Y por medio de ese resumen de la actuación de Dios en Jesús, empalma perfectamente con la bina ἡμέρα κυρίου - ὄνομα κυρίου (20b-21), que cierra la primera parte del discurso.

El iterativo προσετίθει recoge la primera afluencia de conversiones, señalada por προσετέθησαν en 41. El carácter del verbo proyecta hacia el futuro esa magnitud en crecimiento, que es la comunidad eclesial.

Por tercera vez suena explícitamente el tema de la *salvación*. Una salvación en progreso : σῳζομένους, que es fruto del apremiante imperativo σώθητε (40) y camina hacia la plena salvación prometida para el futuro : σωθήσεται (21).

En el adverbio καθ' ἡμέραν queda amplificado y multiplicado el ἡμέρα τῆς πεντηκοστῆς (1) y su correlativo ἐν τῇ ἡμέρᾳ ἐκείνῃ (41). El « día » se hace tiempo « diario ». Partiendo del concreto « Día de Pentecostés », a través del καθ' ἡμέραν eclesial, se abre la perspectiva y el camino hacia el ἡμέρα κυρίου (20b), meta del tiempo peregrino.

La dimensión comunitaria — ἐπὶ τὸ αὐτό (1) — del grupo inicial que recibe el Espíritu, se alarga y se prolonga en la nueva comundad — ἐπὶ τὸ αὐτό (47) — nacida del mismo Espíritu.

Todo el movimiento del capítulo queda recogido, en apretada unidad y cohesión literaria, en la poderosa inclusión que abre y cierra todo el relato :

1:	ἡμέραν (τῆς πεντηκ.)	ἐπὶ τὸ αὐτό
47:	καθ' ἡμέραν	ἐπὶ τὸ αὐτό.

El Día de la venida del Espíritu se acaba. La comunidad eclesial está en marcha. El tiempo de la Iglesia ha comenzado.

4. Sección central : El discurso de Pedro.

A lo largo de los dos últimos apartados, he ido sembrando a voleo una serie de observaciones estructurales : repeticiones, correspondencias, paralelismos, quiasmos, simetrías de construcción, etc. No quisiera que esta multiplicidad de indicios quedase diluida en los meandros del análisis. Por eso ahora, en contemplación más bien unitaria y sintética, voy a centrar el estudio en un punto de referencia común, hacia el que confluyen indicios dispersos.

Ese punto de convergencia creo poder individuarlo en el discurso de Pedro (vv. 14-36). Su encuadratura central, y la simetría concéntrica de su estructura, permiten anudar todo un sistema de correlaciones significativas y ensamblarlas en un tejido unitario. La visión de conjunto proporcionará un buen manojo de constataciones fecundas en orden a la interpretación textual.

4.1. *Encuadratura central de la sección.*

Como resultado de los minuciosos análisis precedentes, han ido configurándose tres secuencias bien definidas : 1-4 ; 5-41 ; 42-47. Más aún, en la segunda secuencia cabe deslindar limpiamente tres secciones : 5-13 ; 14-36 ; 37-41.

Las grandes líneas estructurales pueden apreciarse en el esquema siguiente :

I. Primera secuencia : 1-4

II. Segunda secuencia : { Primera sección : 5-13; Segunda sección : 14-36; Tercera sección : 37-41 }

III. Tercera secuencia : 42-47

Ahora bien, lo intuitivo de la visión esquemática tiene que ser confirmado a base de indicios formales objetivos. Lo que pretendo en este apartado es una especificación de relaciones formales entre secuencias y secciones, no colindantes, sino homólogas en su colocación. Así quedará de relieve la central dad de los vv. 14-36.

4.1.1. Entre las secuencias primera (1-4) y tercera (42-47) es fácil detectar una serie de relaciones convergentes y unas cuantas divergencias.

Ante todo, estas dos secuencias son las únicas en que la narración discurre en estado puro, sin mezcla de elementos discursivos. El estilo directo está totalmente ausente en estas —y sólo en estas— dos secuencias.

Se pueden señalar, además, como correspondencias exclusivas entre las dos secuencias, el parentesco entre ὁμοῦ (1) y ὁμοθυμαδόν (46), la recurrencia de ἐπὶ τὸ αὐτό (1.44.47), y la aparición de οἶκος, con significado locativo (2.46).

La divergencia fundamental radica en los tiempos narrativos. Mientras la primera secuencia está montada sobre una abrumadora sucesión de aoristos —únicas excepciones : el ἦσαν introductorio (1), el estático ἦσαν καθήμενοι (2), y el subordinado ἐδίδου (4) — en la secuencia tercera la narración está absolutamente acaparado por el imperfecto.

El carácter puntual, concreto, del acontecimiento de Pentecostés, se extiende y se ensancha en el repetido y continuado acontecer de la vida comunitaria.

4.1.2. La secuencia central (5-41) está unificada y aglutinada en torno a la *palabra*. Con todo, no dejan de apreciarse las suturas, que acotan tres secciones bien diferenciadas.

Cada sección posee sus propias características, pero no se cierra en un aislamiento hermético. Concretamente, entre las secciones primera y tercera se establece un circuito de correspondencias que las avecina y las diferencia al mismo tiempo. Esta vecindad e independencia se traicionan en múltiples detalles.

Las dos secciones se abren apuntando una reacción de la multitud: *desconcierto* (συνεχύθη) en v. 6, *compunción* (κατενύγησαν) en v. 37. Pero esta notación aparece quiásticamente estructurada:

6:	συνεχύθη	ἤκουον
37:	ἀκούσαντες	κατενύγησαν.

En ambas secciones el narrador se oculta tras la palabra de los personajes. El estilo directo hace resonar, por una parte, las reflexiones de la gente en un monólogo bastante inverosímil (7-11) y, por otra parte, la apasionada parenesis de Pedro (38-39). Pero también aquí la estructura se entrecruza en quiasmo. El monólogo reflexivo desemboca en la manifestación externa de una doble actitud: la *pregunta* abierta del v. 12, y la burlona apreciación del v. 13. Por su parte, la parenesis de Pedro toma cuerpo a partir de la *pregunta* que cierra el v. 37. Además, mientras las reflexiones de la multitud se van desarrollando sobre un montaje de interrogativos, la exhortación de Pedro es tajante y categórica, subrayada por imperativos. De manera que la estructura adquiere esta configuración:

7-11:	οὐχὶ ἰδού ...; καὶ πῶς ἡμεῖς ...;
12-13:	τί θέλει τοῦτο εἶναι; γλεύκους μεμεστωμένοι εἰσίν
37:	τί ποιήσωμεν, ἄνδρες ἀδελφοί;
38-39:	μετανοήσατε ... βαπτισθήτω ...

Otro aspecto pudiera ser la concepción de Jerusalén, como concreción espacial privilegiada. En ella sucede la acción de ambas secciones. Pero creo que cada una presenta un matiz diverso. En la primera sección, Jerusalén aparece como punto de confluencia; ahí se dan cita todos los pueblos de la tierra, para ser testigos de la efusión del Espíritu. En cambio, en la sección tercera, Jerusalén parece ser más bien un punto de partida; de ahí brotará la expansión de la promesa, que irá abarcando la sucesión de generaciones, hasta rebasar los límites del pueblo elegido.

Una última observación. Las dos secciones terminan con una insinuación un tanto sombría. No creo demasiado rebuscado establecer un cierto paralelismo entre el διαχλευάζειν (13) que cierra la primera sección, y la γενεὰ σκολιά (40) que pone fin a las « muchas palabras » de Pedro.

4.1.3. De esta manera se va estrechando el círculo en torno a la sección central. Esa centralidad está precisada y subrayada por la pregunta τί θέλει τοῦτο εἶναι (13), que prepara la proclamación del mensaje salvífico.

Efectivamente, todo el movimiento anterior culmina en el τοῦτό ἐστιν (16), que encabeza el discurso kerygmático; después del discurso, ya todo es bajada. Lo maravilloso y extraordinario de la primera secuencia se convierte en realidad cotidiana eclesial en la tercera. El desconcierto y las aporías de la primera sección dejan paso a la conversión y al bautismo, en la sección tercera. Y en el centro, dominadora e irresistible, la proclamación solemne de que «lo que Dios había prometido en la profecía, lo ha realizado plenamente en Jesús, Señor y Mesías».

4.2. *Simetría concéntrica de la estructura.*

La sección central ha quedado colocada en su sitio, en el centro de la estructura. Pero esto no ha sido más que un primer paso.

Al enfrentarse uno por primera vez con esos 23 versos del discurso, la impresión es francamente desalentadora. Citas proféticas, retazos de Salmos, hechos de la vida de Jesús, alusiones a la experiencia actual, se van superponiendo y entremezclando en abigarrado montón de materiales. Surge espontánea la pregunta : ¿ hay que quedarse con el montón de piezas, o se puede individuar el trazado del mosaico ? La pregunta es acuciante, e impulsa a una relectura sosegada.

Antes, en el largo apartado 3.3., he ido recogiendo penosamente elementos dispersos, y he tratado de emparejarlos y de catalogarlos. El trabajo de ahora va a ser menos minucioso, y más sintético ; quiere tener menos de desmonte, y más de construcción. Al ir identificando piezas y ensamblarlas pacientemente, se podrá ver si el esfuerzo vale la pena, si el resultado corona la expectación.

Metodológicamente voy a empezar comparando los elementos más alejados entre sí ; luego iré cerrando progresivamente el cerco, para ver si de ahí brota la clave del arco, la piedra angular de la estructura.

4.2.1. Empiezo por los elementos más extremos : exordio (14b) y peroración (36).

4.2.1.1. Los límites del discurso quedan marcados claramente por una decidida inclusión, estructurada quiásticamente :

14b: πάντες........ γνωστὸν ἔστω
36 : γινωσκέτω ...... πᾶς

Si a la inclusión apuntada se suma la manifiesta correspondencia entre ἄνδρες Ἰουδαῖοι καὶ οἱ κατοικοῦντες Ἰερουσαλήμ (14b) y οἶκος Ἰσραήλ (36), el camino de la simetría concéntrica empieza a perfilarse nítidamente :

14b: ἄνδρες Ἰουδαῖοι καὶ οἱ κατοικοῦντες Ἰερουσαλήμ
πάντες
γνωστὸν ἔστω
. . . .
36 : γινωσκέτω
πᾶς
οἶκος Ἰσραήλ

4.2.1.2. Voy a seguir estrechando el círculo. Los vv. 15-16 están gramaticalmente montados sobre un contraste, cuya formulación adquiere esta figura: οὐ γάρ ... ἀλλά. En el extremo homólogo surge una formulación semejante. Efectivamente, el v. 34 dibuja la siguiente configuración gramatical: οὐ γάρ ... δέ. El paralelismo de construcción habla por sí solo. Al mismo tiempo, la correspondencia es decididamente aceptable, porque esta construcción no aparece más que aquí en todo el discurso.

4.2.1.3. Un paso más, y ya en el mismo v. 15 se tropieza con ὑμεῖς. La lectura continuada del texto no vuelve a encontrar otra recurrencia de ὑμεῖς hasta el final del v. 33. Con todo, no me atrevería a dar a esta correspondencia un valor estructurante decisivo, porque el curso de la lectura ha hecho aflorar un ὑμῖν en el exordio, un ὑμῶν en el v. 22, y más adelante, en v. 29, tropieza de nuevo con un ὑμᾶς. La reaparición de ὑμεῖς en el v. 36 no crearía problemas de simetría, dado el carácter conclusivo y sintético de la peroración. Por lo tanto, prefiero encerrar esta correspondencia dentro de un hipotético paréntesis.

4.2.1.4. Un caso parecido al anterior surge al llegar al τοῦτο del v. 16, cuya respuesta aparece en el v. 33, inmediatamente antes de ὑμεῖς. Sólo que aquí la correspondencia es, a mi juicio, estructuralmente más fuerte. Desde luego que se encuentra un τοῦτο en el mismo borde del exordio (14b), y luego en el v. 26 preposicionalmente modificado en διὰ τοῦτο. Con todo, el peso de τοῦτό (ἐστιν) en v. 16, como explicación del acontecimiento, recae por entero sobre el τοῦτο del v. 33, usado absolutamente y con un marcado carácter de referencia al Espíritu. Por eso, creo que se puede aceptar esta homología de colocación como elemento estructural, en orden a la configuración simétrica.

4.2.1.5. La primera parte de la cita profética de Joel queda englobada en inclusión:

17: ἐν ταῖς...ἡμέραις...ἐκχεῶ ἀπὸ τοῦ πνεύματος μου καὶ προφητεύσουσιν
18: ἐν ταῖς ἡμέραις...ἐκχεῶ ἀπὸ τοῦ πνεύματος μου καὶ προφητεύσουσιν.

La recurrencia de ἐκχεῖν — lexema más bien raro en todo el NT — no vuelve a aflorar hasta el v. 33; y precisamente en compañía de πνεῦμα. De modo que el paralelismo de colocación regresiva es manifiesto. Más aún, la estructuración es abiertamente quiástica:

17-18: ἐκχεῶ .... πνεύματος
33: πνεύματος .... ἐξέχεεν.

4.2.1.6. Hasta aquí, las correspondencias formales se han ido acumulando en estos pocos versos. Resumo intuitivamente la simetría estructural que se ha ido perfilando hasta el momento:

14b: ἄνδρες Ἰουδαῖοι καὶ οἱ κατοικοῦντες Ἰερουσαλὴμ
πάντες
γνωστὸν ἔστω
15-16 : οὐ γὰρ ... ἀλλά
(15): (ὑμεῖς)
16 : τοῦτο
17-18 : ἐκχεῶ .... πνεύματος
....
33 : πνεύματος ..... ἐξέχεεν
τοῦτο
(ὑμεῖς)
34 : οὐ γὰρ ... δέ
36 : γινωσκέτω
πᾶς
οἶκος Ἰσραήλ

4.2.1.7. De aquí en adelante, las correspondencias formales se hacen cada vez más escasas, aunque sin desaparecer por completo. El desarrollo se complica, y llega hasta resultar un tanto enrevesado. Las simetrías, más que a nivel de estructura global del discurso, se limitan a englobar diversos pasos internos del desarrollo kerygmático.

Por ejemplo, una inclusión categórica abarca la actuación de Dios en Cristo, resucitándolo y librándolo del poder de la muerte y de la corrupción. La estructura es parcialmente paralela, y parcialmente quiástica :

24:	ὃν	ὁ θεὸς	ἀνέστησεν
32:	τοῦτον τὸν Ἰησοῦν	ἀνέστησεν	ὁ θεός

Dentro de este mismo desarrollo de la Resurrección, la cita escriturística se podría considerar abrazada por dos correspondencias con radical común :

25:	ἐν-ώπ-ιόν	μου
28:	προσ-ώπ-ου	σου.

En el apartado anterior, 3.3.6., he analizado ampliamente el cúmulo de menudas correspondencias internas que atraviesan la proclamación del kerygma. Me remito a lo allí expuesto.

Cabe, sin embargo, individuar un par de convergencias, que marcan la línea general del proceso concéntrico.

4.2.1.8. La segunda parte de la cita de Joel está articulada como expansión de la bina τέρατα καὶ σημεῖα (19). La misma bina vuelve a aparecer en seguida, en el v. 22, como síntesis del ministerio terrestre de Jesús : τέρασι καὶ σημείοις.

Se aprecia claramente cómo el campo se va estrechando, hacia una confluencia central [68].

4.2.1.9. El último círculo podría quedar trazado por otra correspondencia, no tanto formal, cuanto de contenido equivalente. La primera parte del discurso, la cita profética, se ha alargado hasta la invocación del ὄνομα κυρίου (21). Y es precisamente un *nombre* el que abre, solemne y enfático, la segunda parte del discurso : Ἰησοῦν (22).

Ciertamente, la correspondencia se funda en una transposición teológica, más bien que en una identidad formal. Pero creo que es innegable la intención refleja de buscar el paralelismo, sobre todo por la posición dominadora y expresiva que ocupa el nombre de Jesús.

4.2.2. Y ahora sí. Ahora ya hemos llegado a la clave, a la piedra angular de la estructura.

El exordio y la peroración, el τοῦτο explicativo y el τοῦτο del Espíritu, la efusión profetizada y cumplida, los τέρατα καὶ σημεῖα prometidos y hechos realidad, el nombre del Señor y el nombre de Jesús, confluyen en la Salvación : σωθήσεται (21). Pero una Salvación proyectada hacia el *futuro.* Un futuro que atrae hacia sí al tiempo de la historia y lo orienta hacia la ἡμέρα κυρίου (20).

De este modo todo el capítulo 2 de Hch adquiere un dinamismo irresistible. El ἡμέρα τῆς πεντηκοστῆς (1) y el καθ' ἡμέραν eclesial (47) quedan englobados en una confluencia común, y propulsados hacia un futuro salvífico, hacia un « día » en que el cumplimiento llegará totalmente a la plenitud.

---

[68] Salta a la vista la desproporción entre la primera y la segunda parte del discurso de Pedro (vv. 17-21 ; 22-35) ; y en la misma segunda parte, la gran distancia entre τέρασι καὶ σημείοις (v. 22) y πνεύματος ἐξέχεεν (v. 33). Pero si se tiene en cuenta que el largo desarrollo de la Resurrección (vv. 24-32) está encerrado dentro de una clarísima inclusión : ἀνέστησεν ὁ θεός (vv. 24.32), las distancias se acortan sensiblemente, y las proporciones adquieren un notable equilibrio.

4.2.3. Cierro este apartado con un diagrama intuitivo. En él se puede apreciar la armónica simetría concéntrica que preside la estructuración del discurso de Pedro :

```
   14b: ἄνδρες Ἰουδαῖοι καὶ οἱ κατοικοῦντες Ἰερουσαλήμ
          πάντες
            γνωστὸν ἔστω
 15-16 :      οὐ γὰρ ... ἀλλά
  (15) :        (ὑμεῖς)
    16 :          τοῦτο
 17-18 :            ἐκχεῶ ........ πνεύματος
    19 :              τέρατα καὶ σημεῖα
    21                  ὄνομα κυρίου

 20-21 :                  ΗΜΕΡΑΝ ΚΥΡΙΟΥ -
                          ΣΩΘΗΣΕΤΑΙ

    22 :                Ἰησοῦν
                      τέρασι καὶ σημείοις
    33 :            πνεύματος .... ἐξέχεεν
                  τοῦτο
                (ὑμεῖς)
    34 :      οὐ γὰρ ... δέ
    36 :    γινωσκέτω
          πᾶς
        οἶκος Ἰσραήλ
```

Lo que Dios había profetizado, lo que Dios ha realizado en Jesús, todo es Salvación ; una Salvación que llegará a su cumplimiento en plenitud en el Día del Señor.

CAPÍTULO SEGUNDO

ESTRUCTURACIÓN SEMÁNTICA PROFUNDA

Introducción.

El balance de resultados del capítulo precedente parece más bien prometedor.

Ya a nivel puramente formal, se puede encontrar un buen manojo de constataciones fecundas. La armadura estructural de Hch 2 ha ido tomando forma; las articulaciones internas se han dibujado progresivamente; un sistema de correlaciones atraviesa todo el ámbito del capítulo, dejando aflorar los centros de convergencia y de expansión.

Con todo, las operaciones de disección, individuación y sutura se han desarrollado en un mismo plano de lenguaje. He intentado moverme exclusivamente en un puro nivel formal, manipulando únicamente los significantes, y tratando de descubrir equivalencias u oposiciones, simetrías o asimetrías entre los diversos elementos morfológicos o sintácticos.

Pero esto no basta. El análisis formal no sólo no agota las posibilidades del lenguaje, sino que reclama la colaboración de un nivel complementario: el nivel semántico. El *significante* convoca imperiosamente al *significado*, para crear juntos la *significación*. Jamás podremos comprender un texto girando únicamente en la ronda de sus significantes. De aquí la necesidad de un análisis semántico.

Por otra parte, me parece imprescindible conmensurar ambos niveles enfocándolos desde el mismo punto de vista. Si el análisis formal ha discurrido por la vía de la estructuración, el análisis semántico tendrá que avanzar, codo con codo, por una línea paralela. Se trata, en definitiva, de un estudio de *estructuración semántica*.

Esta necesidad traza claramente las etapas del presente capítulo. Empiezo con un estudio del *vocabulario* de Hch 2, a diversos niveles (sección 1ª). Intentaré, a continuación, un *análisis semántico*, en orden a descubrir las unidades mínimas de significado (sección 2ª). El potencial generativo de estas unidades crea diversos campos, o *familias semánticas* que, en un trenzado de correlaciones fundamentalmente binarias, se articulan en figura estructural (sección 3ª). En un estrato más profundo se pueden llegar a individuar las matrices estructurantes de las respectivas familias semánticas; las llamo *estructuras profundas* (sección 4ª). En última instancia, trataré de reducir a sistema coherente e isótopo las diversas líneas que configuran el *universo significativo* de Hch 2 (sección 5ª).

1. El « vocabulario » como campo de estudio y como texto.

Las opciones metodológicas para abordar un análisis de estructuración semántica son múltiples.

Lo más lógico me parece tomar como punto de partida un estudio de vocabulario [1], un estudio de palabras, en cuanto unidades vehiculares de significación [2].

1.1. *La « palabra » como unidad semántica autónoma.*

Palabra es, desde luego, un concepto escurridizo, que ha dejado en la literatura lingüística una larga estela de reflexiones y aporías [3]. Pero no es menos cierto que en la palabra gravita todo el campo de la Semántica. En la palabra se juega el todo por el todo de la significación [4].

1.1.1. Los repetidos intentos de dar una definición de la palabra han puesto de manifiesto que se trata de una entidad enormemente lábil.

Un texto cualquiera, analizado lexicológicamente, arroja un balance a doble columna. Emergen, de una parte, esas palabras llenas, autosuficientes, individualistas, siempre con un significado concreto y determinable, aunque aparezcan aisladas o rueden en solitario. Son, ante todo, los sustantivos, los adjetivos, los verbos. De la parte opuesta se presentan esas otras palabras con vocación de servicio, necesariamente abiertas al diálogo,

---

[1] « Vocabulario » y « léxico » son dos nociones afines, pero cada una con personalidad propia. G. Mounin en *Clefs pour la Sémantique*, Paris 1972, p. 103 propone una definición que condivido plenamente : « On appelle *lexique* le nombre de mots différents dont le locuteur dispose en puissance parce qu'ils existent dans la langue qu'il emploie, — par opposition au *vocabulaire*, qui est la liste des mots différents d'un texte ou d'un corpus ».

[2] Con todo, hay que tener en cuenta las reflexiones de Tullio De Mauro en su *Introduzione alla Semantica*, Bari 1965.

Los significados se deben considerar como un resultado y como una función del « significar » (p. 10). Es un error creer que las formas lingüísticas tienen una significación (pp. 29. 149), más bien es el hombre el que significa, por medio de palabras y frases (p. 29). Por eso la garantía del « significar » no reside en las formas lingüísticas, sino en las sociedades que las utilizan (pp. 29. 152. 175).

A pesar de su filosofismo y de la orientación sociomarxista, las tesis de De Mauro no dejan de resultar atrayentes y tentadoras.

[3] S. Ullmann en *The Principles of Semantics*, Oxford-Glasgow 1963, pp. 44ss pasa revista histórico-sistemática a las diversas definiciones. Cfr. además *Semantics. An Introduction to the Science of Meaning*, Oxford 1970, Ch. 1.2.4.

Un enfoque marcadamente lingüístico, con intento de revisionismo y superación de las categorías tradicionales, caracteriza el artículo de A. Martinet, « Le mot » en : *Problèmes du langage*, Paris 1966, pp. 39-53.

[4] El artículo de P. Ricœur, « La structure, le mot, l'événement » en su libro *Le conflit des interprétations*, Paris 1969, pp. 80-97 dedica un par de páginas encantadoras (92-95) al estudio de la « palabra ».

siempre dispuestas a ser llamadas o convocadas para dibujar la figura armónica de un trazado unitario y ordenado. Hay que catalogar aquí a los pronombres, artículos, preposiciones, conjunciones, verbos auxiliares, adverbios pronominales, cuya función es contribuir al significado global de la frase. Muchos calificativos se han ido colgando en esa doble columna. Aristóteles hablaba de φωναὶ σημαντικαί y φωναὶ ἄσημοι [5] ; los Logistas prefirieron la distinción *categoremático-sincategoremático* ; más recientemente A. Marty y O. Funke sustituyen los rótulos anteriores por otros de mayor postín : *elementos autosemánticos*, y *sinsemánticos* [6]. Personalmente prefiero una nomenclatura en la línea de Ullmann : « full words » y « form-words » [7], que me atrevería a traducir por *palabras autónomas* y *palabras funcionales* respectivamente.

1.1.2. Hay que constatar, por otra parte, que la palabra es el pivote de la significación.

Desde luego que, considerada en su complejidad de signo lingüístico, la palabra ha sido, y sigue siendo, azarosamente manipulada. Muchos lingüistas le niegan el carácter de unidad significativa, confinándola al destierro del diccionario en calidad de simple potencialidad de significación, o permitiéndole salir a la vida real de la comunicación humana únicamente en compañía de otras palabras —el contexto — que vigilen y encaucen sus manifestaciones. Otros lingüistas, en cambio, profesan su fe en la autonomía —al menos, una cierta autonomía — de la palabra en sí, aunque no esté alineada en un contexto. Cada palabra, aun como entidad de diccionario, posee un núcleo estable significativo, sin que esta constatación obste a una ulterior y polivalente especificación dentro de determinados contextos [8]. Esta segunda opinión me parece más realista y sensata, por cuanto menos radical.

La relativa autonomía de la palabra es, por lo tanto, un dato importante para comprender el fenómeno significación. Pero más importante aún es la constatación de que la palabra no es un continuo.

La concepción aristotélica de la palabra como unidad mínima significativa del discurso ha llenado siglos de lingüística. Sólo recientemente el advenimiento de la era atómica ha incidido sobre los análisis lingüísticos, dejando al descubierto la trama de microelementos significativos que constituyen el trenzado de la palabra.

---

[5] *Interpr.* 2 (Bekker I, 16ª19), 4 (Bekker I, 16ᵇ26) ; *Poet.* 20.21 (Bekker II, 1457ª 10-12.14-16.23-24.31-33) ; *Rhet.* III, 2 (Bekker II, 1405ª34-35).

[6] Cfr. citas en Ullmann, *Principles*, p. 58, nota 3.

[7] En *Principles*, p. 59 Ullmann propone la nomenclatura de « words » y « pseudo-words ». En cambio, en *Semantics*, pp. 43-48 renuncia a la vieja terminología y se decide por la dicotomía « full words » y « form-words ».

[8] Una bonita síntesis de ambas posiciones extremas, con una elegante matización típicamente inglesa, puede leerse en Ullmann, *Semantics*, pp. 48-53.

A nivel puramente lingüístico, la definición de Martinet —« syntagme autonome formé de monèmes non séparables » [9] — traiciona claramente las líneas de fuerza que gravitan sobre la palabra. En la misma dirección se mueve Dubois cuando propone las definiciones operativas de « morfema » y de « palabra » [10].

Y a nivel decididamente semántico, Ullmann se hace eco de la corriente actual que detecta unidades semánticas —« morfemas » — subyacentes al nivel de palabra [11]. Y creo percibir un eco de esta concepción en la « descripción cualitativa » de la significación, planteada por Greimas en el mismo pórtico de su *Sémantique structurale* [12].

Me atrevería a decir, por tanto, que el valor significativo de la palabra radica en esa discontinuidad constitutiva. Esa especie de *valencias* son las que determinan el enorme potencial de significación acumulado en esa entidad cómoda y práctica que hemos dado en llamar palabra [13].

1.1.3. Quiero cerrar esta presentación de « la palabra como unidad semántica autónoma » con una última apreciación.

No creo aventurado afirmar que el valor estructurante de la palabra tiene su fundamento precisamente en ese bullir de subunidades discretas.

La carga significativa de la palabra es la razón de ser de la *polisemia.* « La palabra —dice Ricœur — es una entidad cumulativa, capaz de adquirir nuevas dimensiones de sentido, sin perder las anteriores » [14]. Una palabra es, ante todo, una entidad de diccionario, un elemento de un sistema lingüístico determinado. Pero cuando las valencias de esa entidad se liberan, la palabra vuela del diccionario a la vida callejera de la conversación, de la prensa, de la comunicación, para retornar luego a su puesto en el diccionario, enriquecida por la aventura de la comunicación humana. Esta doble vida de la entidad lexical, serena y estática, o agitada y aventurera, funda su riqueza y disponibilidad articulatoria, como elemento de una estructura.

Pero la vida de una palabra no puede encerrarse en la armadura estática de una construcción. El carácter de los elementos subyacentes es

[9] *Éléments de linguistique générale*, Paris 1960, 4-15, p. 112. El capítulo es verdaderamente espléndido, y vale la pena dedicarle un buen rato de lectura reposada.

[10] *Grammaire structurale du français : la phrase et les transformations*, Paris 1969, III 5, pp. 65-68.

[11] *Semantics*, p. 26, 2.

[12] Cfr. p. 9, b.

[13] Saussure, después de pasar lista a las « entidades concretas de la lengua » (*Cours*, pp. 144-153) y sintetizarlas en la noción de « valor » (pp. 153ss), reconoce las limitaciones y las ventajas de la palabra : « Ne pouvant saisir directement les entités concrètes ou unités de la langue, nous opérerons sur les mots. Ceux-ci, sans recouvrir exactement la définition de l'unité linguistique (...), en donnent du moins une idée approximative qui a l'avantage d'être concrète ... » (p. 58).

[14] *Le conflit*, p. 93.

esencialmente generativo. Y de ahí nace la expansión de la palabra, que crea en torno a ella una serie de campos de fuerza — campos semánticos — enganchados por correlaciones precisas que trazan una figura armónica y unitaria.

Más aún. Ese dinamismo interno es el responsable de que podamos poseer lo que llamamos *un texto.* Las diversas virtualidades de las palabras se encauzan en una línea, se ajustan y delimitan mutuamente, se dan la mano y se entrecruzan, para ir tejiendo la frase, la sucesión de frases, el párrafo, el texto.

1.2. *Constitución del campo de estudio.*

Cuando uno se pone a sintonizar con la numerosa producción semántica de la última década, da la impresión de que todos los investigadores emiten en la misma longitud de onda.

Las líneas de investigación convergen, eso sí, en la orientación hacia una semántica estructural. Pero al mismo tiempo existe un acuerdo común en confesar la resistencia de la semántica, y de su manifestación formal más tangible : el léxico, a los múltiples y renovados intentos de estructuración. Creo que, por el momento, el mejor altavoz de esta confesión de impotencia es el maravilloso librito de G. Mounin : *Clefs pour la sémantique* [15].

Es que la semántica recubre un campo tan extenso, y el léxico real de una lengua tiene unos límites tan poco precisos, que la tentativa de un análisis totalitario resultará siempre una ilusión atractiva o una aventura fascinadora.

Por eso, de la mano de Mounin, Greimas y otros muchos teóricos de la semántica, prefiero recortar esa llanura tan vasta en microuniversos semánticos [16] y roturar sólo una parcela de la obra lucana : concretamente Hch 2.

1.2.1. Sólo una decisión apriorística y arbitraria me ha llevado a seccionar la obra lucana y retener, como campo de estudio, el capítulo 2 del libro de los Hechos. Pero, a la vez, creo que este capítulo satisface a las tres condiciones que señala Greimas para un campo de estudio bien constituído : ser representativo, exhaustivo, y homogéneo [17].

---

[15] Cfr. pp. 16-19. 31-33. 47-53. 62-64. 160-164. 187.

[16] G. Mounin, *Clefs,* pp. 52-53. 187. El mismo Mounin ofrece dos ensayos personales de estructuración semántica limitada : « La structuration du lexique de l'habitation », pp. 103-129 ; y « La dénomination des animaux domestiques », pp. 130-164.

En cuanto a Greimas, aparte de la noción un tanto dispersa y omnipresente de « micro-universo semántico », resulta interesante el botón de muestra que dedica al universo de Bernanos, como broche de su *Sémantique structurale,* pp. 222-256.

[17] *Sémantique,* pp. 143-145.

Representatividad no es igual a totalidad de manifestación. Dado el carácter iterativo con que aparecen en la obra de un autor los elementos fundamentales de su concepción, bastará determinar analíticamente ese puñado de elementos y experimentar, en calas sucesivas, su recurrencia objetiva en las distintas secciones de la obra total. Para probar la representatividad de Hch 2 habrá que esperar —metodológicamente— a la sección conclusiva de este ensayo, donde estudiaré el puesto que el capítulo 2 ocupa en todo el libro de los Hechos y en la misma comprensión totalitaria de la obra lucana.

Si todos los elementos fundamentales del campo de estudio encuentran su sitio en el modelo estructural, en que ha de desembocar el análisis semántico, se podrá afirmar el carácter *exhaustivo* del campo. De nuevo topamos con otra decisión a priori, que el conjunto del análisis se encargará de justificar. Se abre así un segundo compás de espera.

La *homogeneidad* del campo está regulada, en definitiva, por la « isotopía » del conjunto, que nivela las posibles variantes diacrónicas, unificándolas en una línea sincrónica de significación. El modelo estructural es en sí mismo aséptico, e indiferente a un modo concreto de manifestación : épico, lírico, o dramático. Por tercera vez tengo que hacer referencia a un estadio ulterior del análisis semántico.

De todo esto se deduce que la constitución del campo de estudio nace de una opción arbitraria inicial. En realidad no hay nada que obligue a estudiar un campo determinado, en vez de otro cualquiera. Pero esa opción arbitraria no puede ser caprichosa o irresponsable, sino que tiene que plegarse a un mínimo de exigencia metodológica.

1.2.2. Esto supuesto, mi campo de estudio es Hch 2 ; ni más ni menos ; un solo capítulo de toda la obra lucana.

Y un mero capítulo ¿ puede ser representativo de toda la obra de Lucas ?

Vamos de estadística. Me dejo guiar por R. Morgenthaler[18].

El capítulo 2 del libro de los Hechos arroja un total de 832 palabras. Comparado con todo el libro —que, según el texto de Nestle-Aland, contiene 18.382 palabras — no es más que un montoncito de virutas. Y si lo ponemos al lado de la obra lucana —a las 18.382 palabras de Hch hay que sumar las 19.428 de Lc, con un total de 37.810 palabras — este capítulo se encoge aún más, hasta quedar reducido a una brizna (= 1/45,5).

Más estadística. El libro de Hechos abarca 28 capítulos. Con la contribución de los 24 capítulos del Evangelio según Lucas se llega a una cifra de 52 capítulos. La proporción se estrecha aún más (= 1/52).

Realmente los márgenes de representatividad no parecen excesivamente prometedores.

---

[18] *Statistik des neutestamentlichen Wortschatzes*, Zürich-Frankfurt/M, 1958. El acopio inicial de datos procede de la tabla nº 3, p. 164.

Con todo, insisto en la estadística. La tabla nº 8 del libro de Morgenthaler [19] reseña las palabras características de los diversos escritos del NT. La columna c) recoge las palabras típicas de Lc, en número de 62. De éstas, 38 palabras —contraseñadas con la sigla Ac— son características también de Hch. La columna e) se centra exclusivamente en Hch : 70 palabras [20] que, sumadas a las que anteriormente han aparecido en Lc, alcanzan la cifra de 108 palabras típicas de Hch.

Ahora bien. Resulta que de estas 108 palabras características del libro de los Hechos, nada menos que 57 están acumuladas en el capítulo 2. Claramente más de la mitad.

En un momento la situación ha cambiado radicalmente. La representatividad del campo de estudio se abre paso dominadora, y garantiza al análisis unos resultados suficientemente seguros.

En cuanto al carácter exhaustivo del campo seleccionado, tengo que remitirme a una etapa ulterior del análisis [21]. Ya desde ahora puede decirse que el carácter generativo de las unidades fundamentales del campo de estudio actúa decisivamente recuperando casi la totalidad del vocabulario, e incorporando todos los elementos significativos del capítulo.

Por último, el hecho materialmente objetivo de que el vocabulario total sometido a estudio se encierra en los límites de un solo capítulo, constituye una primera constatación de la homogeneidad del campo. Esta característica queda reforzada por los análisis del capítulo primero, en que, a un nivel puramente formal, ha ido configurándose la estructura unitaria de Hch 2.

1.3. *Transformación del campo en texto* [22].

El campo de estudio, aun siendo representativo, exhaustivo, y homogéneo, no por eso deja de presentarse como un bloque amorfo, en estado bruto, y difícil de manejar. Unos cuantos golpes certeros, que suavicen rugosidades, limen aristas, y desprendan la ganga inútil, aligerarían el trabajo y contribuirían a perfilar la forma futura. Una cosa así sería la transformación del campo inicial en texto concreto y manejable.

En esta dirección, aprovecho un par de indicaciones de Greimas [23]. La definición que da de *texto* —« l'ensemble des éléments de signification qui sont situés sur l'isotopie choisie et sont enfermés dans les limites du corpus » — tiene, desde luego, un valor atrayente y sugestivo ; pero me

[19] Cfr. pp. 181-183 : « Statistische Listen von Vorzugswörtern ».

[20] En realidad, Morgenthaler registra 71 palabras. Mi reducción a 70 se debe a la repetición de φωνή en ambas listas.

[21] Cfr. pp. 123-131 de este ensayo.

[22] Cfr. Introducción general a este ensayo, p. 16, 2.6.

[23] *Sémantique*, pp. 145-146.

parece que es una meta de llegada, más bien que un punto de partida [24]. Por otra parte, no creo traicionar el pensamiento de Greimas, si incluyo sus reflexiones en la línea del *principio de pertinencia*, tan querido de los estructuralistas [25]. Y a esta pertinencia habría que añadir, a su vez, otro nuevo eslabón de la cadena : la noción de *conmutación* [26].

De momento creo que basta el haber sembrado estas nociones, sin duda demasiado rápidas. Pero más que partir de una definición precisa de « texto », prefiero que la noción teórica vaya madurando progresivamente en el curso de los análisis concretos, brote espontáneamente, y pueda, al final, ofrecer una buena cosecha de frutos.

1.3.1. El primer paso de la transformación del campo de estudio en texto va a ser una operación de *eliminación*. También aquí admito el influjo de Greimas [27].

1.3.1.1. Ante t do, una referencia y una mirada atrás. Al tratar de « la palabra como unidad semántica autónoma », he descrito sumariamente lo escurridizo y lábil que aparece el concepto de palabra, al desmembrarse en palabras autónomas y palabras funcionales [28]. Esta constatación es el fundamento de la operación eliminatoria que voy a abordar.

De las 832 palabras que constituyen el campo de estudio, una gran mayoría son « palabras funcionales ». Estas van a ser las primeras en caer :

---

[24] El mismo Greimas reconoce que la determinación de la isotopía es « logiquement posterieur(-e) à la constitution du corpus » (p. 145, c 1).

[25] Para R. Barthes la « pertinencia » es uno de los principios generales del análisis estructural. Su cuna es la fonología, que pretende « ... établir les différences de sons d'une langue, dans la mesure où ces différences de sons renvoient à des différences de sens, et dans cette seule mesure : c'est le principe de pertinence ; on cherche à trouver des différences de forme qui soient attestées par les différences de contenu ; ces différences sont des traits pertinents ou non-pertinents » (« L'analyse structurale du récit. A propos d'Actes X-XI », RecSR 58 (1970) 21).

Cfr. igualmente la doble definición de J.-B. Fages, *Comprendre le structuralisme*, Toulouse 1968 : « Sens méthodologique général : le point de vue d'une discipline scientifique sur son objet de recherche. Sens restreint : point de vue de la linguistique, c'est-à-dire l'aspect selon lequel un trait, un terme permet ou supporte la signification » (p. 122).

[26] La noción de « conmutación » sugiere automáticamente el nombre de Hjelmslev. La presentación la tomo de Mounin, *Clefs*, p. 40 : « Sa démarche est d'appliquer à la sémantique la méthode qui a permis de dégager les unités minima d'expression d'un énoncé ou phonèmes. L'essentiel de cette méthode tient à l'emploi d'une opération dite « commutation ». Elle consiste, grosso modo, à isoler les plus petites unités phoniques possibles dans un signe, en les substituant pour vérifier si cette substitution change la signification du signe ».

Cfr. igualmente p. 73 (a propósito de Dubois), y la definición de Fages, *Structuralisme*, p. 119.

[27] *Sémantique*, p. 146.

[28] Cfr. 1.1.1. de este ensayo.

artículos, pronombres, preposiciones, conjunciones, adverbios, verbos impersonales. Después de esta primera eliminación, el campo queda reducido a 434 palabras.

1.3.1.2. La primera pasada ha sido un mero desbroce del terreno. Una segunda incursión tendrá por objeto liberar de elementos parásitos el campo ya reducido. LLamo elementos parásitos a los adjetivos no sustantivados ; a los gentilicios, cuya función se reduce a explicitar una magnitud global [29] ; a los nombres propios : unos — de carácter personal — por su aspecto individualista, y otros — de carácter regional geográfico — por la limitación de sus fronteras. El resultado es la eliminación de otras 113 palabras, que dejan el material útil en sólo 321.

1.3.1.3. Aun después de esta segunda incursión, me parece conveniente una rápida inspección del rastrojo. En el proceso de eliminación he ido topando con palabras anodinas, desgastadas por el uso cotidiano de la comunicación, por ejemplo : λέγειν [30], εἶναι, γίνεσθαι El carácter decididamente neutro de estas palabras las condena como no pertinentes. Al término de la inspección, que suprime otras 32 instancias, el vocabulario pertinente queda fijado en 289 palabras.

1.3.2. El proceso de transformación del campo de estudio en texto no se acaba con la eliminación de elementos no pertinentes. La resultante lexical contiene aún muchos elementos cuya pertinencia es, por lo menos dudosa, si no francamente rechazable.

1.3.2.1. El método que voy a experimentar en esta segunda etapa — debido igualmente al procedimiento de Greimas [31] — es el de *extracción* de elementos textuales realmente pertinentes. Como criterio de extracción tomo la recurrencia estadística de las palabras anteriormente recensionadas, producto de las sucesivas eliminaciones. Creo que la introducción de la estadística puede corregir la parte de subjetividad inherente al método de extracción [32].

---

[29] Esa riada de pueblos en los vv. 9-11 no hace más que particularizar la generalidad enunciada en v. 5 : « ἄνδρες εὐλαβεῖς ἀπὸ παντὸς ἔθνους τῶν ὑπὸ τὸν οὐρανόν, o el πλῆθος del v. 6.

[30] Se podrían poner algunos reparos a esta eliminación de λέγειν, sobre todo teniendo en cuenta que, más adelante, voy a conservar ποιεῖν como pertinente. ¿ Por qué deshacerse de λέγειν y retener ποιεῖν ? La respuesta me parece clara : la función estructural de λέγειν es mucho más neutra y anodina ; prácticamente, en la mayoría de los casos, su función es explicativa y equivalente a los dos puntos introductorios del discurso. Por su parte, ποιεῖν adquiere un alto valor estructurante, como ha quedado patente en los análisis formales del capítulo 1º de esto ensayo.

[31] *Sémantique*, p. 146 ; cfr. además pp. 223-224, donde el criterio de extracción es la « redondance de certains lexèmes ... ».

[32] Los valores y los límites de la estructuración distribucional aparecen sintéticamente sopesados en Mounin, *Clefs*, pp. 56-57.

Por otra parte, la estadística no puede ser totalmente arbitraria. Si se trata de poner de relieve la recurrencia de una palabra determinada en un campo ya delimitado, habrá que exigir un mínimo de presencia, para que ésta sea pertinente. Cuando Morgenthaler explica el criterio que le ha guiado en la selección de las palabras características de cada escrito del NT [33], establece una recurrencia mínima de 10 veces, como pauta de representatividad. Siguiendo esta línea —que me parece objetiva— y teniendo en cuenta que no abarco toda una obra, sino una sección limitada de ella, tomo como criterio de extracción una recurrencia mínima de 3 veces en solo Hch 2.

1.3.2.2. El resultado de esta segunda operación a que vienen sometidas las 289 palabras del ya limitado campo de estudio, deja entre las manos una economía notable de material : sólo 25 palabras aparecen, o reaparecen, 3 o más veces en el capítulo 2 de Hch. En la lista que sigue doy además la recurrencia en todo Hch, en Lc y en el conjunto del NT.

ἡμέρα	9	(94-83-388)
πᾶς	15	(170-152-1226)
οὐρανός	4	(26-34-272)
οἶκος	3	(25-33-112)
γλῶσσα	4	(6-2-50)
πνεῦμα	6	(70-36-379)
λαλεῖν	5	(60-31-298)
κατοικεῖν	3	(20-2-44)
ἀνήρ	6	(100-27-216)
ἀκούειν	6	(89-65-427)
θεός	12	(166-122-1314)
ἐκχεῖν	3	(3-0-16)
σάρξ	3	(3-2-147)
διδόναι	3	(35-60-416)
τέρας	3	(9-0-16)
σημεῖον	3	(13-11-77)
κύριος	7	(107-103-718)
σῴζεσθαι	3	(13-17-106)
λόγος	3	(65-33-331)
ποιεῖν	3	(68-88-565)
δέξιος	3	(7-6-54)
καρδία	3	(20-22-156)
ψυχή	3	(15-13-101)
χριστός	3	(25-12-529)
ἀπόστολος	3	(28-6-79)

Sobre la aportación del método estadístico, baste una referencia a Guiraud-Kuentz, *La Stylistique*, Paris 1970, pp. 222-224.

[33] Cfr. *Statistik*, I B 8, pp. 49-50.

1.3.3. Las operaciones de eliminación y extracción —que tal vez hayan podido parecer excesivamente drásticas — han tenido como finalidad la transformación de un campo de estudio linear en un texto en relieve. Creo que ahora se pueden apreciar las cumbres y los valles, los declives y los repechos del terreno. Porque un texto no es una magnitud uniforme. Aun dentro de su representatividad y homogeneidad, cada texto conserva una serie de caracteres individuales e incomunicables, que le confieren su personalidad propia y privativa.

1.3.3.1. Pero en orden a un análisis de los elementos significativos, aún se puede afinar más, y someter el texto a una nueva operación, que se podría llamar *reducción* [34]. El campo inicial era una sucesión sintagmática que, a través de las etapas anteriores, ha quedado fraccionado en una colección de elementos aparentemente demasiado dispersos. Habrá que cribar ahora esos elementos, para ver si se dejan reducir a unas cuantas líneas paradigmáticas, que sistematicen las convergencias y divergencias mutuas. Esta labor de criba es lo que llamo etapa de reducción .

1.3.3.2. Lo mismo que en las etapas anteriores, también aquí tengo que guiarme por un criterio de reducción. Sólo que, mientras antes se trataba de un criterio objetivo, de corte decididamente lingüístico, ahora va a ser esencialmente conceptual y, por lo tanto, más abierto a la subjetividad. Esta subjetividad, con todo, será puramente metodológica y operacional ; los análisis ulteriores confirmarán —así lo espero — la validez de esta opción, que tomo como punto de partida.

Para la etapa de reducción, empiezo por constatar las convergencias semánticas —de contenido — entre los diversos elementos del texto. No es una constatación a posteriori, sino apriorística ; no se basa en análisis detallados —esto será una labor ulterior — sino en una apreciación ingenua y precientífica de las relaciones que, a primera vista, reinan entre esos 25 elementos a que se ha reducido la base textual [35].

1.3.3.3. Repasando la lista de palabras, en la página anterior, creo poder individuar, ante todo, una serie de elementos que se ordenan en torno a la *divinidad* y su *actuación* : πνεῦμα, θεός, κύριος, χριστός, ἐκχεῖν, διδόναι, ποιεῖν, τέρας, σημεῖον.

Por otra parte, el *espacio* y el *tiempo* también aparecen consignados : οἶκος, οὐρανός, δέξιον como elementos espaciales ; ἡμέρα como categoría temporal. La idea de *palabra hablada* agrupa en torno a sí unos cuantos

---

[34] La operación propuesta se inspira —tal vez un poco de lejos — en las sugerencias de Greimas, *Sémantique*, pp. 158-161.

[35] El análisis detallado lo instituiré más adelante, en la sección 3ª : Campos semánticos : Familias semánticas, pp. 118ss.

elementos : λαλεῖν, ἀκούειν, γλῶσσα, λόγος. Esa actividad locutiva tiene que tener necesariamente un *sujeto*, un locutor ; función que llevan a cabo los ἀπόστολοι. Y como *destinatarios* de la palabra encuentro a la multitud del pueblo : κατοικοῦντες, ἀνήρ, πάντες, ψυχή, a los que se podría añadir el determinativo καρδία. Y como concepto complexivo, que anuda actividades y crea una atmósfera cualificada, aparece el verbo σῴζεσθαι.

1.3.3.4. La labor de reducción estrecha el texto, dejándolo en siete líneas, o columnas, paradigmáticas. Con todo ¿ se puede afinar aún más la reducción ? Creo que sí, y voy a intentarlo.

El « espacio » y el « tiempo » aparecen como categorías claramente irreductibles. En las columnas restantes, sin embargo, creo entrever una corriente que las atraviesa a todas. La « divinidad » y su « actuación », por lo que sabemos de la Biblia y por nuestras convicciones de fe, crean necesariamente una *salvación*. Y el « apóstol » es el elegido para « proclamar » esa salvación a toda clase de oyentes, « destinatarios » de la actuación salvífica de Dios.

Se configura, de esta manera, un triángulo : *espacio-tiempo-salvación*, que considero como el núcleo fundamental y germinal de todo el texto y, en definitiva, de todo el campo de estudio, que fue el punto de partida inicial.

1.3.4. Ante un proceso tan drástico, que reduce un vocabulario inicial de 832 palabras a sólo 3 células germinales, nace espontáneamente una doble pregunta. Primera : este procedimiento ¿ no empobrece irremediablemente el campo de estudio ? Segunda : ¿ qué hacemos con el material descartado ?

1.3.4.1. En primer lugar, acabo de hablar, hace unas líneas, de un « núcleo germinal », de « células germinales » ; y lo he hecho adrede. Creo que la concentración, la acumulación, la polarización no implican un empobrecimiento, sino un potencial. Esto es un dato de experiencia cotidiana, aun en los aspectos más triviales de la vida. En ese núcleo reside la capacidad de expansión ; en esa célula, la potencia de crecer y de multiplicarse, dando vida a un número ilimitado de entidades. Por eso, el camino descendente que he seguido, ha sido un proceso de potenciación, de comprimir en un solo triángulo un haz de capacidades, que ulteriormente dará origen a todo un sistema de correlaciones.

1.3.4.2. En cuanto a la segunda pregunta, pienso que aquí pasa lo que en muchos juegos de naipes, en que los sucesivos descartes van formando un mazo, disponible en otra ronda del juego. Las sucesivas eliminaciones, los restos de la extracción, las convergencias de la reducción no han tirado nada por la borda. Se ha ido amontonando un material valioso, temporalmente marginado, que se irá recuperando en sucesivos análisis —contextuales, sémicos — o en la construcción de campos semánticos [36]; y esto aparte de su valor intrínseco, siempre disponible en orden a una visión global de toda la obra lucana.

2. Análisis semántico.

Una vez transformado el campo de estudio en texto pertinente y estilizado, sigue lógicamente el análisis de los elementos textuales. Sólo que ahora hay que cambiar de nivel.

En el capítulo primero me he movido fundamentalmente a nivel de *significante*; ahora tengo que bajar al nivel más profundo del *significado*. Antes he manejado los *lexemas* [37] principalmente en su materialidad formal y manifestativa; ahora habrá que ahondar en el contenido, liberando los diversos estratos de significación. Y todo ello funcionalmente, es decir, buscando indicios que traicionen una *función estructurante*, identificando algunas marcas —tanto formales, como conceptuales — que posean un valor articulatorio del conjunto textual.

A manera de hitos metodológicos, voy a seguir el proceso siguiente.

Ante todo, trataré de poner de manifiesto algunas *marcas formales* del mismo significante [38]. En esto creo ser fiel al principio de que « toda marca, o diferencia, del significante implica una diferencia en el significado » [39].

A continuación analizaré las diversas *definiciones* que los diccionarios dan de los términos pertinentes. De esta manera se podrá ver si esa definición manifiesta algún indicio objetivo, en orden a una estructuración del contenido semántico de los lexemas [40]. En este apartado distingo varias etapas.

---

[36] Cfr. Greimas, *Sémantique*, p. 159, b.

[37] El término « lexema » es ciertamente ambiguo. Por mi parte, acepto la concepción de Greimas, que lo define como « le terme-objet »; « celui-ci appartient à la langue-objet et se réalise dans le discours » (*Sémant. struct.*, p. 27). Globalmente coincide con la « palabra » del vocabulario, o del léxico (cfr. R. Lack, *La Symbolique du Livre d'Isaïe*, p. 199, n. 67). En lingüística pura, la acepción de « lexema » es un tanto diversa (cfr. A. Martinet, *Éléments de linguistique générale*, 1.9; 4.19).

[38] Es lo que Mounin llama « estructuraciones formales », como primer apartado de su brillante sistematización de las estructuraciones semánticas: pp. 33-37. 55-56.

[39] Cfr. Mounin, *Clefs*, p. 12.

[40] La definición como base de estructuración aparece en la teoría y en la práctica de Mounin, en su ensayo sobre el léxico de la habitación: pp. 111-113. Cfr. al mismo tiempo pp. 139-144. En realidad, en los pasajes citados de las *Clefs*, Mounin resume, simplifica, y explota un interesantísimo capítulo de su libro anterior *Les problèmes théoriques de la traduction*, Paris 1963, chap. IX, pp. 125-143. En este capítulo reivindica para la « definición » un estatuto decididamente lingüístico, y la propone como campo ideal para descubrir los « elementos mínimos semánticos » (= semas).

Primero. Cualquier diccionario propone varias definiciones de cada uno de los lexemas. ¿Cuál habrá que escoger? Nos lo dirá un análisis de cada lexema dentro de los variados contextos que polarizan su significación. Por lo tanto, esta primera etapa se basa en un análisis contextual.

Segundo. Seguirá una etapa de análisis formal de la definición pertinente, recabando los rasgos característicos que la distinguen de las demás acepciones posibles, y le confieren su individualidad.

Tercero. Un proceso de conceptualización de los rasgos formales de la definición. Etapa importante, porque aquí tendrán que aparecer las unidades mínimas de significación —lo que llamaremos *semas* — que jugarán un papel definitivo en orden a la estructuración semántica del texto.

Este proceso metodológico lo iré aplicando sucesivamente a los tres elementos del triángulo germinal, en que ha desembocado la transformación del campo de estudio en texto pertinente.

2.1. *Análisis semántico de* ἡμέρα.

El primer elemento del triángulo germinal que quiero someter a análisis es el que traza la ordenada de *tiempo* = ἡμέρα. Ya la mera recurrencia estadística —9 veces en Hch 2 — determina a ἡμέρα como uno de los elementos más significativos del capítulo. Se trata indudablemente de una palabra de acusada personalidad y de un influjo prominente y prometedor en orden a la estructuración del campo de estudio.

2.1.1. La característica más relevante de esta presencia múltiple de ἡμέρα es la variedad formal de su presentación.

2.1.1.1. Reduciendo a fría estadística el conjunto de variaciones formales, se obtiene el resultado siguiente:

ἡμέραν	=	4 veces	(1.20.46.47)
ἡμέρας	=	2 veces	(15.29)
ἡμέρᾳ	=	1 vez	(41)
ἡμέραις	=	2 veces	(17.18)

La cuádruple recurrencia de ἡμέραν se desmembra en una doble bina: dos recurrencias determinadas por la preposición κατά (46.47) —en seguida se verá el alcance individualizante de esta determinación — y dos recurrencias asépticas, sin determinante preposicional (1.20).

La manifestación ἡμέρας aparece también doblemente caracterizada: una instancia determinada por la preposición ἄχρι (29), y otra ocurrencia sin el determinante preposicional (15).

Por su parte ἡμέραις está, en su doble aparición (17.18), configurada por la preposición ἐν; lo mismo que la aislada y solitaria ἡμέρᾳ del v. 41.

2.1.1.2. Estas diferencias formales del significante, decididamente lingüísticas, tienen que incidir sobre el significado, diferenciándolo y configurándolo, a su vez, en una serie de variaciones correspondientes. Ahora bien, ¿traiciona la variedad formal algunos *rasgos* individuales, que hayan de determinar variaciones semánticas en el significado?

La variación que más salta a la vista en el significante es el repetido cambio de desinencia: -αν, -ας, -ᾳ, -αις. La repercusión sobre el significado es manifiesta:

-αν = singular + acusativo
-ας = singular + genitivo
-ᾳ = singular + dativo
-αις = plural + dativo

Por otra parte, mientras las preposiciones ἐν y ἄχρι no modifican el estatuto gramatical de ἡμέρα, la preposición κατά es responsable de una auténtica transformación gramatical: el *sustantivo* (ἡμέρα) se convierte en *adverbio* (καθ' ἡμέραν)

Sintetizando los *rasgos característicos* puestos de relieve por las variaciones desinenciales, se puede trazar el siguiente cuadro:

	singular	plural	acusativo	genitivo	dativo
ἡμέραν	+		+		
ἡμέρας	+			+	
ἡμέρᾳ	+				+
ἡμέραις		+			+

2.1.1.3. El paso ulterior será una conceptualización de estas marcas formales, en su objetividad material significante y en su incidencia sobre el significado.

Y aquí es donde saltan a primer plano las nociones de «valor» y «oposición».

La noción de *valor* lleva indudablement el cuño de Saussure. Es un concepto poderoso, que atraviesa dominante las páginas del *Cours de linguistique générale.*

«En la lengua —dice Saussure— cada término tiene su *valor* por su *oposición* con todos los demás términos»[41]. Pero en esta afirmación las dos nociones se han avecinado tanto, que falta perspectiva y distancia para poder individualizarlas claramente.

[41] Cfr. *Cours,* p. 126. El subrayado es mío.

El punto de partida es la afirmación con que se abre el capítulo IV de la segunda parte del *Cours*, consagrado al valor lingüístico :

> « Pour se rendre compte que la langue ne peut être qu'un système de valeurs pures, il suffit de considérer les deux éléments qui entrent en jeu dans son fonctionnement : les idées et les sons »[42].

El valor está constituído por dos factores :

> « 1º par une chose *dissemblable* susceptible d'être *échangée* contre celle dont la valeur est à déterminer ;
> 2º par des choses *similaires* qu'on peut *comparer* avec celle dont la valeur est en cause »[43].

Y esto se realiza tanto en el aspecto conceptual, como en el aspecto material del valor lingüístico[44].

En síntesis : « dans la langue il n'y a que dès différences »[45].

Con todo, estas diferencias existen solamente cuando se toma el significante y el significado como dos entidades separadas. Por el contrario, si se considera el *signo* en su totalidad, nos encontramos ante un *sistema de valores*. Cuando se comparan entre sí los « signos », los « sistemas de valores », ya no se puede hablar de diferencias ; hay que hablar de *oposición*[46].

Esta oposición es el concepto clave de la lingüística —y, por lo tanto, de la semántica — estructural[47].

LLegado a este punto, quiero proyectar sobre los análisis anteriores la teoría de Saussure, para intentar una sistematización de los rasgos característicos, a nivel de signo lingüístico.

Las marcas formales del significante —variaciones desinenciales de ἡμέρα — constituyen una serie de « valores », o « diferencias ». Su repercusión sobre el significado crea otra serie diferencial, conceptualmente catalogable en diferencias de número —singular (« el día »), plural (« los

---

[42] Cfr. p. 155.

[43] Cfr. p. 159.

[44] Cfr. pp. 158-164.

[45] Cfr. p. 166 : una de las afirmaciones fundamentales de Saussure, como cimiento del estructuralismo lingüístico.

[46] Cfr. pp. 166-167.

[47] Recojo sólo un par de muestras. E. Benveniste cierra su artículo « Actif et moyen dans le verbe » con esta frase lapidaria : « Il est dans la nature des faits linguistiques, puisqu'ils sont des signes, de se réaliser en oppositions et de ne signifier que par là » (*Problèmes de linguistique générale*, Paris 1966, p. 175).

La otra muestra es el combatido y criticado, o influyente y venerado « binarismo » de R. Jakobson. Cuarenta y siete densas páginas de sus « *Essais de linguistique générale*, (Paris 1963, pp. 103-149) están dedicadas a este concepto fundamental. Cfr. especialmente las reflexiones conclusivas : pp. 145-147.

días ») — y diferencias de caso — acusativo (« el día »), genitivo (« del día »), dativo (« en el día ») — aunque en la realidad textual estas diferencias aparezcan combinadas y entremezcladas.

Cuando estas dos series de valores diferenciales se fusionan, queda engendrado el signo, como un sistema de valores. Así nace ἡμέρα (« día ») en su abstracción de sustantivo. Por otra parte, lo mismo sucede en καθ' ἡμέραν con su carácter adverbial, fruto de la influencia de la preposición κατά ; también καθ' ἡμέραν (« día a día ») se presenta como un sistema de valores autónomo.

La comparación de estos dos signos, de estos dos sistemas de valores, es una auténtica y genuina oposición.

Sintéticamente, la sistematización de resultados podría tomar la forma siguiente :

Oposición :	ἡμέρα	⟷	καθ' ἡμέραν	= sust.	⟷	adv.
Diferencias :						
número :	ἡμέραν ἡμέρας ἡμέρᾳ	⟷	ἡμέραις	= sing.	⟷	plur.
casos :	ἡμέραν	⟷	ἡμέρας	⟷	ἡμέρᾳ	(-αις)
	acusativo	⟷	genitivo	⟷	dativo	

2.1.2. Las marcas formales que el nivel morfológico imprime en las diversas recurrencias de ἡμέρα, han manifestado unas cuantas « diferencias » y « oposiciones », tanto en el significante, como en el significado, y aun en el mismo « signo » total. Pero los rasgos característicos no han aparecido claramente ; sobre todo, no son rasgos individuantes — semánticamente pertinentes — que traicionen el modo de existencia peculiar y privativo de ἡμέρα.

Por eso, voy a hacer ahora una cala más profunda : un análisis de la *definición* concreta y objetiva, según la ofrecen los diccionarios. Mi intención es comprobar si la definición de un término — aquí concretamente ἡμέρα — puede suministrar los rasgos semánticamente pertinentes, que permitan una verdadera estructuración, objetiva y lingüísticamente justificable.

Pero en seguida me encuentro ante una cadena de dificultades, que parecen cerrar este camino.

En primer lugar, la multiplicidad de definiciones que ofrece cualquier diccionario ideológico. Entre ese cúmulo de definiciones, ¿ cuál habrá que escoger ? ¿ cuál de ellas es la definición pertinente ? Para salir al paso a esta primera dificultad, me ha parecido oportuno empezar por un análisis de los diversos contextos en que aparece ἡμέρα. El contexto polariza el sentido concreto del término, y tiene la ventaja de constituir un hecho puramente lingüístico y objetivo. Así queda disminuido el grado de subjetividad que pueda filtrarse en los análisis.

La segunda dificultad viene del uso de la lengua original, el griego helenístico. Como no poseemos un diccionario interno, monolingüe, del griego helenístico, el trabajo hay que realizarlo a base de una traducción de palabras y conceptos.

Para obviar, en la medida de lo posible, esta dificultad, acudo a los diccionarios de cuatro lenguas modernas : español, francés, inglés, alemán. Y esto en un proceso doble. En primer lugar, una constatación de las equivalencias de las respectivas palabras griegas, con sus diversas traducciones modernas ; son los diccionarios griego-español, griego-francés, etc. los que sirven de base para este primer paso. Luego procedo a examinar las definiciones que los diccionarios modernos ofrecen en cada caso. Si las definiciones presentadas por los diversos diccionarios coinciden en las marcas esenciales, existe una fundada probabilidad de que también el concepto griego se ajuste a estos moldes. Por otra parte, la coincidencia de varias traducciones deberá subsanar la unilateralidad que podría implicar el recurso a una sola traducción [48].

El tercer eslabón de la dificultad es la cualidad misma del dominio explorado. No se trata de someter a análisis definicional una serie de objetos o cosas concretas, en la bruta materialidad de su existencia. Tengo, más bien, que analizar conceptos, realidades abstractas e inmateriales, que guardan celosamente sus rasgos distintivos. Se comprende que en este campo el grado de apreciación subjetiva es necesariamente mayor que en el análisis de realidades materiales, de masa y forma tangibles. Acepto el riesgo, al mismo tiempo que intentaré equilibrar la subjetividad conceptual con la contrapartida del contexto objetivo.

2.1.2.1. El análisis contextual tiende a evitar el escollo de trabajar sobre una definición apriorística o artificial. Más bien, se centra en los *usos* que un autor determinado hace de esa palabra en un campo concreto [49].

[48] Desde hace un cuarto de siglo, terminologistas y normalizadores reclaman para las « definiciones » un estatuto verdaderamente lingüístico. Ya en Hjelmslev se percibe esta orientación (cfr. *Prolegomena*, p. 45). Pero los adalides de esta reivindicación son, ante todo, E. Wüster, « Die Normalisation der technischen Sprache », Sprachforum 1 (1955) 51-61 ; R. W. Jumpelt, *Scientific Terminology*, Le Caire 1955 ; F. Lang, « À la recherche des principes de terminologie et de lexicographie », Babel 4 (1958) 112-113. Jumpelt llega a afirmar que « las traducciónes de términos científicos y técnicos deben basarse en las definiciones, y no en simples equivalentes suministrados por los diccionarios bilingües » (citado por Mounin, *Problèmes traduction*, p. 128).

[49] « Uso » es un concepto lingüístico de largo alcance y ancha perspectiva. La significación de una palabra depende esencialmente del « uso » que de ella se hace. Ésta es la tesis, sólidamente aceptada, de Meillet, Morris, Wittgenstein, Dubois, ... Y habría que remontrarse a Hjelmslev que, con su dicotomía « esquema-uso », reelabora profundamente la oposición saussuriana « langue-parole ».

Soy consciente de que mi campo de estudio es cuantitativamente bien reducido, pero creo, por otra parte, que la elevada recurrencia de ἡμέρα en Hch 2 puede ser representativa del uso lucano de esta palabra.

a. Ya en la primerísima frase de Hch 2 encontramos a ἡμέρα:
ἐν τῷ συμπληροῦσθαι τὴν ἡμέραν τῆς πεντηκοστῆς (1).

La presencia del artículo indica un día determinado; por su parte τῆς πεντηκοστῆς fija aún más csc día, hasta poncrlc un nombre. Se trata, por lo tanto, de un día determinado y denominado = el día de Pentecostés.

El uso del singular circunscribe el día y le confiere el carácter de magnitud unitaria: una especie de unidad de medida temporal.

Ese día es el espacio de tiempo donde queda situado el acontecimiento pentecostal — ἐν τῷ ... καὶ ἐγένετο ... — enmarcado, a su vez, en un clima de cumplimiento — συμπληροῦσθαι — como actualización de algo previamente anunciado o prometido.

Todo el contexto converge hacia una determinación del día de Pentecostés como fecha histórica.

b. ἔστιν γὰρ ὥρα τρίτη τῆς ἡμέρας (15)

Nueva presencia determinativa del artículo, que esta vez aparece con una función casi de demostrativo. El día se concibe como una magnitud divisible, más aún, dividida en horas; de ahí el carácter de relación partitiva encerrado en el genitivo ἡμέρας. La ausencia del artículo antes de ὥρα queda ampliamente compensada por la determinación denominativa τρίτη. La hora, como parte, da relieve al día como magnitud unitaria.

c. ἐν ταῖς ἐσχάταις ἡμέραις (17)

Primer cambio: el singular se convierte en plural; el « día » se alarga en « días », como extensión en el tiempo. Nuevamente esos días, ese período temporal, encuadran un acontecimiento, según apunta la preposición ἐν.

El período no es un conjunto amorfo, los días no son neutros; el artículo, por una parte, y la cualificación adjetival, por otra, confieren a esos días una individualidad concreta e inalienable, que hasta lleva un nombre — ἐσχάταις — y queda proyectada hacia la plenitud del futuro.

d. ἐν ταῖς ἡμέραις ἐκείναις (18)

El demostrativo, por su función de implicación y referencia, recoge exhaustivamente la carga significativa del referente. En ἐκείναις se dan cita la periodicidad plural, la circunstancialidad ocurrente, la proyección futura, que cualifican a los días.

e. πρὶν ἐλθεῖν ἡμέραν κυρίου τὴν μεγάλην καὶ ἐπιφανῆ (20)

A pesar de que ἡμέρα se ha quedado sin artículo, no por eso va a ser condenado a una generalidad anónima y desindividualizada. La determinación —y bien concreta, por cierto — le viene, en primer lugar, de κυρίου que lo fija en un día único y peculiar ; y luego por el doble adjetivo, cuyo artículo recorta aún más claramente la figura individual de ese concreto día del Señor [50]. Es un día indiviso, singular, realidad unitaria. Pero no es una realidad actual, presente ; sino un día que vendrá, después de algo que tiene que suceder antes. La anterioridad de la conjunción πρίν relega a ἡμέρα κυρίου a las lejanías del futuro.

f. ἄχρι τῆς ἡμέρας ταύτης (29)

El día es « este día », con toda su presencia y actualidad, que le hace equivalente a *hoy* (= σήμερον). Determinado, singular, unitario, concreto. Pero también con un rasgo nuevo, que le presta la preposición ἄχρι. « Este día » es la meta de llegada, el término desde donde se contempla una etapa que se remonta en la historia, hasta los tiempos de David.

g. ἐν τῇ ἡμέρᾳ ἐκείνῃ (41)

Así se cierra el relato. Empezó con la presentación del día de Pentecostés (1), y acaba sobre la misma nota, volviendo la página de « aquel día » (41). Todos los caracteres del día inicial convergen en esta notación última : día determinado, unitario, ocurrencial, fecha ; sólo falta la denominación que, bajo el signo del demostrativo, ha quedado transformada en implicación y referencia.

h. καθ' ἡμέραν (46.47)

Creo que las dos ocurrencias se pueden tratar bajo un mismo epígrafe [51].

La unión de κατά con ἡμέρα los funde en una nueva categoría : adverbio [52]. El carácter de καθ' ἡμέραν se manifiesta, casi invariablemente, como iteración, repetición, continuidad ; muestra una personalidad distributiva. Por otra parte, sus únicas apariciones en Hch 2 están enmarcadas en una atmósfera de imperfectos, que subraya el carácter distributivo del adverbio. Queda patente una verdadera oposición entre la acusada singularidad dominante de ἡμέρα y la iteratividad continuada y distributiva de καθ' ἡμέραν.

---

[50] Cfr. M. Zerwick, *Graecitas biblica*, Romae 1966, p. 64, nº 193.

[51] Las conclusiones de A. W. Argyle en ExpT 63 (1951-52) 354 tal vez se pudieran aplicar al v. 46, pero de ninguna manera al v. 47.

[52] Cfr. Blass-Debrunner, 224 (3).

Cierro este análisis contextual con una visión sintética de los principales *rasgos característicos* de ἡμέρα, que se desgajan del contexto:

ἡμέρα — καθ' ἡμέραν

Determinación
Denominación
Unidad (= Parcialidad) ←→ Pluralidad ←→ Distributividad
Fecha
Actualidad (= Cumplimiento) ←→ Posterioridad ←→ Iteratividad
Término

Es interesante constatar, en esta visión sintética, la sorprendente coincidencia entre los resultados del análisis contextual y las conclusiones del análisis de marcas formales morfológicas:

Oposición: Sustantivo ←——→ Adverbio
Diferencia:
Singular ←——→ Plural

2.1.2.2. El análisis del contexto, al poner de relieve los usos concretos de un lexema, encauza los meandros de los posibles significados en una, o en unas pocas líneas pertinentes. Voy ahora a someter a análisis formal las definiciones subyacentes a los diversos usos del lexema ἡμέρα, para ver si los rasgos característicos recabados hasta el momento quedan confirmados, o hay que relegarlos al olvido de lo inútil.

Cualquier diccionario griego-español dará como correspondencia fundamental de ἡμέρα la palabra castellana *día.*

De las siete acepciones reseñadas por María Moliner [53], creo que solamente la nº 1 —con su segunda especificación — y la nº 4 penetran por la criba del contexto anteriormente analizado, es decir, sólo estas dos definiciones son pertinentes.

Consideradas como haz de rasgos distintivos, se pueden presentar de la manera siguiente:

nº 1: Espacio de tiempo + una vuelta del sol alrededor de la tierra [54].
Fecha = Cada uno de esos espacios + determinado + designado con un número o con un nombre.
nº 4: Espacio de tiempo + indeterminado.

[53] *Diccionario de uso del español,* Madrid 1966, I 984ss.

[54] Como nota curiosa, me ha sorprendido que los tres diccionarios españoles — Diccionario de la Real Academia Española; Diccionario Ideológico de la Lengua española, de J. Casares; y aun el de María Moliner — mantienen la experiencia precientífica de la inmovilidad terrestre y del giro solar, aunque Casares suaviza la definición por medio del adverbio « aparentemente ».

Las definiciones de Robert[55], al explicar el lexema *jour*, siguen un esquema parecido :

II,1 : Espace de temps + déterminé par la rotation de la terre sur elle-même.
2 : Espace de temps + une rotation de la terre + sert d'unité de temps.
3 : Jour + pour situer un événement + avec plus ou moins de précision = Date.
6 : Jour + certain espace de temps, certaine époque + marquée par tels événements, telles circonstances.

El *Shorter Oxford English Dictionary*[56] entra por un cauce semejante, en la descripción de *day* :

II : Unit of time
1 : Time + occupied by the earth in one revolution on its axis + + in which the same terrestrial meridian returns to the sun = = twenty-four hours.
2 : Same space of time + as a unit of time + on which anything happens, or which fixes a date.
III : A specified or appointed day.
IV : A period (of time).

Igualmente el *Deutsches Wörterbuch* de Wahrig[57] recoge los elementos siguientes, como constitutivos de *Tag* :

1a : Zeit + eine Erdumdrehung = 24 Stunden.
b : Ein bestimmter Tag = Datum.

Sintetizando las convergencias tan llamativas, se pueden extraer los siguientes rasgos generales de la definición pertinente de *día* :
1 : Espacio de tiempo + determinado (por rotación de la tierra) + como unidad de medida = Fecha = 24 horas.
2 : Espacio de tiempo + indeterminado = Época, Período.

2.1.2.3. La tercera etapa del análisis definicional implica un cambio de agujas. Los rasgos característicos que han ido aflorando en el curso del análisis contextual y del análisis formal de la definición, se orientan ahora por una vía de conceptualización abstracta.

---

[55] *Dictionnaire alphabétique et analogique de la Langue française*, Paris, 1959, t. 4, pp. 136-139.

[56] W. Little - C. T. Onions, *The Shorter Oxford English Dictionary, on Historical Principles*, Oxford [3]1964, vol. 1, p. 456.

[57] G. Wahrig, *Deutsches Wörterbuch*, Gütersloh 1968, Sp. 3513-3514.

Con esto intentaré poner de manifiesto el relieve que adquieren esos rasgos formales como unidades mínimas que, al combinarse entre sí y con los elementos que aporta la diversidad de contextos, dan origen al fenómeno de la significación.

Adopto la nomenclatura de Pottier, Buyssens, Greimas [58] y llamo *semas* a esos elementos conceptuales primitivos, a esas unidades mínimas, rasgos distintivos y pertinentes, en los que se juega el todo por el todo de la significación.

Por lo tanto, a esta tercera etapa no le vendría mal el rótulo de *análisis sémico* [59].

La constatación más primitiva y precientífica, que brota de los análisis contextual y definicional, es que todo se mueve en el eje del tiempo. Todas las manifestaciones del « día » aparecen transidas por la cualidad temporal. Esta *temporalidad* viene a ser así el núcleo sémico, o sema nuclear, de ἡμέρα.

Ahora bien, el eje de la temporalidad se manifiesta dicotómicamente, al escindirse en « recurrencias en singular » (el día), y « recurrencias en plural » (los días). Mientras el plural, con su caracter de multiplicidad, sucesión, iteratividad, etc. queda cualificado por el sema de *continuidad* (= Época, período), la recurrencia singular puede considerarse caracterizada por el sema opuesto de *singularidad* (= Fecha). Singularidad que, a su vez, aparece como magnitud unitaria (cfr. unidad de tiempo), o como divisible (cfr. cada uno de los espacios de tiempo) y aun realmente dividida en horas (cfr. ὥρα τρίτη τῆς ἡμέρας). En el eje de la singularidad se puede apreciar, por lo tanto, el binarismo sémico *unidad-división*.

Tomando ahora el sema unidad como objeto de ulterior análisis, se percibe una nueva doble cualificación : ese día unitario es, por una parte, un día actual, en el que se desarrollan determinados acontecimientos (ἡμέρα τῆς πεντηκοστῆς), mientras que por otra parte, aparece la referencia a un día futuro (ἡμέρα κυρίου). De modo que el sema « unidad » se desdobla en una ulterior categoría binaria : *actualidad-posterioridad*.

Más aún, la misma actualidad no se presenta como un sema simple, sino que se manifiesta cualificada por un doble contexto. En el v. 1 ἡμέρα se concibe como un cumplimiento (συμπληροῦσθαι), un desembocar en una plenitud no cualificada ; mientras que en el v. 29, la preposición ἄχρι de-

[58] Cfr. B. Pottier, *Recherche sur l'analyse sémantique en linguistique et en traduction mécanique*, Paris 1962. E. Buyssens, « Le signe linguistique », RBelgPhH 3 (1960). A. J. Greimas, *Sémantique structurale*, Paris 1972. Id., *Du sens. Essais sémiotiques*, Paris 1970.

[59] No dudaría en alinear este tipo de análisis con los que Mounin clasifica como « conceptuales » (*Clefs*, pp. 37-39. 58-59), o como « lógicos » (pp. 39-42). Además creo que coincide exactamente con el análisis que la lingüística americana llama « componencial ». H. C. Conklin, J. J. Katz - J. J. Fodor, F. G. Lounsbury se mueven en un plano idéntico.

termina a ἡμέρα como final de una etapa concreta, como una parcialidad limitada que llega a su término presente. Así queda articulada la « actualidad » en un desdoblamiento sémico : *cumplimiento - final de etapa.*

Y apurando aún más el análisis, creo poder seccionar ese mismo cumplimiento en dos elementos sémicos : uno denominativo, que pone nombre a ese día concreto (ἡμέρα τῆς πεντηκοστῆς), y otro elemento sémico, constituido por una referencia a ese día concreto, con una relación de implicación (ἡμέρα ἐκείνῃ : v. 41). Por lo tanto, el mismo eje de « cumplimiento » se manifiesta articulado en una bina sémica : *denominación - implicación.*

Resumo brevemente. El análisis conceptual de la definición y de los usos contextuales del lexema ἡμέρα, ha hecho aflorar a la superficie un puñado de unidades mínimas subyacentes. Esta serie de rasgos semánticamente pertinentes —*semas*— queda sistematizada en torno a unas pocas oposiciones binarias, en las que se decide, tanto el fenómeno de la significación, como la posibilidad de estructurar el significado en un coherente sistema semántico.

2.1.3. Hasta ahora no he intentado trazar una distinción entre *semas nucleares* y *semas contextuales.* Esta nueva dicotomía será la base de la última etapa de análisis : la construcción de *sememas,* entidades en las que se manifiesta realmente la significación [60].

En realidad, no se trata de una operación analítica y disolvente ; todo lo contrario, el proceso que ahora voy a abordar es más bien una reconstrucción. El punto de partida ha sido el lexema ἡμέρα en su bruta realidad textual de significante ; una serie de análisis —morfológico, contextual, definicional, sémico — han ido desmontando estratos cada vez más profundos, en busca del significado. Ahora tengo que desandar el camino ; será una labor de ir encajando piezas y estratos, en orden a reconstruir la unitaria individualidad del signo, como portador de significación.

2.1.3.1. Hace sólo unos cuantos párrafos he propuesto la « temporalidad » como núcleo sémico, o sema nuclear, del lexema ἡμέρα. Realmente se trata del más claro invariante en toda las recurrencias lexemáticas, y define globalmente el contenido positivo de « día ».

Todas las demás variaciones sémicas, con su carácter de oposición binaria, se originan en el contexto. Son las diferentes recurrencias las que van configurando ulteriormente las divisiones y subdivisiones sémicas, apuntadas en la etapa anterior de análisis conceptual de la definición. El contexto va añadiendo semas a semas en un proceso descendente, hasta llegar a los estratos más profundos del significado.

---

[60] Para una definición descriptiva de los términos, remito a un breve apunte de Greimas, *Sémantique,* 44-45 ; 48-51.

Este proceso se podría expresar gráficamente en el siguiente cuadro sintético :

	Temp.	Sing.	Cont.	Un.	Div.	Act.	Post.	Cumpl.	Fin.	Den.	Impl.
ἡμέρα τῆς πεντηκοστῆς	+	+		+		+		+		+	
ἡμέρα ἐκείνη	+	+		+		+		+			+
ἄχρι τῆς ἡμέρας ταύτης	+	+		+		+			+		(+)
ἡμέρα κυρίου	+	+		+			+			+	
ὥρα τρίτη τῆς ἡμέρας	+	+			+	+		(+)			(+)
ἐσχάται ἡμέραι	+		+				+			+	
ἡμέραι ἐκεῖναι	+		+				+				+
Lexemas en contexto	Sem. nucl.	Semas contextuales									

2.1.3.2. Con estos elementos, ya en cierta manera ordenados y clasificados, puedo acometer el proceso de reconstrucción.

También aquí la salida inicial está constituida por la presencia fija y constante del sema nuclear « temporalidad ». Para construir los diversos « sememas » habrá que ir añadiendo las diversas cualificaciones sémicas provenientes del contexto.

Quiero notar cómo actúa el contexto en la construcción de sememas. Me parece que esta actuación puede reducirse a un triple aspecto : a) adición de semas nuevos ; b) supresión de semas que hayan aparecido anteriormente ; c) sustitución de algunos semas por sus opuestos.

Representando intuitivamente las diversas combinaciones sémicas, que dan lugar a los sememas — o diversas *acepciones* — de ἡμέρα, se puede llegar a los resultados siguientes :

a. ἐν τῷ συμπληροῦσθαι τὴν ἡμέραν τῆς πεντηκοστῆς (1)

La combinatoria : sema nuclear + semas contextuales adquiere esta configuración :

Temporalidad + Singularidad + Determinación + Unidad + Actualidad + Cumplimiento + Denominación.

b. ἐν τῇ ἡμέρᾳ ἐκείνῃ (41)

En este caso, el contexto — especialmente el demostrativo ἐκείνη — sustituye el sema « denominación » por la referencia que he llamado « implicación », —relación a un pasado ya mencionado — dando la configuración siguiente :

Temporalidad + Singularidad + Determinación + Unidad + Actualidad [61] + Cumplimiento + Implicación.

c. ὥρα τρίτη τῆς ἡμέρας (15)

El sema nuclear permanece invariable. El contexto sustituye el sema « unidad » por el de « división » —se trata de una parte de las que dividen el día como unidad de tiempo —, mientras mantiene indirectamente los semas « actualidad, cumplimiento e implicación » por referirse decididamente al mismo día de Pentecostés. Tenemos, por tanto :

Temporalidad + Singularidad + Determinación + División + (Actualidad + Cumplimiento + Implicación).

d. ἄχρι τῆς ἡμέρας ταύτης (29)

Dejo de lado la equivalencia entre « este día » y « hoy » (σήμερον), y me centro en la combinatoria sémica que implica la presencia de ἡμέρα. La determinación contextual de la preposición ἄχρι sustituye el sema « cumplimiento » por el más concreto « final de etapa », al mismo tiempo que niega la « denominación » y mantiene indirectamente la « implicación », por medio del demostrativo ταύτης.

Temporalidad + Singularidad + Determinación + Unidad + Actualidad + Final etapa + (Implicación).

e. ἡμέρα κυρίου (20)

Nueva intervención del contexto, que remite al futuro sustituyendo así el sema « actualidad » por el de « posterioridad ». La configuración semémica se puede formular así :

Temporalidad + Singularidad + Determinación + Unidad + Posterioridad + Denominación.

---

[61] A primera vista, puede parecer una incoherencia atribuir un sema de « actualidad » a ἡμέρα ἐκείνη, que más bien indicaría alejamiento en el tiempo. Creo, sin embargo, que todo es cuestión de punto de vista. La situación narrativa comporta necesariamente una distancia con respecto al suceso narrado ; y esto tanto en el lector, como en el mismo narrador. Es el « tiempo de escritura » y el « tiempo de lectura » (Cfr. T. Todorov, « Les catégories du récit littéraire », Communications 8 (1966) 141. G. Genette, *Figures III*, Paris 1972). Pero a nivel de hecho fáctico, esa distancia queda abolida, por tratarse en realidad del « mismo día ». Y por lo tanto, el demostrativo ἐκείνη en v. 41, más que señalar un aspecto puramente *temporal*, lo que hace es expresar la *relación o referencia* al ἡμέρα τῆς πεντηκοστῆς mencionado en v. 1.

f. ἐν ταῖς ἐσχάταις ἡμέραις (17)

Ya la misma forma gramatical introduce una variación significativa: aparición del plural. Este fenómeno determina la sustitución de la « singularidad » por la « continuidad » y la consecuente negación de « unidad » y « cumplimiento ». Traduzco en fórmula:
Temporalidad + Continuidad + Determinación + Posterioridad + Denominación.

g. ἐν ταῖς ἡμέραις ἐκείναις (18)

Caso paralelo a ἐν τῇ ἡμέρᾳ ἐκείνῃ del v. 41, que determina una configuración similar:
Temporalidad + Continuidad + Determinación + Posterioridad + Implicación.

Hasta ahora no he dicho nada del adverbio καθ' ἡμέραν. Creo que ha llegado el momento de dar alguna indicación, aunque no sea más que sumariamente.

Desde luego, el carácter distributivo de la preposición κατά niega la « singularidad » y la « determinación » y, por consiguiente la « unidad », « denominación », etc. Queda situado así como una entidad aparte, con características propias, aunque mantiene decididamente el carácter temporal. Reduciendo a fórmula su figura semémica, se podría representar así:

Temporalidad + Continuidad + Indeterminación + Distributividad.

Basta una mirada rápida a las diversas combinatorias, para constatar la frecuencia de algunos semas contextuales [62]. Este fenómeno creo que me permite concentrar las recurrencias de ἡμέρα, y reducirlas a un número mínimo de sememas.

Tomando como criterio las oposiciones sémicas « singularidad—continuidad » y « actualidad—posterioridad », se obtiene una más apretada clasificación que se reduce a sólo *tres sememas*: « día (de Pentecostés) », « día (del Señor) », « días (escatológicos) ».

2.1.3.3. De esta manera, el lexema ἡμέρα que, en el punto de partida, no era más que una pura neutralidad significante, revela ahora toda la riqueza de su significado. Las diversas recurrencias no son ya una mera estadística, sino que entrañan una variedad de mensajes, relacionados entre

[62] Esta recurrencia de los mismos semas contextuales es la base en que se funda Greimas para introducir el término « clasema », y su expansión « base clasemática ». Cfr. *Sémantique*, 50-54; 78-79. Para ahorrar terminología, que podía parecer un tanto esotérica, renuncio a introducir aquí el término « clasema ». Ulteriormente, al tratar de la « isotopía » (pp. 82-84), intentaré explotar el valor que esta noción posee dentro de la metodología de Greimas, y su contribución a fijar la « dominante sémica » de Hch 2.

sí por cualificaciones sémicas, que fundamentan una verdadera estructuración semántica a nivel de signo.

2.2. *Análisis semántico de* οὐρανός.

La transformación del campo de estudio en texto pertinente desemboca en un triángulo germinal : « tiempo-espacio-salvación » [63].

Hasta aquí he analizado el primer elemento del triángulo : la ordenada temporal, representada por el lexema ἡμέρα. Voy a pasar ahora al análisis del segundo elemento : el *espacio*. Como lexema representativo de la ordenada espacial escojo —y el fundamento de esta elección es la recurrencia estadística — el lexema οὐρανός.

El proceso metodológico que he seguido anteriormente en el análisis de ἡμέρα será aquí también el que señale las diversas etapas del estudio semántico de οὐρανός. Comenzaré por la constatación de marcas formales morfológicas, para pasar luego a un análisis de la definición, en sus diversos niveles, y terminar con una presentación del potencial significativo —en forma de sememas — condensado en el lexema inicial.

2.2.1. También οὐρανός —lo mismo que ἡμέρα — se presenta con un despliegue de rica variedad morfológica, en su aspecto significante. Estas diferencias formales se traducirán en una correspondiente diferenciación del significado, que pondrá de manifiesto tanto los valores, o diferencias propiamente tales, cuanto las oposiciones que recubren el signo lingüístico οὐρανός.

2.2.1.1. La estadística de variaciones morfológicas del significante οὐρανός es muy simple ; se trata de una cuádruple recurrencia :

οὐρανοῦ (2)
οὐρανόν (5)
οὐρανῷ (19)
οὐρανούς (34)

Cada una de estas variaciones responde a una determinación preposicional. Así οὐρανοῦ está configurado por la preposición ἐκ, mientras οὐρανόν recibe su variante de la preposición ὑπό ; la preposición ἐν incide sobre οὐρανῷ y, finalmente, la forma οὐρανούς brota del influjo de la preposición εἰς. Tan sencillo y geométrico se muestra el sistema morfológico del lexema οὐρανός.

2.2.1.2. Ahora bien, según el principio lingüístico de que toda variación del significante comporta una variación correspondiente en el significado, voy a apuntar brevemente este juego de incidencias.

---

[63] Cfr. p. 84 de este ensayo.

Al igual que ἡμέρα, también οὐρανός presenta una cuádruple variación desinencial —-οῦ, -όν, -ῷ, -ούς — que manifiesta una diversificación del significado :

-ου = singular + genitivo
-ον = singular + acusativo
-ῳ = singular + dativo
-ους = plural + acusativo

Por otra parte, la variedad de desinencias en el significante radica en una múltiple determinación preposicional, que afecta decididamente al significado.

La preposición ἐκ, al engendrar un genitivo singular, manifestado en la forma significante οὐραν-οῦ, configura a οὐρανός como *lugar de procedencia.*

De manera semejante, la preposición ὑπό crea un acusativo singular que se manifiesta en οὐραν-όν, a nivel de significante, y confiere al significado la característica de *localización*, o situación neutra.

El fenómeno se repite en la determinación preposicional ἐν. El dativo singular, manifestado en el significante οὐραν-ῷ, traiciona un significado de *ubicación concreta.*

Finalmente se encuentra οὐραν-ούς, como manifestación significante del influjo de la preposición εἰς y que, a nivel de significado, expresa el concepto de *dirección hacia.*

2.2.1.3. Así constituído el signo, como fusión de significante más significado, no queda más que conceptualizar la mutua interacción de las marcas morfológicas y significativas.

En el análisis de ἡμέρα he sintetizado la concepción de Saussure sobre « diferencias (valores) » y « oposiciones ». Aplicando ahora esa matriz saussuriana al signo οὐρανός, creo que se puede sistematizar una primera cosecha de rasgos característicos.

Las variaciones desinenciales de οὐρανός constituyen una serie de valores o diferencias, a nivel de puro significante. Lo mismo sucede al saltar de nivel y entrar en el significado : se revela una nueva serie de diferencias correlativas. Esa doble columna de diferencias, fusionada en la entidad conceptual signo, constituye un sistema de valores.

Ahora bien, mientras en el caso de ἡμέρα se encontraba, junto al sistema de valores sustantivo, otro sistema adverbio (καθ' ἡμέραν), en el caso de οὐρανός el sistema de valores no tiene un rival exterior, sino que se agota en sí mismo. Se puede decir que el análisis de las marcas morfológicas de οὐρανός no revela ninguna oposición propiamente dicha, sino únicamente un sistema de diferencias, a nivel de signo lingüístico.

Sistematizo los resultados en forma sintética :

	Significante	Significado
Diferencias de número	οὐρανοῦ οὐρανόν ←→ οὐρανούς → οὐρανῷ	singular ←→ plural
Diferencias de caso	οὐρανοῦ (ἐκ) →	genitivo procedencia
	οὐρανόν (ὑπό) →	acusativo situación neutra
	οὐρανῷ (ἐν) →	dativo ubicación concreta
	οὐρανούς (εἰς) →	acusativo dirección hacia

2.2.2. Los rasgos característicos que han ido emergiendo en el curso de un primer análisis, son ya algo concreto y tangible. Pero se trata de rasgos, diría puramente externos, que no nacen de la personalidad íntima del lexema y que por lo tanto, no manifiestan el modo de existencia peculiar y privativa de οὐρανός.

Por eso, también aquí se impone una cala en profundidad, un sondeo de la *definición* concreta y objetiva, arrancada del diccionario. De ahí brotarán, así lo espero, los rasgos semánticamente pertinentes, que justifiquen una verdadera estructuración lingüística y objetiva.

Las dificultades de este tipo de análisis son las mismas con que he topado anteriormente, al analizar el lexema ἡμέρα. Remito a las observaciones apuntadas más arriba [64] y abro, sin más, los diccionarios.

2.2.2.1. Como ya he notado antes, la multiplicidad de definiciones que ofrecen los diccionarios, engendra en el analista una inquietante aporía inicial. La indecisión quedará superada por un análisis contextual que polarice el sentido concreto de cada ocurrencia, a un nivel objetivamente lingüístico.

Por consiguiente, me centro en los diversos usos textuales del lexema οὐρανός, a título orientativo de la concepción del espacio en Hch 2.

[64] Cfr. pp. 89-90 de este ensayo.

a. ἐγένετο ἄφνω ἐκ τοῦ οὐρανοῦ ἦχος (2)

La dimensión espacial es manifiesta. Un espacio concebido como lugar de donde procede el retumbar del trueno, o el mugido del viento huracanado. El uso del artículo determina ese espacio como un sitio concreto, una realidad cósmica que no necesita explicación, porque forma parte de la experiencia cotidiana de la vida.

El contexto más amplio de los vv. 2-4 encuadra ese cielo en una simbología del Espíritu, confiriendo al espacio una nota de trascendencia, en cuanto morada de la divinidad.

La contraposición con οἶκος —morada humana por excelencia — subraya aún más ese aspecto de trascendencia de la morada divina.

b. ἄνδρες εὐλαβεῖς ἀπὸ παντὸς ἔθνους τῶν ὑπὸ τὸν οὐρανόν (5)

El espacio celeste como realidad cósmica es aquí aún más clara. El determinante preposicional ὑπό que, por una parte, sitúa genéricamente a la colectividad humana, abre una distancia vertical entre los hombres —el mundo humano de aquí abajo — y esa especie de bóveda superior, que está arriba, como límite inalcanzable y distante, que llamamos firmamento.

El contexto universalizante de las razas humanas —παντός — incide sobre la concepción del cielo como una magnitud cósmica indefinida e inconmensurable.

c. δώσω τέρατα ἐν τῷ οὐρανῷ ἄνω (19)

Nueva presencia determinada del cielo como realidad cósmica. Realidad explícitamente colocada arriba (ἄνω), en decidida contraposición con la tierra (γῆ), magnitud de acá abajo (κάτω).

El espacio cósmico es la morada de los astros : en él se mueven el sol (ἥλιος) y la luna (σελήνη).

Y en ese espacio astral va a suceder algo, como indica la determinación de la preposición locativa ἐν.

d. οὐ γὰρ Δαυὶδ ἀνέβη εἰς τοὺς οὐρανούς (34)

El contexto de ἀναβαίνειν subraya una insistencia en el carácter de superioridad, o altura locativa.

Pero, aun concebida como una realidad estática, esa altura crea un dinamismo de atracción, de dirección hacia, manifestado por la presencia de la preposición εἰς.

El paralelismo con el anterior ὑψωθείς —y en cierta manera, el uso del plural, que traza una sucesión de cielos — abren de nuevo la visión de la trascendencia, de la morada de Dios, hacia la que tiende todo el movimiento ascensional.

Reduciendo a catálogo los rasgos característicos que brotan de este somero análisis contextual, se pueden concentrar en la lista siguiente:

Realidad cósmica = Firmamento
Situación arriba
Morada de astros (realidad cósmica)
Morada de Dios
Movimiento:
— desde = procedencia
— hacia = dirección

2.2.2.2. Éstos son los usos que Hch 2 hace del lexema οὐρανός. Subyacentes al uso, y determinados por el contexto, he recogido en la neutralidad del escueto catálogo anterior, unos cuantos rasgos emergentes.

Ahora van a ser esas determinaciones contextuales las encargadas de cribar la pluralidad de definiciones, y sancionar la validez de los rasgos pertinentes.

Ante todo, las correspondencias griego-modernas se dejan catalogar fácilmente en *cielo*, *ciel*, *heaven*, *Himmel*.

María Moliner registra seis acepciones concretas del lexema indeterminado cielo [65]. El cauce contextual anteriormente analizado retiene solamente dos — nº 1 y nº 3 — que se pueden descomponer en secuencia, como sigue:

nº 1: Espacio + sobre nuestras cabezas + azul de día + estrellado de noche (= Firmamento, Bóveda celeste).
nº 3: Mansión + de Dios.

De las definiciones consignadas por Robert [66] sólo tres son pertinentes. Las expongo también en forma de secuencia:

II: Espace + indéfini + dans lequel se meuvent les astres.
III,1: Partie du ciel + au-dessus de nos têtes + limitée par l'horizon (+ Firmament, ...).
IV,1: Séjour + des Dieux.

No difieren mucho las acepciones que se leen en el *Shorter Oxford English Dictionary* [67]:

1: Expanse + in which the sun, moon and stars are seen + which resembles a vast vault ... overarching the earth + on the face of which the clouds seem to float (= visible sky).

[65] *Diccionario*, I 624.
[66] *Dictionnaire*, I 771-772.
[67] *ShOxfEnglDict*, I 881-882.

3b : Regions of space + in which the heavenly bodies move.
5 : Celestial abode (habitation) + of immortal beings (God).

Finalmente, un vistazo rápido a la concepción del *Deutsches Wörterbuch* de Wahrig [68] :

1 : Scheinbare Halbkugel + über der Erde + mit den Gestirnen (= Himmelsgewölbe, Firmament).
1b : Sitz + der Gottheit.

También aquí puedo intentar una síntesis intuitiva, pues los rasgos convergentes saltan a la vista :

1 : Espacio + sobre la tierra + morada (movimiento) de astros.
2 : Morada + de Dios.

2.2.2.3. Siempre siguiendo las huellas del patrón ἡμέρα, paso ahora a la tercera etapa del análisis definicional : un *análisis sémico*, una nueva cala en profundidad.

El contexto, las definiciones, han ido dando su contribución de rasgos característicos. Es una aportación valiosa, que ahora hay que etiquetar y clasificar. Pero a un nivel, no ya de constatación puramente formal y manifestativa, sino de conceptualización y reflexión decididamente semántica. Con esto, el montoncito de rasgos característicos que han quedado entre las manos, podrán adquirir su relieve de *semas*, entidades mínimas significativas, responsables del proceso de la significación.

El eje del espacio se manifiesta dominante e invasor. Los análisis contextuales, los elementos de las definiciones, aun las mismas marcas morfológicas, giran en torno al eje espacial. Así resulta la *espacialidad* el núcleo sémico, o sema nuclear, del lexema οὐρανός.

Pero οὐρανός no agota el sistema espacial. Su característica de realidad superior, arriba, engendra, por oposición, una categoría correlativa de inferioridad, abajo. Sin embargo, a pesar de la dicotomía lógica arriba-abajo, el lexema οὐρανός sigue dominando el espacio superior, las alturas ; mantiene impertérrito su sema de *superioridad*, y rechaza resueltamente cualquier contacto con la « inferioridad » de aquí abajo.

Con todo, ese extremo superior de la verticalidad espacial no se encierra en una dimensión única e indivisible. La región de las alturas se puede concebir como una pura realidad cósmica, material y visible, o como un ámbito transcendente en el que reside la divinidad, la morada de Dios. Nace así una nueva bina sémica, no por oposición, sino por diferenciación : *realidad cósmica - morada de Dios.*

---

[68] *Deutsches Wörterbuch,* Sp. 1759.

Los dos miembros de la nueva dicotomía son susceptibles de una ulterior escisión. Las determinaciones preposicionales que aporta el contexto intervienen claramente, abriendo una repetida duplicidad. Por una parte, la morada de Dios es sitio de procedencia y lugar hacia donde tiende una dirección. La realidad cósmica, por su parte, es esa extensión indefinida, azul, que llamamos firmamento sin más, o bien queda especificada por la presencia de los cuerpos celestes que en ella moran o se mueven. Por lo tanto, el proceso de diferenciación se amplía y se bifurca, articulándose en doble categoría binaria : *procedencia - dirección* y *firmamento - morada de astros.*

En síntesis. Una vez más aparece la oposición binaria como la categoría que organiza el significado de οὐρανός en su variada manifestación lexemática. En este binarismo sémico, de oposición o de simple diferenciación, confluyen las cambiantes determinaciones contextuales y los rasgos formales recabados de la definición.

2.2.3. El proceso de análisis ha sido, hasta aquí, descendente : una búsqueda metódica de los últimos elementos, recubiertos por el lexema οὐρανός. Por una parte, las variaciones morfológicas, y la definición, por otra, en sus vertientes contextual, formal y sémica, han ido trazando líneas convergentes hacia el juego de oposiciones sémicas, constitutivas del significado.

Ahora tengo que volver a la superficie de la manifestación textual. Pero con las manos llenas, y con el botín bien seguro. Al emerger a la superficie linear del texto, el término οὐρανός aparecerá, no ya como un lexema opaco y arisco, sino como un signo abierto y transparente. Este proceso de transformación se centra en la construcción de sememas. El *semema*, como confluencia de semas nucleares y semas contextuales, es el que da transparencia a la opacidad del significante inicial οὐρανός, convirtiéndolo en signo portador de significación.

2.2.3.1. Para la operación semántica de construcción de sememas, tomo como punto de partida un cuadro sintético de los resultados del análisis sémico :

		Espac.	Sup.	Inf.	Mor. div.	Real. cósm.	Proc.	Dir.	Firm.	Astr.
ἐκ	τοῦ οὐρανοῦ	+	+		+	(+)	+			
ὑπὸ	τὸν οὐρανόν	+	+		(+)	+			+	
ἐν	τῷ οὐρανῷ	+	+			+				+
εἰς	τοὺς οὐρανούς	+	+		+			+		

Esta configuración sémica se distribuye claramente en dos zonas: una más densa, otra más dispersa. Mientras los semas de *espacialidad* y *superioridad* plantan sus cruces en todo el ámbito de recurrencias lexemáticas, los semas restantes quedan esporádicamente distribuidos.

Ya he registrado anteriormente la espacialidad como sema nuclear de οὐρανός. Pero se trataba de una figura sémica incompleta. La presencia del sema superioridad en todas las apariciones de οὐρανός, coloca a esta determinación sémica al lado de la espacialidad, con idéntica personalidad nuclear. De esta manera, el núcleo sémico de οὐρανός resulta una realidad compuesta, una suma de *espacialidad* + *superioridad*.

La otra zona, dominada por oposiciones o diferencias binarias, brota de las interferencias del contexto. Las cambiantes determinaciones contextuales prestan sus diferentes semas al invariante nuclear, y así va tomando cuerpo la personalidad individual de cada una de las recurrencias de οὐρανός. Y son precisamente estas variaciones contextuales las que, gracias a su carácter diferencial u opositivo, abren el camino hacia la profundidad más radical del significado.

2.2.3.2. Ya están individuados y catalogados el núcleo sémico y los semas contextuales de οὐρανός. La construcción de sememas consistirá en una composición de piezas. Al invariante nuclear, el contexto le irá prestando diferentes cualificaciones, mediante un proceso de adición, de supresión, o de sustitución de semas.

La combinatoria semémica: semas nucleares + semas contextuales, adquiere las siguientes configuraciones:

a. ἐγένετο ἄφνω ἐκ τοῦ οὐρανοῦ ἦχος (2)

Espacialidad + Superioridad + Morada divina + Procedencia.

b. ἄνδρες εὐλαβεῖς ἀπὸ παντὸς ἔθνους τῶν ὑπὸ τὸν οὐρανόν (5)

El contexto actúa suprimiendo el sema « morada divina » y dejando al cielo en su pura neutralidad de « realidad cósmica », lo que comúnmente llamamos « firmamento ». Así resulta la figura sémica siguiente:
Espacialidad + Superioridad + Realidad cósmica + Firmamento.

c. δώσω τέρατα ἐν τῷ οὐρανῷ ἄνω (19)

Se mantiene el sema cósmico. Pero el contexto puebla de astros esa realidad superior, en que dominan el sol y la luna. La neutralidad firmamento queda determinada por la presencia de los cuerpos celestes. Tenemos, por tanto:
Espacialidad + Superioridad + Realidad cósmica + Presencia astros.

d. οὐ γὰρ Δαυὶδ ἀνέβη εἰς τοὺς οὐρανούς (34)

Se crea un movimiento de « dirección » ascensional. Pero esa verticalidad no choca contra la bóveda celeste, sino que la atraviesa en cielos sucesivos, y llega hasta la « morada » del « Señor y de mi Señor ». En la figura sémica retornan elementos anteriores, con la adición de una « dirección » hacia la altura :

Espacialidad + Superioridad + Morada divina + Dirección.

Una reflexión sobre estas cuatro combinaciones. El retorno de los semas « morada divina » y « realidad cósmica », en contraste con el aislamiento de los demás semas contextuales, permite una reducción más estrecha de los sememas de οὐρανός. La diferenciación de los dos semas recurrentes trae como resultado la concentración de la lexemática de οὐρανός en sólo *dos sememas* : « cielo (como morada de Dios) » y « cielo (como realidad cósmica) ».

2.2.3.3. Así he completado otro círculo. El significante inicial οὐρανός ha ido revelando, a través de diversos análisis, los estratos de su significado. Las mutuas relaciones de esas cualificaciones sémicas articulan los diversos estratos significativos en un signo linguístico, que se abre y se presta a la estructuración semántica.

2.3. *Análisis semántico de σῴζεσθαι.*

El proceso analítico vuelve una vez más a su punto de partida inicial. En los dos ciclos anteriores he intentado un análisis semántico de los dos primeros términos del triángulo germinal : ἡμέρα y οὐρανός. Estos dos signos trazan un sistema de coordenadas, construido sobre la horizontal del eje « temporalidad », y la vertical del eje « espacialidad ».

En este sistema de coordenadas se inscribe el tercer elemento del triángulo : la *salvación*, representada por el lexema σῴζεσθαι. Esto es lo que voy a analizar ahora.

Como desarrollo metodológico, sigo el mismo esquema que ha presidido los análisis anteriores. Empiezo por relevar la cambiante morfología del significante σῴζεσθαι. Paso después a un estudio de la definición, encuadrándola en los contextos que la determinan, revisando los constitutivos formales, y extrayendo los rasgos semánticamente pertinentes del significado. Y termino rehaciendo el proceso en dirección inversa, tratando de individuar los sememas, las diversas acepciones, que cualifican la significación de σῴζεσθαι, a nivel de signo linguístico.

2.3.1. La morfología de σῴζεσθαι es más sobria, más recatada que la de los dos elementos anteriores. Se asoma tímidamente sólo tres veces, y siempre al final de un desarrollo concreto : vv. 21.40.47. Pero también invariablemente con un ropaje distinto, de variaciones temporales, dentro de la línea uniforme de la voz pasiva.

Naturalmente, esta variedad del significante refleja una correspondiente diferenciación del significado. Y el sistema de diferencias de ambos niveles tiende a fusionarse en la polivalencia significativa del signo.

2.3.1.1. La triple recurrencia de σῴζεσθαι se presenta con estas tres variaciones morfológicas :

σωθήσεται (21)
σώθητε (40)
σῳζομένους (47).

Esta triple manifestación verbal no es tributaria de ninguna determinación externa — como en los casos precedentes de ἡμέρα y οὐρανός — sino que conserva intacta su autonomía individual. Únicamente su posición en una frase determinada le hace plegarse a las exigencias de la flexión verbal paradigmática.

2.3.1.2. A la triple variación formal del significante responde una igualmente triple diferenciación en el significado :

σωθήσεται = pasivo + indicativo + futuro
σώθητε = pasivo + imperativo + aoristo
σῳζομένους = pasivo + participio + presente.

En el caso del « sustantivo » — por ejemplo, ἡμέρα y οὐρανός — las variaciones del significante son bastante simples ; se reducen a variantes de la desinencia, mientras el radical permanece invariable.

Con el « verbo » las cosas se complican. La flexión verbal baraja muchos más elementos variables : aumento, reduplicación, desinencias, vocales temáticas, etc. ; aun los mismos temas verbales pueden sufrir diversas modificaciones.

Toda esta combinatoria se manifiesta en las recurrencias de σῴζεσθαι. Ante todo, σῴζεσθαι es un verbo. Y el verbo expresa la idea del enunciado bajo la especie dinámica de *proceso*. Este proceso se define con relación a las « categorías verbales » : *voz*, *modo*, *tiempo* ; a las que se debe añadir la categoría de *aspecto* [69]. Por medio de ellas se actualiza el proceso.

---

[69] Para las « categorías verbales » pueden consultarse : R. Jakobson, « Les embrayeurs, les catégories verbales et le verbe russe », en : *Essais de linguistique générale*, ch. IX, pp. 181-184 ; G. Galichet, *Grammaire structurale du français moderne*, Montréal [3]1970, pp. 36-41 ; 90-110.

Para las peculiaridades de la lengua griega bastarán las fuentes comunes : Blass-Debrunner, *Grammatik des neutestamentlichen Griechisch*, Göttingen [11]1961 ; M. Zerwick, *Graecitas biblica*, Romae [5]1966.

Sólo una palabra sobre el participio. Aunque muchas veces queda encerrado en el cuadro de modalidades verbales, su naturaleza traviesa le lleva más bien a salirse del paradigma verbal y funcionar como adjetivo, o aun como sustantivo [70].

2.3.1.3. La pura morfología de la triple recurrencia del verbo σῴζεσθαι manifiesta, en su vertiente significante, una serie de diferencias formales. Estas variaciones se revelan como correlativas a otra serie de diferencias en la vertiente del significado. De modo que el signo queda constituido como un sistema de diferencias, o sistema de valores.

Por otra parte, en el caso de σῴζεσθαι no existe otro signo lingüístico, exterior a él, con quien pueda entrar en conflicto. Por lo tanto, no se puede hablar de oposición, sino únicamente de sistema de diferencias cerrado en sí mismo.

El cuadro siguiente traza una síntesis de las correlaciones diferenciales :

Significante	Significado		
	Modo	Tiempo	Aspecto
σωθήσεται	indicativo proc. real	futuro	neutro
σώθητε	imperativo proc. virtual = mandato	aoristo	incoativo
σῳζομένους	participio función : adjetivo (?) sustantivo(?)	presente	continuo

2.3.2. La morfología cambiante de σῴζεσθαι es el filón más superficial de su contenido. Una vez explotada la veta morfológica, hay que seguir buscando nuevos estratos significativos.

La *definición* de la unidad lexical, materializada e institucionalizada en los diccionarios, se presta a una nueva cosecha de elementos, que revelen la peculiar existencia lingüística del lexema. En la definición se puede

[70] Cfr. M. Zerwick, *Graecitas biblica,* p. 128, nº 373.

sorprender ese juego de correlaciones entre unidades constitutivas, que dará pie ulteriormente a un proceso de genuina estructuración semántica.

La metodología ya la he descrito en análisis precedentes. Primero tomaré el contexto como tamiz de la multiplicidad de definiciones ; vendrá luego un análisis formal de las definiciones que habrán superado la operación de criba ; y finalmente un análisis sémico que, al mismo tiempo que conceptualice los datos formales, trate de descubrir la organización y distribución de semas dentro de las diversas figuras significativas.

2.3.2.1. El contexto equivale prácticamente a los diversos usos de un lexema, a lo largo y a lo ancho de la geografía textual. El sentido de la unidad lexical queda estrechado o ampliado, limado y determinado por las múltiples incidencias contextuales.

Aunque σῴζεσθαι no sea un lexema unívocamente lucano, su triple aparición en Hch 2 le confiere cierto derecho de preeminencia, como representativo de la *salvación*.

a. πᾶς ὃς ἐὰν ἐπικαλέσηται τὸ ὄνομα κυρίου σωθήσεται (21)

Ante todo, una perspectiva amplia y dilatada : se percibe una resuelta negación de fronteras a la salvación, al inscribirla en el universalismo de πᾶς. Al mismo tiempo, esta salvación adquiere un tinte religioso, una dimensión trascendente, al moverse dentro de la invocación del nombre del Señor. Es además una salvación futura, encuadrada en ámbito de promesa, con un carácter de aliciente y atracción. El uso del pasivo actúa determinantemente : moviendo los hilos de la salvación, entre bastidores, aparece la actividad divina volcándose sobre la pasividad humana (= pasiva teológica).

b. σώθητε ἀπὸ τῆς γενεᾶς τῆς σκολιᾶς ταύτης (40)

El mal, la perversidad, toma cuerpo en el contexto de γενεὰ σκολιά. Un mal, una generación, de la que hay que escapar, según lo sugiere el determinante preposicional ἀπό.

Y no se trata de una amenaza remota o lejana, sino ya presente y actual en « esta » (αὕτη) generación. De ahí el apremio perentorio del imperativo aoristo.

c. ὁ κύριος προσετίθει τοὺς σῳζομένους καθ' ἡμέραν ἐπὶ τὸ αὐτό (47)

La urgencia del imperativo precedente entra ahora por el cauce tranquilo de una continuidad reposada y sin prisas. El participio presente, la repetida duración de καθ' ἡμέραν, el calmoso desfile de imperfectos, crean el ambiente de serenidad en que va desarrollándose el progresivo crecimiento de la comunidad salvífica.

Y presidiendo e impulsando el proceso, la actividad del Señor, que va creando día a día una historia personal de salvación.

Este rápido análisis contextual basta para poner de manifiesto una serie de rasgos característicos ; la mayoría se dejan acoplar fácilmente en binas :

Actividad divina	Pasividad humana
Actualidad	Posterioridad
Urgencia (instantánea)	Continuidad
Universalismo	
Perversidad	

2.3.2.2. Una vez que el contexto ha encauzado los usos del lexema σῴζεσθαι bastará proyectar esa plantilla sobre los diccionarios, para retener las definiciones pertinentes y rechazar el resto como no pertinentes.

No necesita comentario la correspondencia del griego σῴζεσθαι traducido por los dic ionarios invariablemente como *salvar*, *sauver*, *save*, *retten*.

María Moliner consagra una buena media columna a la descripción de *salvar* [71]. La retícula contextual deja pasar, como pertinentes, solamente las definiciones nº 1 y nº 2.

Descomponiendo esas definiciones en secuencia de elementos constitutivos, tendríamos las fórmulas siguientes :

1 : Librar + a alguien + de un gran peligro ;
2 : Librar + a alguien + de condenarse en la otra vida.

Ahora bien, el constitutivo *librar* puede, a su vez, ser analizado en ulteriores determinaciones. Para explicitar esas determinaciones, tomo la precisa definición de Casares [72], como complemento aclaratorio de la descripción consignada por Moliner :

Librar = Sacar o preservar + a uno + de algún mal.

Con esta nueva precisión, creo que se puede configurar la primera definición de salvar, de una manera más expresiva :

1 : Sacar o preservar + a alguien + de un gran peligro.

En cuanto a la segunda definición propuesta por Moliner, el carácter religioso, o trascendente, de la descripción orienta el análisis hacia la persona, hacia el sujeto que salva, hacia el *salvador* [73]. La misma Moliner define así al « Salvador » (con mayúscula) [74] :

« Por antonomasia, Jesucristo ».

---

[71] *Diccionario*, II 1098-1099.

[72] J. Casares, *Diccionario ideológico de la Lengua española*, Barcelona 1951, p. 647.

[73] No creo que se pueda poner objeción a la introducción aquí del *sujeto salvador*. En griego bíblico, concretamente en Hch 2, σῴζεσθαι no es salvación neutra, sino que se mueve en un contexto global eminentemente *cristiano*.

[74] *Diccionario*, II 1098.

Reteniendo esta última explicitación del sujeto, e incorporándola a la definición anteriormente consignada, la fórmula plena toma esta figura :

> 2 : Preservar + Jesucristo + a alguien + de condenarse en la otra vida.

Estas sucesivas determinaciones, orientadas a explicitar la definición de origen, dan al análisis un marcado tinte *composicional* [75].

Para completar — y confirmar — la descripción y, al mismo tiempo, obviar toda clase de subjetividad, me asomo ahora a la concepción francesa, inglesa y alemana, de la salvación, expresada en sus definiciones del verbo salvar : sauver, save, retten.

Empiezo por la concepción francesa, representada por Robert [76]. La definición que propone bajo I,1º, como verbo transitivo, descubre claramente dos vertientes : general y religiosa :

> I,1 : Faire échapper + (quelqu'un) + à quelque grave danger
> (Spécialt. Théol. et Myst.) : Opérer ou assurer le salut + de ...

También aquí se impone una más precisa diferenciación analítica, ya sugerida por el mismo Robert en las múltiples referencias que señala.

« Faire échapper » aparece ilustrado por una serie abierta de verbos : « arracher, soustraire, tirer ; préserver, ... », que explicitan y prolongan la concepción salvífica.

De manera semejante, la acepción « especial teológica », por una parte hace referencia explícita a « sauveur », al sujeto que salva, mientras incluye, por otra parte, un elemento susceptible de ulterior clarificación : « salut ».

La definición de « sauveur », en su sentido religioso, está formulada así :

> « En parlant de Jésus-Christ, Celui qui a sauvé les hommes ».

Por su parte, « salut » tiene también un sentido « especial teológico, en las religiones judeo-cristiana, budista, etc », que se consigna en esta formulación :

> Le fait d'être sauvé + de l'état naturel de péché, de souffrance, et de la damnation qui en résulterait sans la médiation d'un Sauveur.

Componiendo ahora los elementos dispersos, se podrían aglutinar en una configuración plena y complexiva del verbo salvar, en sus dos acepciones :

---

[75] Cfr. p. 95 de este ensayo, nota 59. Es interesante observar cómo Mounin sigue un proceso semejante en su estudio sobre « el léxico de la habitación » : *Clefs*, p. 114.

[76] *Dictionnaire*, 6, 340-341.

1 : Arracher, soustraire, tirer ; préserver + (quelqu'un) + à quelque grave danger
2 : Opérer ou assurer + le fait d'être sauvé + (par) Jésus-Christ + de l'état naturel de péché ...

Una línea parecida de matización sigue la presentación inglesa, al describir el verbo *to save* [77] :

I : To rescue or protect
I,1 : To deliver or rescue + from peril or hurt
I,5 : To deliver + from some evil which is likely to befall one
I,2 : (Theol.) To deliver + (a person, the soul) + from sin and its consequences.

La última definición está, también aquí, concebida en ambiente teológico, de trascendencia, que apunta hacia el sujeto de la actividad salvífica. La descripción de « Saviour » coincide en parte con la definición teológica :

He who saves mankind from sin and its consequences : as a title of God, and esp. of Christ ».

Una composición integrativa de los elementos de la segunda definición — la teológica — permite una formulación complexiva :

To deliver, rescue, protect + Christ + a person, the soul + from sin and its consequences.

Y por último, doy paso a la presentación alemana que propone Wahrig [78]. El vocabulario alemán es más rico, en cuanto a despliegue de posibles correspondencias con σῴζεσθαι. Como más significativa escojo la palabra *retten*, que será el punto de arranque del análisis :

Befreien + (aus Gefahr).

También « befreien » admite una serie de matices. La definición de este concepto presenta la siguiente especificación :

Befreien = frei machen, in Freiheit setzen ; *erlösen*, entlasten, erretten.

A propósito he subrayado la correspondencia « erlösen ». Indudablemente es un verbo que refleja y representa comúnmente la manera alemana de hablar y escribir sobre la Salvación : « Erlösen, Erlösung, Erlöser ». Por eso creo que estudiándolo más de cerca puede suministrar valiosa información acerca del sentido de salvar (retten).

Erlösen = jemanden befreien, loskaufen.

---

[77] *ShOxfEnglDict*, II 1794.
[78] *Deutsches Wörterbuch*, Sp. 2930.

Permanece una cierta neutralidad de contornos, que se disipa con el primer ejemplo citado a renglón seguido:

« Christus hat (durch seinen Opfertod) die Menschen erlöst ».

Ya estamos en claro dominio religioso-teológico. Este aspecto queda subrayado ulteriormente por la aportación de « Erlösung » y « Erlöser »:

Erlösung (2) = Befreiung von Schuld und Sünde durch Gottes Hilfe;

Erlöser (2) = der Heiland, Christus.

Confieso que he tenido que dar un rodeo analítico. Ahora aparecen bien delimitados los elementos que han aflorado en las descripciones anteriores. Bastará una simple operación composicional para obtener una configuración paralela a las precedentes. El pivote de este paralelismo —y que además marca el paso de una concepción genérica de salvar, a una descripción decididamente teológica — es la correspondencia « befreien = erlösen ».

Sintéticamente resulta esta secuencia de elementos:

1: Befreien (= erlösen) + aus Gefahr;

2: Befreien + Christus + die Menschen + von Schuld und Sünde + (durch seinen Opfertod).

Resumiendo. Las concepciones de las diversas lenguas proporcionan un buen número de elementos comunes, que se pueden reducir a síntesis:

Salvar = Sacar o preservar + Cristo + a alguien + del pecado o de la condenación.

2.3.2.3. Los elementos individuados hasta ahora, como producto de los análisis morfológico y definicional, poseen indudablemente una segura objetividad lingüística. Basado en estos datos, voy a intentar conceptualizarlos como *semas*, es decir, como unidades mínimas portadoras de la significación específica del verbo salvar.

Elemento constante en todas las recurrencias de σῴζεσθαι es la presencia de la voz pasiva [79]. Subrayo e insisto en la *voz-pasiva*, porque ambos elementos son importantes.

El análisis de las unidades formales de la definición ha desembocado en un balance, que no admite dudas sobre su carácter de actividad. Sacar y preservar son verbos activos; Cristo es el actor de la salvación. Entonces ¿cómo se explica la invariable presencia de la *pasividad*?

Aquí tengo que hacer una llamada a la función de la categoría verbal « voz ». La voz marca la relación entre el proceso del enunciado y los

[79] Desde luego que el « imperativo pasivo » de 2,40 no puede reducirse a una mera y pura « pasividad »; por más que bien puede admitir la significación de « dejáos salvar » (cfr. « lasset euch retten », etc. ...).

protagonistas. La invadente voz pasiva de σῴζεσθαι enfoca en continuo primer plano al recipiendario de la salvación : a « todo el que invoque el nombre del Señor » (v. 21) ; a los oyentes del discurso de Pedro (v. 40) ; a la comunidad salvífica en incesante crecimiento (v. 47). Salvar es indudablemente una categoría activa, pero Hch 2 insiste en contemplar esa salvación desde el punto de vista del beneficiario, dejando al agente en una lejana y difusa trascendencia. Es la « pasiva teológica ».

Bajo este aspecto, no dudo en colocar la *pasividad* como núcleo sémico de σῴζεσθαι en Hch 2.

Ahora bien, esta pasividad se mueve en una dimensión temporal : la proyección futura (σωθήσεται) brota de una urgencia imperativa actual (σώθητε), y será la culminación de un proceso de expansión continuada (σῳζομένους). Tanto el punto de partida, como el de llegada, se presentan como dos extremos puntuales entre los que camina la continuidad del proceso. Por lo tanto, la dimensión del eje temporal queda articulada en *instantaneidad-continuidad*. Y la instantaneidad, por su parte, se escinde en una nueva articulación binaria : *actualidad-posterioridad*, según se mire como arranque o como final del proceso salvífico.

2.3.3. La mecánica del análisis me ha llevado una vez más a desmontar piezas ; el trabajo de laboratorio ha consistido en aislar ingredientes, mediante procesos analíticos.

Ahora hay que volver a montar la máquina, hay que sintetizar el producto. Voy a desandar el análisis de significante y de significado, para recomponer la unidad del signo en todo su potencial de significación.

2.3.3.1. Las etapas anteriores han contribuido, cada una a su manera, a manifestar un sistema de diferencias sémicas, recubierto por la superficie textual del lexema σῴζεσθαι.

La ordenación y acoplamiento de estas diferencias puede esquematizarse en la siguiente visión intuitiva :

	Pasiv.	Activ.	Instant.	Contin.	Actual.	Poster.
σωθήσεται	+		+			+
σώθητε	+		+		+	
σῳζομένους	+			+		

El sema « pasividad », con su dominadora omnipresencia, relega al sema opuesto « actividad » al silencio más absoluto, anulando totalmente su manifestación textual ; aunque en el fondo la pasividad no es más que un producto de la actividad latente.

Así que, a nivel de manifestación sémica, hay que retener la *pasividad* como sema nuclear del lexema σῴζεσθαι.

Las restantes variaciones sémicas, fácilmente catalogables en binas diferenciales, no son más que determinaciones que nacen del contexto. Pero se trata de unas determinaciones que desempeñan una función clave en la construcción de sememas. Son precisamente esos determinantes diferenciales del contexto los que revelan la individualidad significativa de cada recurrencia lexemática de σῴζεσθαι. El semema, la acepción concreta, funde en una sola entidad significativa el invariante nuclear y las variables diferenciaciones contextuales.

2.3.3.2. A la catalogación de piezas, sigue la operación de montaje unitario ; la individuación de ingredientes reclama la síntesis productora. Así la construcción de sememas es una labor de montaje y de síntesis.

a. πᾶς ὃς ἐὰν ἐπικαλέσηται τὸ ὄνομα κυρίου σωθήσεται (21)

La « pasividad » salvífica queda proyectada hacia el « futuro », hacia ese punto, o « instante », en que el proceso salvífico adquirirá su realización definitiva :

Pasividad + Instantaneidad + Posterioridad.

b. σώθητε ἀπὸ τῆς γενεᾶς τῆς σκολιᾶς ταύτης (40)

El imperativo urgente y « actual », la presencia contextual de « esta » generación, acercan el futuro y lo convierten en acuciante « actualidad ». La sustitución sémica es evidente :

Pasividad + Instantaneidad + Actualidad.

c. ὁ κύριος προσετίθει τοὺς σῳζομένους καθ' ἡμέραν ἐπὶ τὸ αὐτό (47)

El sema de « pasividad » permanece, pero seriamente debilitado por la decisiva entrada del Señor, que desvía el contexto hacia una preponderante actividad. El mismo carácter verbal — participio — se desvirtúa y queda vacilante entre verbo y adjetivo.

El mordiente instantáneo de las recurrencias anteriores se suaviza aquí en el fluir tranquilo de una continuidad, que anuda los extremos y encauza el proceso por el curso durativo de la actuación salvífica divina :

Pasividad + Continuidad.

También aquí la triple recurrencia sememica admite una reducción. El carácter fuertemente verbal de σωθήσεται y σώθητε, y su condición de extremos del proceso, se enfrenta con la debilitación del participio σῳζομένους y su estatuto de mediación durativa. Lo cual permite restringir el número de *sememas reales a dos* : « Salvar (como acontecimiento) » y « salvar (como proceso) ».

2.3.3.3. Así queda terminado el montaje. La descomposición de las piezas del significante y, ulteriormente, del significado, ha llevado a la síntesis del signo. Ahora el producto está listo para circular por el mundo de la comunicación y desarrollar todas sus virtualidades significativas.

Y aquí termina también el largo proceso de análisis semántico. Ahora tendré que proyectar la falsilla del triángulo germinal, con todo su potencial significativo, sobre el campo de estudio inicial, para ver si se crean campos magnéticos que atraigan hacia su centro de gravitación a otros elementos textuales.

3. Campos semánticos : Familias semánticas.

Tal vez la palabra *campo* sugiera una realidad demasiado física e inerte. Sin querer, se piensa inmediatamente en esa uniforme materialidad extensa, estática e inmóvil, de la meseta. Sin embargo, el campo es también tierra madre, vida latente, promesa de fecundidad. Por eso, acepto la palabra, poniéndola en paralelo con el término más dinámico de *familia semántica*.

Retengo este último aspecto genético como telón de fondo del estudio que ahora voy a iniciar. Porque estoy convencido de que la organización sémica de un signo lingüístico no es un potencial de partículas inertes —aunque en mutua interacción — sino un bullir orgánico, dotado de una maravillosa capacidad generativa.

Por eso, la reducción del campo de estudio a texto pertinente ha desembocado anteriormente en un triángulo que he llamado *germinal*. En la sección precedente he analizado los tres elementos del triángulo ; ahora quiero insistir en el adjetivo, enfocando el estudio, ya desde el comienzo, en franca analogía con la generación biológica.

3.1. *Carácter generativo de los semas.*

Quiero aclarar, desde el principio, que por *generación* no entiendo los diversos factores externos que, de una u otra manera, han contribuido al nacimiento del texto. El autor, las fuentes o tradiciones preexistentes, las circunstancias de tiempo y lugar de composición, los mismos estratos o retoques redaccionales, no constituyen mi objeto de análisis.

Se trata, más bien, de virtualidades internas, inherentes a cada uno de los lexemas germinales. El enfoque del análisis encuentra su punto de referencia en el campo biológico vegetal, o en el protozoico. Lo podría comparar al proceso de reproducción ágama por esporas. Cada uno de los lexemas es un verdadero esporangio, que libera su carga sémica al entrar en contacto con las vicisitudes del contexto. Cuando un sema concreto —igual que la espora — se posa en un terreno favorable, engendra automáticamente un nuevo elemento capaz, a su vez, de continuar el proceso generativo. De esta manera se crea una verdadera *familia semántica.*

El terreno favorable, que acabo de mencionar, está constituído por un tejido de correlaciones. El sema liberado por el lexema germinal puede encontrar un sema gemelo, con quien entrará en *asociación* ; o, por el contrario, chocará contra un sema antinómico, creando así una *oposición sémica.* Otras veces, la relación será de *complementariedad,* mediante un intercambio de valores, en que cada uno da y recibe. También puede suceder que el sema advenedizo sea tan poderoso, que anule al sema indígena ; o, al revés, que el recién llegado quede inmediatamente convertido en súbdito. Así brota la relación de *dominio.*

No quiero prolongar más el catálogo. Lo importante es constatar la existencia de un tejido de correlaciones fecundas que engendran el texto.

En el próximo apartado voy a estudiar las familias semánticas en cuanto *sistema* engendrado por un proceso generativo.

Este proceso, que antes he comparado a la generación biológica por esporas, bien pudiera completarse con la analogía de la división cariocinética. Cada núcleo germinal — en terrenos lingüísticos sería el *eje semántico* [80] — se escinde en una dualidad diferenciada u opositiva ; cada uno de los términos de esa bina inicial se convierte, a su vez, en un nuevo núcleo que, igualmente, da origen a ulteriores divisiones binarias — a veces, ternarias — hasta completar la perfecta madurez del organismo sistemático.

3.2. *Familias semánticas* : *Generación y Sistema.*

Me parece obligado empezar por aclarar y delimitar la noción lingüística de *sistema.*

Si algún término puede reclamar imperiosamente la paternidad de Saussure, ninguno con más derecho que la palabra sistema. Es una realidad que se pasea dominadora a lo largo y a lo ancho del *Cours* [81], y constituye el pivote indiscutible de su revolución lingüística.

3.2.1. Sistema tiene un sentido operacional estricto, que Mounin define de la siguiente manera : « C'est l'inventaire des unités susceptibles d'apparaître à un point déterminé de l'énoncé, le choix de l'une excluant toutes les autres en ce point » [82]. Ahora bien, a mi juicio, esta definición adolece de algunas deficiencias, que quisiera perfilar a continuación.

En primer lugar, la palabra « inventario » no me parece satisfactoria. Un inventario es una realidad muerta, una lista fría y seca, que puede

[80] Cfr. más adelante, pp. 121-122.

[81] *Cours,* pp. 32. 33. 43. 106. 115. 124. 157. 182.

[82] *Clefs,* p. 72.

englobar las entidades más dispares y heterogéneas. Además ignora, de por sí, toda noción de relación mutua, que considero esencial en un sistema. Y como la idea de relación es inherente a la noción de estructura, resulta que el término « inventario » se queda demasiado corto, en orden a definir el juego de correlaciones de un sistema en lingüística estructural [83].

Parecidas reflexiones se pueden aplicar al término « unidades ». Resulta demasiado genérico ; no aparece el aspecto diferencial u opositivo de semejantes unidades, que es precisamente lo que las constituye como significativas.

Muy válida, sin embargo, es la última precisión de la definición : « le choix de l'une excluant toutes les autres en ce point ». En parte —sólo en parte — se responde aquí a las deficiencias que acabo de insinuar. Pero lo más importante es que en esta precisión resuena toda la teoría saussuriana de los valores, que es, en definitiva, el fundamento más sólido de la visión estructuralista.

Más bien que prolongar la discusión, prefiero dar la palabra a Benveniste que, en dos frases breves y jugosas, resume la noción de sistema, y traza claramente la línea de análisis que me he propuesto en esta sección :

> « Il s'agit donc, la langue étant posée comme système, d'en analyser la *structure*. Chaque système, étant formé d'unités qui se conditionnent mutuellement, se distingue des autres systèmes par l'agencement interne de ces unités, agencement qui en constitue la structure. (...) Envisager la langue ... comme un système organisé par une structure à déceler et à décrire, c'est adopter le point de vue *structuraliste* [84].

3.2.2. Lo dicho vale para cualquier sistema lingüístico : fonológico, morfológico, sintáctico, etc. Como dentro de ese ancho campo me he limitado a la parcela semántica, tengo que ceñirme ahora al laboreo del terreno acotado.

Para construir el sistema semántico, parece obvio empezar a nivel de unidades significativas, tratando de identificar las relaciones que las constituyen, y las leyes estructurales que las gobiernan. Adoptando la terminología de Greimas, esta etapa sería un estudio de la *estructura elemental de la significación*. Las reflexiones siguientes no son, en su mayoría, más que

---

[83] Los estrechos vínculos que unen a estos dos conceptos son una de las constantes del manifiesto de la llamada « Escuela de Praga » ; cfr. *Travaux du Cercle linguistique de Prague*, Praga 1929, especialmente pp. 8. 10-11. 12. 26.

[84] « Structure en linguistique » en *Problèmes de linguistique générale*, Ch. 8, pp. 95-96.

un resumen, adaptación, o sugerencias provocadas por la exposición de Greimas [85].

Todo el proceso tiene su raíz en la « percepción de diferencias ». Lo cual supone la presencia simultánea de al menos dos elementos y la apreciación de la relación que entre ellos se establece. Por elemento hay que entender, no el lexema en su bruta realidad lexical, sino la unidad mínima de significado, el sema. De aquí nace la definición de estructura elemental : « ... le mode d'existence de la signification, caractérisé par la présence de la relation articulée entre deux sèmes » (p. 28).

3.2.3. Ahora viene el salto : de la unidad hay que pasar a la multiplicidad, a ese bullir de elementos diferenciales que configuran un sistema. Entonces se plantea inmediatamente la pregunta : ¿ cómo se articulan las estructuras elementales, en orden a constituir la estructura del sistema ?

La explicación de Greimas me parece, si no abiertamente contradictoria, por lo menos confusa. Si no entiendo mal, se centra en las variantes (écarts) diferenciales, a nivel de significante. Por una parte afirma :

> « ... l'enregistrement des écarts différentiels au niveau de l'expression, aussi sûr et aussi exhaustif qu'il soit, ne constituera jamais qu'un système d'exclusions et n'apportera jamais la moindre indication sur la signification. Autrement dit, les écarts de signification ne se déduisent pas à partir des écarts de signifiant ... » [86].

Tres páginas más adelante, al dar razón del proceso metodológico que le ha llevado a obtener el sistema de la espacialidad, comenta :

> « 2. La deuxième étape méthodologique consiste à procéder à une articulation catégorique, en tenant compte des écarts différentiels du signifiant. (...) ... c'est l'existence des écarts du signifiant qui permet de postuler, en premier lieu, l'existence des oppositions sémiques ... » [87].

Mucho más fecunda, en orden a comprender cómo las estructuras elementales crean las articulaciones estructurantes del sistema, me parece la noción de *eje semántico* [88]. Los dos semas en que se articula la estructura elemental tienen algo que les diferencia, y algo que les une. Por lo que les diferencia, significan ; por lo que les une, se integran en un nivel superior. La convergencia en un aspecto común es lo que se puede llamar « eje semántico » :

---

[85] *Sémantique structurale,* caps. 2-4. Estos capítulos me parecen de lo más claro, sugerente y fecundo de toda la obra de Greimas.

[86] *Sémantique,* p. 31.

[87] *Ib.*, p. 34.

[88] *Ib.*, pp. 20-21.

« Nous proposons d'appeler , axe sémantique ' ce dénominateur commun des deux termes, ce fond sur lequel se dégage l'articulation de la signification. On voit que l'axe sémantique a pour fonction de subsumer, de totaliser les articulations qui lui sont inhérentes » [89].

Este eje es, a su vez, un elemento del nivel superior, en el que vuelve a repetirse la alternancia de conjunción y disyunción. La sucesiva iteración del proceso engendra una jerarquía de ejes semánticos, que es la que da lugar a la *estructuración* del sistema.

3.2.4. El proceso de estructuración semántica, por lo tanto, se basa en una doble constatación : diferencias y convergencias, conjunción y disyunción entre los variados elementos sémicos.

Tal vez, de Saussure en adelante, se haya cargado el acento en las diferencias, o en las oposiciones, como fundamento del proceso estructurante. El mismo Greimas sigue esta corriente, al proponer su estructura elemental de la significación. Creo, con todo, que la percepción de las convergencias no es menos importante ; y quizá no se haya insistido lo suficiente en este aspecto conjuntivo. Si el análisis tiende a poner de relieve la desmembración disyuntiva, esto no es más que un paso previo ; el proceso de estructuración no quedará acabado mientras no se llegue a restaurar sintéticamente la conspiración convergente de las diversas unidades, en orden a reconstruir la visión unitaria del conjunto.

Así queda de manifiesto el alcance y el papel de primer orden que juega la noción de eje semántico en el proceso completo de estructuración de un sistema.

3.2.5. El bullir sémico de los diferentes sememas de ἡμέρα, οὐρανός y σῴζεσθαι se va liberando, gracias a las constricciones del contexto. Y ese revoloteo de semas dispersos crea, en torno al semema generativo, una serie de términos afines, paralelos u opuestos, que da lugar a una familia semántica [90].

Este proceso, en el curso de su desarrollo, irá recuperando gran parte del vocabulario inicial del campo de estudio. Ese material quedó marginado durante las sucesivas operaciones de transformación del campo global en texto pertinente. La nueva ronda del análisis tratará de incorporar al esqueleto textual tantos elementos como quedaron disponibles en aquella drástica etapa del comienzo.

[89] *Ib.*, p. 21.

[90] Para este tipo de análisis generativo, el autor que más me ha fecundado ha sido M. Riffaterre sobre todo con su artículo « Le poème comme représentation », Poétique 4 (1970) 401-418.

3.3. *Proceso generativo y recuperación de vocabulario.*

La división tripartita se impone una vez más. Naturalmente las secciones del presente apartado se organizan en torno a cada una de las células germinales, con su radio de acción generativo.

3.3.1. La metodología que he seguido desde el comienzo, me impone empezar por ἡμέρα, como núcleo de expansión generadora, en su variada manifestación semémica.

Ante todo, resumo los datos del análisis semántico. A nivel de signo linguístico, ἡμέρα presenta una doble cara, un doble sistema de diferencias : « signo sustantivo » y « signo adverbio ». Mientras el adverbio se contenta con una simple repetición (vv. 46.47), el sustantivo se despliega en tres sememas : « día (de Pentecostés) », « día (del Señor) », « días (escatológicos) ».

3.3.1.1. La vertiente sustantiva de ἡμέρα, que brota del sema « singularidad », va adquiriendo, en sus paseos por el contexto, una serie de ulteriores determinaciones sémicas : « unidad, actualidad, denominación, etc. » [91].

Ahora bien, esa « determinación » engendra —por contraste o antítesis — una « indeterminación », que también deja su huella en el contexto global. Una « indeterminación » que caracteriza a un « acontecimiento » o, diferencialmente, al « modo » como ese acontecimiento se realiza. Ese « modo » en Hch 2 es repentino, inesperado, irruente; y toma cuerpo en el ἄφνω del v. 2. El « acontecimiento » —en realidad, cualquier acontecimiento — se puede manifestar como algo que simplemente sucede, meramente « ocurrencial », o como un « principio » que origina un movimiento histórico. El aspecto de « ocurrencia » aparece consignado textualmente en el común γίνεσθαι (= ἐγένετο : v. 2) ; por su parte el carácter de « principio » se revela en ἄρχεσθαι (= ἤρξαντο : v. 4).

Nueva confrontación generativa dentro del sustantivo ἡμέρα. La « singularidad » tiende a repetirse, a multiplicarse ; y así, por un nuevo contraste, nace el sema de « continuidad ». También el nacimiento de la « continuidad » adquiere diversas « determinaciones ». Ya he estudiado antes la determinación sémica « posterioridad », con su escisión binaria « denominación - implicación ». Ahora bastará notar cómo esa « posterioridad » —extremo final — crea otro límite inicial que bien pudiera caracterizarse como «anterioridad ». En esa « anterioridad » vuelve a producirse la configuración dicotómica. Por una parte, el pasado cobra vida en David, en su « cualificación » constitutiva de profeta que « prevé » (= προορᾶν : v. 31) ; por otra parte, el pasado se remonta hacia el origen inefable, hacia Dios, donde encuentra el « estado », la posesión total de la ciencia trascendente (= πρόγνωσις : v. 23).

[91] Cfr. pp. 90-93 y 97-99 de este ensayo.

3.3.1.2. Cambio de vertiente ; del sustantivo paso al adverbio. En el análisis sémico, καθ' ἡμέραν se oponía a ἡμέρα por su configuración de « continuidad + indeterminada + distributiva ». Pero la « indeterminación » no se agota en la « distributividad », sino que da origen a otras manifestaciones, dentro del mismo eje temporal. La distribución de los días supone la existencia « anterior » de un tiempo, también indeterminado, que se hace doblemente visible : como continuidad « genérica », manifestada por la preposición πρίν (v. 20), o como una continuidad que, en un momento dado, se corta y llega a su « fin », concretada en la preposición ἕως (v. 35).

Y anudando etapas, una configuración « complexiva » de todo el proceso temporal : el adverbio διὰ παντός (v. 25).

3.3.1.3. Así aparece claramente todo el sistema temporal de Hch 2 como una gran familia nacida de ἡμέρα, y más concretamente, de ἡμέρα τῆς πεντηκοστῆς.

En ese « día » « ocurre » un acontecimiento « repentino », « principio » de una « continuidad » que, centrada en la etapa « escatológica » y rebasándola, se proyecta hacia el gran « día del Señor ». Y por otra parte, en ese « día » confluye toda una corriente temporal que, más allá de las « previsiones » proféticas de David, se pierde en la « pre-sciencia » trascendente de Dios.

3.3.1.4. El diagrama II-1 intenta manifestar de manera intuitiva el juego de oposiciones y diferencias que estructuran el sistema temporal de Hch 2.

3.3.2. La generación linear horizontal producida por ἡμέρα se cruza, en el « día de Pentecostés », con otra línea vertical que nace de las alturas de οὐρανός. Lo mismo que la ordenada de tiempo, también esta ordenada espacial es fruto de un proceso generativo.

El análisis semántico de οὐρανός ha dado como resultado una doble caracterización semémica : « cielo (como realidad cósmica) » y « cielo (como habitación de Dios) ».

El doble semema no es manifestación de un igualmente doble signo lingüístico, sino una diferenciación interna, dentro de un único sistema de valores configurado por el sema « superioridad » y representado por el adverbio ἄνω (v. 19). La verdadera oposición — y aquí sí que nos movemos ya a nivel de signo distinto — queda engendrada en el v. 19 por la antítesis explícita ἄνω-κάτω.

3.3.2.1. Ya he analizado antes las ramificaciones que origina la « superioridad » como sema nuclear de οὐρανός.

Quiero añadir solamente una precisión. El sema « morada divina » ha quedado configurado en un doble movimiento diferencial : « procedencia - dirección ». Ambas diferencias se pueden subsumir en un sema común de

« dinamismo ». Y es precisamente esa dinámica del movimiento la que, por contraste, engendra el sema antitético « estatismo ». La morada divina, considerada en su realidad estática, quedaría textualmente registrada en el adverbio locativo ἐκ δεξιῶν del v. 34 [92].

3.3.2.2. El v. 19 — lo acabo de indicar hace unas líneas — es clave para apreciar el carácter generativo vertical de οὐρανός. La contraposición es tajante : ἐν τῷ οὐρανῷ ἄνω - ἐπὶ τῆς γῆς κάτω. Así queda engendrado un nuevo sistema de valores, en torno al sema « inferioridad » (κάτω). Esta « inferioridad » de acá abajo, más nuestra porque en ella vivimos de momento, se desmembra muy pronto en un movimiento « dinámico » y en una realidad « estática ».

El « dinamismo » es doble ; desarrolla un registro vertical, y otro horizontal. Por una parte, el ὁδὸς ζωῆς del v. 28a traza un camino que sube del ᾅδης (v. 27) hasta el πρόσωπον de Dios (v. 28b). Por otro lado, en el sistema horizontal de Hch 2, ese camino tiene un « centro » hacia el que tiende el movimiento, y desde el que parte una larga peregrinación generacional. El « centro » está representado indiscutiblemente por Ἰερουσαλήμ. En Jerusalén hay una concentración de todos los pueblos de la tierra : Πάρθοι καὶ Μῆδοι καὶ Ἐλαμῖται. Y desde Jerusalén parte la línea de la promesa en sucesión de generaciones : ὑμῖν ... τέκνοις ὑμῶν ... πᾶσιν τοῖς εἰς μακράν.

Frente al movimiento dinámico, la realidad estática. El sema « estatismo » se manifiesta en un doble nivel : como « indeterminado », global, genérico ; y como « determinado », concreto, específico. Más aún, en cada uno de los niveles se produce un nuevo desdoblamiento.

La « indeterminación » reviste un aspecto que se podría llamar « personal », concretado en el ὁμοῦ del v. 2, y por otro lado un sema de « impersonalidad » que, a su vez, da origen a una ulterior diferenciación binaria : lo « terrestre », que se manifiesta en γῆ (v. 19), y lo « infraterrestre » del ᾅδης en los vv. 27.31.

Igualmente el nivel de la « determinación » se fracciona en una duplicidad. Por una parte, un sema con cierto matiz « personal » que configura el ἐκ δεξιῶν (μου) del v. 25. Por otra parte, el sema contrario, la « impersonalidad », que crea dos manifestaciones sémicamente opuestas : la « sacralidad » de ἱερόν (v. 46), y la « profanidad » cotidiana de οἶκος (vv. 2.47) [93].

---

[92] También en v. 25 asoma ἐκ δεξιῶν, pero con un sema contextual claro de « inferioridad » (ἐκ δεξιῶν μου) que le hace solidario del mundo humano. Por lo tanto, pertenece a otro signo, a otro sistema de valores.

[93] El v. 36 hace igualmente mención de οἶκος ; pero aquí el término está desprovisto de toda cualificación « espacial ».

3.3.2.3. Éste es, a mi juicio, el sistema espacial de Hch 2. Una familia de numerosa descendencia. La verticalidad es su característica dominante.

Todo el movimiento espacial se origina en las alturas de οὐρανός. De ahí desciende la línea generativa que, pasando por nuestra « tierra », llega hasta hundirse en la profundidad mitológica del ᾅδης ; pero no para perderse en la « corrupción », sino para remontarse por los « caminos de la vida » hasta el punto de origen : el « rostro » de Dios. En esa línea generativa se van inscribiendo las diversas realidades estáticas o dinámicas, que configuran la dimensión espacial de Hch 2.

3.3.2.4. Otra vez acudo a la representación gráfica del sistema espacial en su trenzado de correlaciones estructurantes : diagrama aparte II-2.

3.3.3. La abscisa de *tiempo* y la ordenada de *espacio* trazan el sistema de coordenadas en que se inscribe la *salvación*, cuya representatividad he atribuido al verbo σῴζεσθαι.

Resulta del análisis semántico que el sema « pasividad » constituye el núcleo sémico invadente de σῴζεσθαι. Ahora bien, esta pasividad, más bien que generativa, es una realidad engendrada ; más que originar un proceso, es el término, la desembocadura, de una corriente generadora. Por eso, la construcción de la familia semántica de σῴζεσθαι es más complicada. Hay que remontar la corriente, hay que descubrir la paternidad de una realidad que ya tenemos en la mano.

Con todo, una vez identificada esa paternidad, el proceso adquirirá de nuevo su ritmo descendente, haciendo brotar del texto una verdadera proliferación de elementos salvíficos.

3.3.3.1. La pasividad que domina la triple manifestación textual de σῴζεσθαι es, en realidad, una característica global, « genérica ». Este carácter abstracto es el fruto de otra pasividad más concreta que, por oposición, se podría calificar de « específica », y que también deja su huella manifestativa en el texto. La recepción de la salvación nace de una etapa intermedia, articulada en los semas de « experiencia » y « decisión ».

Pero se trata de un experiencia doble. Una es meramente « psicológica », es una reacción instintiva ante un fenómeno inexplicable, que da origen al verbo συγχύννεσθαι (= συνεχύθη : v. 6). La otra experiencia es más íntima, brota de la audición de la palabra, y llega a herir existencialmente el corazón de los oyentes ; este carácter « existencial » queda recogido en el verbo κατανύσσεσθαι (= κατενύγησαν : v. 37).

En la « decisión », correspondiente a la vivencia « experiencial », el sema de « pasividad » queda un tanto debilitado [94]. Así se subraya la función

[94] La tendencia helenística a multiplicar la voz pasiva, debilitando así el sentido realmente « pasivo » de la frase, es registrada por M. Zerwick, *Graecitas*, p. 76, nº 230.

mediadora que la « pasividad específica » desempeña en el sistema salvífico. La « decisión » es simple, directa ; y está expresada en el verbo βαπτίζεσθαι : imperativo en v. 38, constatativo en el v. 41.

El proceso, como se ve, va contra corriente : del efecto engendrado a la causa generativa. La pasividad genérica supone una mediación de la pasividad específica, de camino hacia la identificación de la fuente generadora.

3.3.3.2. El descubrimiento del origen de la salvación no es, en realidad, tan difícil, que requiera montar todo un tinglado metodológico. Resultaría que, después de todo, lo que hemos descubierto es ... el Mediterráneo.

Con todo, en orden a subrayar la función generativa, quiero consignar aunque no sea más que un par de pasos del proceso metodológico.

Dentro del terreno más puramente gramatical, bastaría una simple operación de « transformación » de la frase pasiva, para obtener la correspondiente frase activa [95]. Igualmente, un banal cambio en la orientación del proceso del enunciado, considerándolo, no desde el punto de vista del objeto, sino desde el sujeto, produciría un resultado idéntico [96]. Y finalmente, si las recurrencias pasivas se enfocan a la luz de la llamada « pasiva teológica », se proyectará nítidamente la imágen del verdadero *actor* — o autor — de la salvación : Dios [97].

Y a nivel semántico sucede lo mismo. El sema « pasividad » es engendrado, en contraste u oposición, por el sema « actividad ». Y la actividad requiere un sujeto que lleve a cabo sus virtualidades.

A este punto, el proceso generativo recobra su marcha normal : de causa a efecto, de generador a engendrado. El vocabulario de Hch 2 va configurándose en ramificaciones cada vez más tupidas. El sema « actividad » es productor, en su misma esencia. De él van naciendo los diversos componentes lexicales, plegándose a los imperativos de asociaciones u oposiciones semánticas.

El primer vástago de la actividad es, naturalmente, el « sujeto » que actúa, y que textualmente queda articulado en « sujeto divino » y « sujeto humano ».

Los versos iniciales del capítulo se organizan en torno a la acción del « Espíritu » (πνεῦμα ἅγιον) ; el discurso de Pedro, y la parenesis subsiguiente, destacan en primer plano la actuación de « Dios » (θεός) ; y el capítulo

---

[95] Creo que la orientación de este ensayo no reclama imperiosamente la presencia de la *gramática transformacional.* Con todo, quiero aprovechar esta ocasión, para subrayar el carácter generativo de las estructuras internas, que pueden dar origen a múltiples manifestaciones gramaticales. En cuanto a la transformación « activa ←→ pasiva » y viceversa, cfr. N. Chomsky, *Syntactic Structures*, The Hague-Paris [8]1969, 5.4, 7.5, pp. 42-43, 77-81.

[96] Cfr. pp. 115-116 de este ensayo.

[97] Cfr. M. Zerwick, *Graecitas*, p. 78, nº 236.

se cierra sobre la nota de actividad del « Señor » (κύριος). El « sujeto divino », por lo tanto, se desmembra trinitariamente, dando origen a toda una gama de elementos salvíficos.

Empiezo por el πνεῦμα. Su primera presentación es « simbólica ». Y el símbolo se articula en « elemento auditivo » = ἦχος, πνοή (v. 2), y « elemento visual » = πῦρ (v. 3). Y en medio, γλῶσσαι (v. 3), como elemento funcionalmente « complexivo », pues participa de la manifestación visual (ὤφθησαν) y del carácter auditivo, que resuena en el ulterior λαλεῖν γλώσσαις.

La presentación simbólica se transforma muy pronto en decidida manifestación « personal », con un doble aspecto : como « donador » (πνεῦμα ἐδίδου : v. 4b), o como « don » (δωρεά : v. 38) que, a su vez, se bifurca en « don prometido » (vv. 17.18.38), o en « don cumplido » (πνεῦμα ἅγιον : vv. 4a.33).

La actuación de θεός es sumamente rica y variada. Ante todo, esa actividad gira alrededor de un eje polar : « promesa », encuadrada en el marco de una cita profética ; y « cumplimiento », enteramente centrado en el fenómeno Cristo.

El polo de la « promesa » crea dos vertientes de la actividad divina, que configuran respectivamente las dos partes de la profecía : una vertiente marcadamente « antropológica », y otra más bien « cósmica ».

A propósito de esta dicotomía, quiero anotar un dato importante. La dimensión cósmica, articulada también polarmente en « superioridad-inferioridad » (= τέρατα ἄνω - σημεῖα κάτω : v. 19), se encierra en los límites de la segunda parte de la cita profética. A la antropología, por el contrario, la limitación de la primera parte le queda estrecha, y vuelve a reaparecer en la sección parenética (vv. 37-40).

Dentro de la profecía, el clima « antropológico » crea un fuerte matiz « colectivo », universalista, que se recoge en πᾶσα σάρξ (v. 17), englobando categorías personales y sociales. En cambio, en la parenesis, el aspecto queda restringido a la clara « individualidad » del ἕκαστος ὑμῶν : (v. 38). Otra diferencia. El sema « individualidad » de la promesa se articula en un aspecto negativo, de « remoción » (= ἄφεσις τῶν ἁμαρτιῶν : v. 38), y en otro positivo, de « donación » (= δωρεὰ τοῦ ἁγίου πνεύματος : v. 38) ; con todo, no rebasa el límite parenético. Esto no le sucede al sema « colectividad ». La primera parte de la profecía está bajo el signo de la « instantaneidad » : el momento de la efusión del Espíritu (= ἐκχεῖν : vv. 17.18). Pero esa efusión no puede quedar reducida a un momento, sino que ha de perpetuarse. Y esta « continuidad » es la que, saltando las fronteras proféticas, se hace presente en la sección parenética y toma cuerpo en la ἐπαγγελία ὑμῖν ... τέκνοις ... πᾶσιν(v. 39).

Hasta aquí, el polo generador « promesa ». Voy a pasar ahora al proceso originado por el polo opuesto : « cumplimiento ».

La actividad de Dios, prometida en la profecía de Joel, alcanza su realidad cumplida, total, plena, en Jesús de Nazaret (v. 22). Esa actuación de Dios en Cristo está calificada explícitamente como un ποιεῖν (vv. 22.36) que engendra dos etapas de actividad divina : una « temporal » que, a su vez, se bifurca en « ministerio » y « muerte » ; y otra etapa que se puede llamar « escatológica » e incluye, por una parte, la « resurrección » y, por otra, la « exaltación ». Mediante este proceso arborescente, el ποιεῖν inicial de Dios da origen a nuevas configuraciones verbales.

Cada etapa concreta aparece articulada binariamente en un sema de « modalidad » — el modo de la actuación de Dios en Cristo — y en otro sema de « resultado ». En el período del ministerio, el modo de la actividad divina se traduce en ποιεῖν δυνάμεις καὶ τέρατα καὶ σημεῖα : (v. 22), que trae como resultado el crédito de Jesús ante el pueblo (= ἀποδεικνύναι : v. 22). La muerte, sin embargo, queda aislada, como magnitud indivisible, y cualificada como entrega de Dios (= ἐκδιδόναι : v. 23).

Con la resurrección entramos en una etapa nueva ; la he llamado « escatológica », para acentuar la diferenciación. El modo de la actuación divina tiene un aliento mítico, que recuerda la lucha cósmica primordial ; Dios desata las ataduras de la Muerte (= λύειν : v. 24). Y ya libre de esa sujeción a la corrupción y a los poderes del Abismo, el resultado es una auténtica resurrección (= ἀνιστάναι : vv. 24.32 ; ἀνάστασις : v. 31), que consagra a Jesús como Mesías (= ποιεῖν ... χριστόν : v. 36 ; cfr. v. 31).

La exaltación es el coronamiento de la etapa escatológica. El modo de actuación es un despliegue de fuerza ; la diestra de Dios se empeña a fondo, para elevar a Jesús (= ὑψοῦν : v. 33). Y el resultado es una cima de exaltación, de dominio, de excelencia, que lo constituye Señor universal (= ποιεῖν κύριον : v. 36).

El tercer « sujeto divino » es precisamente este Señor (κύριος). Su actividad es bien reducida, pero capital y de largo alcance. Resucitado y exaltado, recibe del Padre el Espíritu y, en una actuación concreta, puntual, que se podría calificar de « instantánea », lo difunde (= ἐκχεῖν : v. 33). Pero su actividad no para ahí, sino que se prolonga en la historia. Él es la fuente generadora de un « continuo » crecimiento en la comunidad salvífica (= προστιθέναι : v. 47).

Éste es, a mi juicio, el proceso generativo de la « actividad salvífica divina ». Paralelamente se desarrolla la actividad del « sujeto humano », que es lo que paso a estudiar ahora.

La actividad humana se inscribe en dos paneles, y adquiere así una configuración dialógica. Los protagonistas son, de un lado, los « Apóstoles » con Pedro a la cabeza : los πάντες de los vv. 1.4.7 ; Πέτρος σὺν τοῖς ἕνδεκα: v. 14, cfr. v. 37; una serie de pronombres (οὗτοι, αὐτοί, ἡμεῖς) que mantienen el hilo de la acción. Por otro lado, la « multitud ». Una multitud de oyentes judíos: Ἰουδαῖοι: v. 5; ἄνδρες εὐλαβεῖς: v. 5; πλῆθος: v. 6; el ἡμεῖς distributivo y sintético del v. 8, la lista de los vv. 9-11; πάντες: v. 12; y todo un montaje de pronombres, que desemboca en οἱ μὲν οὖν y ψυχαί en el v. 41. Y en continuidad —y, al mismo tiempo, en ruptura — con esa « multitud judía », nace la « comunidad cristiana » (= οἱ πιστεύσαντες: v. 44).

La « actividad apostólica » se articula en dos facetas, que se irán repitiendo incesantemente a lo largo de todo el libro: « palabra » y « acción ». El núcleo de la actividad « proclamatoria » es el λαλεῖν del v. 4 que, engendrado por la irrupción del Espíritu, agrupa en torno a sí una constelación de términos gemelos: ἀποφθέγγεσθαι (vv. 4.14), ἐπαίρειν τὴν φωνήν (v. 14), διαμαρτύρεσθαι (v. 40), παρακαλεῖν (v. 40).

El λαλεῖν proclamatorio genera un « objeto » de esa proclamación. Inicialmente, el objeto se queda en lo « genérico » e indeterminado: es una proclamación « extática », inarticulada (λαλεῖν γλώσσαις), del plan de Dios (= τὰ μεγαλεῖα τοῦ θεοῦ: v. 11); ulteriormente se « articula » en discurso, genéricamente cualificado como ῥήματα (v. 14), o λόγοι (v. 22, cfr. v. 41). Finalmente, la « palabra apostólica » se concreta y « especifica » como διδαχή (v. 42).

La « acción », por su parte, es más sobria, y queda registrada en voz pasiva: πολλὰ δὲ τέρατα καὶ σημεῖα διὰ τῶν ἀποστόλων ἐγίνετο (v. 43).

El otro protagonista de la actividad humana es la « multitud ». Una representación de la raza judía, dispersa por todo el mundo, que oye la palabra apostólica, y mediante una experiencia interna que antes he calificado como pasividad específica, se convierte en « comunidad cristiana ».

La reacción inicial, que pone en marcha el proceso generativo de la conversión, está formulada en una pregunta: τί ποιήσωμεν (v. 37). Aquí confluye una actitud de « escucha » ante la palabra proclamada (= ἀκούειν: v. 37, cfr. vv. 6.8.11.22.33), que desembocará en la « aceptación » de esa palabra (= ἀποδέχεσθαι: v. 41); y, paralelamente, una « acción » de conversión, como respuesta a la imperiosa llamada apostólica: el « genérico » ποιεῖν (v. 37) —correlativo con el ποιεῖν divino (v. 36) — se ha de concretar en un « específico » μετανοεῖν, que condiciona la salvación. Y el μετανοεῖν se manifiesta en una doble actividad: « confesión » de fe, invocando el nombre del Señor (ἐπικαλεῖν τὸ ὄνομα κυρίου: v. 21); y « acción ritual » en el bautismo (βαπτισθήτω ἕκαστος ὑμῶν ἐπὶ τῷ ὀνόματι Ἰησοῦ Χριστοῦ: v. 38).

De la aceptación de la palabra y del bautismo subsiguiente (v. 41) nace la « comunidad » salvífica, cuya característica es la « perseverancia » (= προσκαρτερεῖν: vv. 42.47), y que se define por la « fe » (οἱ πιστεύσαντες: v. 44). La perseverancia origina una actitud ante la nueva palabra de los Apóstoles (= διδαχή τῶν ἀποστόλων : v. 42), una típica forma de « vida » comunitaria (= κοινωνία : v. 42, cfr. vv. 44-45 ; ὁμοθυμαδόν : v. 46 ; ἐπὶ τὸ αὐτό vv. 44.47), y una doble « acción » en que esa vida se manifiesta : una « peculiarmente » cristiana (= κλάσις τοῦ ἄρτου : vv. 42.46), y otra heredada del culto « judío » (= προσευχή : v. 42 ; cfr. ἐν τῷ ἱερῷ : v. 46).

3.3.3.3. La familia semántica de la Salvación, en Hch 2, cierra un círculo perfecto. Todo el movimiento generativo parte de la salvación que se recibe, de la « pasividad genérica » de σῴζεσθαι, que nace de una declarada « actividad divina ». El « apóstol », por imperativo del Espíritu, imita esa actuación de Dios en su propia « actividad apostólica », provocando así una « actividad de la multitud oyente » que, mediante la experiencia de la « pasividad específica », se abre a recibir la Salvación.

Y así, el ciclo salvífico puede recomenzar. Y efectivamente se irá reproduciendo a lo largo de todo el libro de los Hechos.

3.3.3.4. Creo que aquí también se puede apreciar la riqueza del sistema salvífico de Hch 2 en la síntesis gráfica del diagrama II-3.

4. Estructuras semánticas profundas de Hch 2.

En el apartado anterior han ido tomando cuerpo las distintas familias semánticas que pueblan el complejo textual de Hch 2. En un proceso en parte generativo y en parte lógico-deductivo, la multiplicidad de correlaciones queda engarzada en una triple cadena sistemática.

Pero esta operación no constituye más que una etapa de la estructuración semántica. Hay que hacer unas calas más profundas, en orden a descubrir la raíz inmanente, la matriz generativa, de donde nace la complejidad del sistema temporal, del sistema espacial, y del sistema salvífico de Hch 2.

4.1. *Matriz generativa fundamental: Hch 1,8.*

Existe acuerdo total, en la investigación de Hch, en que 1,8 traza el programa genérico de todo el libro, y al mismo tiempo lo sintetiza en apretado resumen.

4.1.1. Teológicamente, Hch 1,8 es uno de esos versos plenos, cumulativos, pluridimensionales.

Antes de consumar la obra salvífica de su ministerio terrestre, Cristo traza todo un programa de realización eclesial. Un programa ilimitado y ambicioso : dar testimonio de Jesús Resucitado hasta los últimos confines de la tierra. La Iglesia naciente continúa así la misma línea programática de Jesús : la proclamación, que rebasa las fronteras del pueblo elegido, y que se ha de implantar por la fuerza del Espíritu, mediante el testimonio apostólico.

La misión de la Iglesia es una actuación de toda la Trinidad : su punto de partida es la voluntad del Padre ; su tema, el testimonio sobre Cristo Resucitado ; su impulso, la fuerza del Espíritu. Bajo esta actuación trinitaria se desarrolla toda la concepción teológica — geográfica, histórica, salvífica — del libro de los Hechos. Jerusalén es el punto de convergencia del ministerio terrestre de Jesús, y al mismo tiempo es el punto de arranque de la expansión de la Iglesia.

4.1.2. La primera fructificación de ese núcleo germinal creo entreverla precisamente en Hch 2.

En efecto, las mutuas relaciones semánticas son tan numerosas y tan marcadas, que no me parece aventurado detectar en 1,8 la matriz generativa de 2,1-47.

Propongo la siguiente lista de correspondencias :

λήμψεσϑε	—	συμπληροῦσϑαι τὴν ἡμέραν τῆς πεντηκοστῆς ἐπλήσϑησαν
ἐπελϑόντος	—	ἐκ τοῦ οὐρανοῦ
ἁγίου πνεύματος	—	πνεύματος ἁγίου
εφ' ὑμᾶς	—	εφ' ἕνα ἕκαστον
ἔσεσϑέ μου μάρτυρες	—	ἤρξαντο λαλεῖν, λόγος, λαλοῦντες, ἀπεφϑέγξατο, μάρτυρες, διεμαρτύρατο
ἐν Ἰερουσαλήμ	—	ἦσαν εἰς Ἰερουσαλήμ
ἕως ἐσχάτου τῆς γῆς	—	Πάρϑοι καὶ Μῆδοι ... ὑμῖν...τέκνοις...πᾶσιν εἰς μακράν

El futuro de promesa (λήμψεσϑε) se hace cumplimiento real (συμπληροῦσϑαι) en un día concreto (ἡμέρα τῆς πεντηκοστῆς), y a lo grande, en plenitud (ἐπλήσϑησαν). La fuerza del Espíritu que va a posarse sobre (ἐπὶ-ἐλϑόντος) los destinatarios de la promesa (ἐφ' ὑμᾶς), queda determinada en su punto de origen trascendente (ἐκ τοῦ οὐρανοῦ), personificada como πνεῦμα ἅγιον, y comunicada personal e individualmente (ἐφ' ἕνα ἕκαστον).

Esa fuerza del Espíritu, comunicada bajo el símbolo de lenguas, queda polarizada hacia una actividad de Palabra. De esta manera, el encargo proclamatorio ἔσεσϑέ μου μάρτυρες empieza a realizarse (ἤρξαντο λαλεῖν), recubriendo diversos niveles de proclamación (λαλεῖν ; ἀποφϑέγγεσϑαι ; διαμαρτύρεσϑαι) ; siempre como actividad de palabra (λόγος) y con una expresa característica de testimonio (μάρτυρες ; διαμαρτύρεσϑαι).

Jerusalén marca la primera etapa de la actividad apostólica. La primera proclamación solemne del mensaje salvífico se dirige a los habitantes de Jerusalén (ἦσαν εἰς Ἰερουσαλὴμ κατοικοῦντες Ἰουδαῖοι); pero no en cuanto representantes de una porción limitada, aunque sea la capital del Judaísmo, sino como totalidad de la entera casa de Israel. En efecto, en Jerusalén se dan cita todos los pueblos de la tierra (Πάρθοι καὶ Μῆδοι καὶ ...), en Jerusalén comienza la vida de la primera comunidad cristiana; y de Jerusalén partirá la expansión de la promesa del Espíritu que, en sucesión de generaciones, alcanzará a πᾶσιν τοῖς εἰς μακράν y, en definitiva, hasta los últimos confines de la tierra (ἕως ἐσχάτου τῆς γῆς).

En consecuencia, no dudo en aceptar Hch 1,8 como la matriz generativa radical del capítulo 2 y, ensanchando horizontes, de todo el libro de los Hechos.

4.1.3. Con todo, el universo semántico de Hch 2, en su complejidad compacta, resulta una magnitud poco manejable para el análisis. Por eso, he intentado al principio de este capítulo una reducción del campo global de estudio a una tríada germinal, que se ha configurado como *tiempo-espacio-salvación.*

La situación vuelve a repetirse en esta etapa del análisis. Hch 1,8 se destaca como la matriz generativa radical; pero siempre a nivel más bien genérico. Por eso, creo oportuno destrenzar el panel estructural de conjunto en las tres líneas de fuerza que, a mi juicio, se entrecruzan para tejer la estructuración de Hch 2.

4.2. *Matriz estructurante del sistema temporal.*

No cabe la menor duda de que el tiempo es uno de los parámetros más relevantes e invadentes del universo semántico de Hch 2 [98].

4.2.1. La temporalidad se instala en el capítulo ya desde la primera frase. Responsable fundamental es el verbo συμπληροῦσθαι, de corte típico y exclusivo lucano [99].

En su vertiente temporal, συμπληροῦσθαι no es un monolito aislado y anacorético, autosuficiente y con vida propia. El cumplimiento está esencialmente constituído por una relación a algo anterior: un proceso que llega a su término; una obra que alcanza su perfección; una palabra, una promesa que se actualiza en plenitud. La relación constitutiva del cum-

---

[98] La categoría de tiempo — el ποτέ aristotélico — tiene una nutrida representación en la obra lucana, bajo la enseña de χρόνος, como lo manifiesta la mera estadística: Mt = 3; Mc = 2; Lc = 7; Jn = 4; Hch = *17*; NT = 54.

[99] La estadística es sobria, pero altamente significativa. En todo el NT, συμπληροῦν no aparece más que tres veces, dos en Lc, y una en Hch.

plimiento es dinámica, y se mueve invariablemente en un clima de más que, mayor que.

Pero al mismo tiempo, el cumplimiento anula y destruye el proceso, la palabra, la promesa. De esta manera, la relación queda configurada como verdadera y auténtica oposición.

Por lo tanto, el mero hecho de crear un ambiente de cumplimiento introduce necesariamente una relación de oposición radical, que postula la presencia —explícita o implícita — del término correlativo.

4.2.2. Esto es lo que sucede en el mismo umbral de Hch 2. El nuevo estado de cosas creado por συμπληροῦσθαι impone una mirada retrospectiva, en busca del otro término de la correlación. Sólo que aquí la búsqueda nos obliga a salir de los límites del texto, para desandar el camino.

Remontando el curso del relato, no resulta difícil individuar el otro polo de la correlación : la palabra del Señor que, orientada hacia el futuro, constituye una auténtica promesa. Y no se trata de una palabra aislada y solitaria, sino de una recurrencia insistente y repetida. En efecto, el futuro λήμψεσθε de 1,8 y las referencias explícitas de 1,4.5 : περιμένειν τὴν ἐπαγγελίαν τοῦ πατρός y ἐν πνεύματι βαπτισθήσεσθε ἁγίῳ οὐ μετὰ πολλὰς ταύτας ἡμέρας, apuntan inconfundiblemente hacia el συμπληροῦσθαι de 2,1. Más aún, en clave idéntica y conservando la misma tonalidad, el evangelio de Lucas se cierra sobre una nota mantenida e insistente de promesa : ἰδοὺ ἐγὼ ἐξαποστέλλω τὴν ἐπαγγελίαν τοῦ πατρός μου ἐφ' ὑμᾶς; ἕως οὗ ἐνδύσησθε ἐξ ὕψους δύναμιν (Lc 24,49).

4.2.3. Una vez introducida en el relato esta primera oposición germinal, el proceso generativo se desata. Una oposición engendra otras oposiciones, hasta cubrir toda la retícula de la trama textual[100].

La relación que constituye la esencia del cumplimiento engendra, frente a sí, la promesa como polo correlativo. Y de esta polaridad inicial brota todo el sistema como tejido de correlaciones, instaladas en una temporalidad dialéctica.

Pero el cumplimiento no es un dato simple y unívoco de la temporalidad, sino que se presenta como un núcleo articulado y, por lo tanto, ulteriormente disociable. El texto de Hch 2, sometido a un análisis reflejo, manifiesta, por una parte, la magnitud continua, y por otra, da pie a una desarticulación de ese continuo en sus elementos componentes.

Ante todo, el cumplimiento queda inscrito como acontecimiento escatológico, dentro de la pluralidad complexiva de ἐν ταῖς ἐσχάταις ἡμέραις. Pero dentro de la periodicidad escatológica se perfila un dualismo opositivo entre ἡμέρα τῆς πεντηκοστῆς y ἡμέρα κυρίου, que bien pudieran con-

[100] Esta afirmación constituye uno de los pilares de la concepción mitológica de C. Lévi-Strauss. Cfr. *L'homme nu*, Paris 1971, pp. 539-540.

siderarse como polaridades extremas, y quedar conceptualizadas como « comienzo » y « fin ». Y entre esa polaridad binaria brota el término complejo, el eje que anuda ambos extremos : la « continuidad » cotidiana, textualmente presente en καθ' ἡμέραν [101].

4.2.4. De esta matriz articulada nace todo el sistema temporal, no sólo de Hch 2, sino de todo el libro. Más aún, rebasando las fronteras de un libro concreto, toda la Historia de Salvación se articula como crecimiento expansivo de este núcleo germinal.

4.2.4.1. En Hch 2, la potencia de la matriz temporal se despliega tan invadente, que se podría decir que todo el capítulo queda, en cierta manera, temporalizado.

La promesa de la efusión del Espíritu (ἐκχεῶ ἀπὸ τοῦ πνεύματός μου), anunciada para la era escatológica (ἐν ταῖς ἐσχάταις ἡμέραις), se cumple absolutamente, en plenitud (συμπληροῦσθαι, ἐπλήρωσεν, ἐπλήσθησαν) el día de Pentecostés, mediante el τοῦτό ἐστιν del v. 16, y el ἐξέχεεν τοῦτο ὃ ὑμεῖς καὶ βλέπετε καὶ ἀκούετε del v. 33. Con esto, el día de Pentecostés queda marcado con un signo decididamente escatológico.

Por otra parte, ese día se concibe claramente como un comienzo. En él empieza la actividad proclamatoria de los testigos : ἤρξαντο λαλεῖν ; en este mismo día nace la primera expansión de la comunidad inicial : προσετέθησαν ἐν τῇ ἡμέρᾳ ἐκείνῃ ψυχαὶ ὡσεὶ τρισχίλιαι ; el mismo ὑμῖν del v. 38 es el primer eslabón de la cadena generacional portadora de la promesa del Espíritu.

Como contrapartida del comienzo, la tensión hacia el futuro, hacia el fin, se lexicaliza en ἡμέρα κυρίου. Sólo que ese fin queda más desdibujado, dentro de la complexividad del sistema. De hecho, no se señala ningún fin de la proclamación apostólica, ni de la expansión de la comunidad. Únicamente se deja entrever el último anillo de la sucesión de generaciones, en el πᾶσιν τοῖς εἰς μακράν, con su proyección indeterminadamente futura. Y es natural que así sea, porque tanto la actividad de palabra como el crecimiento comunitario, son realidades esencialmente abiertas y dinámicas.

Precisamente este carácter de la palabra y de la comunidad es el que da origen a la dimensión intermedia, a la continuidad temporal. El ἡμέρα τῆς πεντηκοστῆς, en su tensión dinámica hacia ἡμέρα κυρίου, engendra un καθ' ἡμέραν eclesial, que marca el desarrollo siempre en marcha. En

[101] La calificación de « término complejo » remite a la axiomática de las estructuras elementales, elaborada por V. Brøndal en sus *Essais de linguistique générale*, Copenhagen 1943.

En la misma obra puede apreciarse la distinción entre « término complejo » y « término neutro », según que el « medio » participe, o no participe, de las características de los dos « extremos ».

el día-a-día de la continuidad se encuadra la proclamación de la palabra. El ἤρξαντο λαλεῖν se distiende en λαλοῦντες, ἀπεφθέγξατο, διεμαρτύρατο, παρεκάλει; λόγοι πλείονες, διδαχή. El progreso numérico de la comunidad salvífica se registra en el dinámico προστιθέναι. Mientras que la generación presente (ὑμῖν) y las lejanas (οἱ εἰς μακράν) empalman por medio de la sucesión genética de τέκνοις ὑμῶν.

Y así, encuadrado en esta matriz temporal, adquiere todo su sentido el juego constante de aoristos, imperfectos y futuros, que recubren la panorámica textual de Hch 2.

4.2.4.2. Pero las virtualidades de la matriz temporal no se agotan en este capítulo, sino que desbordan sus límites e imprimen un dinamismo a todo el libro.

La misma célula fundamental —Hch 1,8— está marcada por una estructuración semejante. El verbo que recoge la promesa: λήμψεσθε, señala al mismo tiempo el comienzo de una actividad, que consistirá en un continuo testimonio, a base de círculos geográficos cada vez más amplios, hasta llegar al mismo fin de la tierra.

Y lo que Hch 1,8 tiene de programa, el resto del libro se encarga de hacerlo realidad cumplida. Invariablemente una irrupción del Espíritu marca los comienzos de las nuevas etapas, que se continúan por medio de una incesante proclamación de la palabra (discursos) y un progresivo aumento de la comunidad eclesial (sumarios), para desembocar no en un fin, sino en una apertura ulterior. Así se concibe que el libro de los Hechos termine sin acabar, dejando abierto el panorama hacia una proclamación y un crecimiento que, pasando por toda la historia de la Iglesia, desemboque sólo en la consumación definitiva.

4.2.4.3. Desde esta perspectiva, no resulta extraño que toda la Historia de Salvación manifieste la huella de la matriz temporal. Todo el Antiguo Testamento no es más que una gran promesa, que camina hacia su cumplimiento en Cristo, donde comienza la gran era de Salvación, continuada en la vida de la Iglesia, y orientada hacia el fin absoluto de la Parusía definitiva.

4.2.5. Toda esta visión de la temporalidad, en sus diversos niveles, nace de una matriz germinal, que determina la estructura semántica profunda del sistema temporal de Hch 2.

Para terminar, esquematizo gráficamente la matriz estructurante:

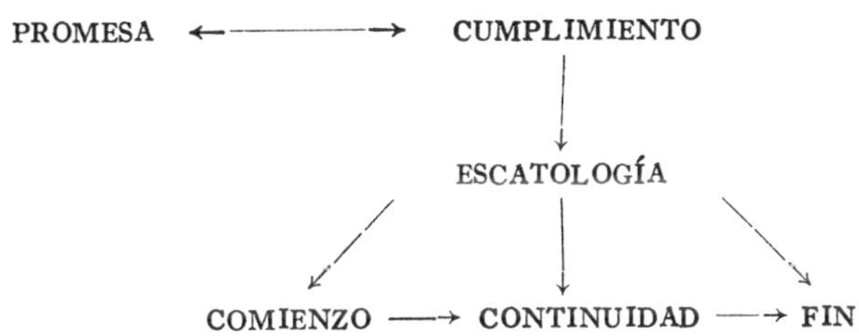

De este núcleo generativo brota toda una concepción y una interpretación peculiar del tiempo. Se establece un juego de vectores temporales que van y vienen, se juntan, se entrecruzan y se separan, dando vida a una especie de « Danza de las Horas ». El futuro escatológico se hace realidad presente en el cumplimiento de la antigua promesa. El pasado y el presente se dan la mano en el cumplimiento cristológico, coronado por la efusión del Espíritu, proféticamente prometida, y realizada plenamente en la era escatológica ya comenzada. El pasado de la promesa, el cumplimiento en Cristo, el presente de la realidad escatológica del Espíritu, se funden en la marcha continua y creciente de la comunidad salvífica, que camina hacia la plenitud absoluta del día definitivo [102].

Este juego del tiempo se sale de nuestros esquemas conceptuales. Pero tal vez sea la mejor manera de expresar simbólicamente la trascendencia de la actuación de Dios, el misterio de Jesús Señor y Mesías, y la efusión escatológica del Espíritu.

4.3. *Matriz estructurante del sistema espacial.*

Gemelo del tiempo, el parámetro espacial atraviesa igualmente la totalidad del universo significativo de Hch 2 [103].

4.3.1. El acontecimiento de Pentecostés queda inscrito en un marco espacial ya desde el primer verso. Dado el carácter descriptivo e introductorio de esta primera frase, es comprensible que el espacio revista una condición estática y genérica, manifestada en el ὁμοῦ de la situación inicial.

[102] La densidad, y aun el enrevesamiento, de las frases de este párrafo es pretendida y a propósito. Con ello quiero moverme, aunque muy de lejos, en la línea de Hegel, cuando postulaba una « Aufhebung der Geschichte ». Parecidas reflexiones en un grado de profundidad mucho más hondo, caracterizan la concepción del « tiempo mítico » que propone Lévi-Strauss en la gran síntesis, con la que cierra su tetralogía *Mythologiques*. Cfr. *L'homme nu*, pp. 542-543.

[103] La síntesis del « espacio » — ποῦ categorial de Aristóteles — puede quedar registrada en la abstracción de τόπος. La estadística arroja el balance siguiente: Mt = 10; Mc = 10; Lc = *19*; Jn = 17; Hch = *18*; NT = 95.

Pero la ordenada de espacio — igual que la de tiempo — es una magnitud esencialmente dinámica, responsable del movimiento de todo el proceso narrativo.

4.3.2. El espacio entra inmediatamente en acción. Aparece οὐρανός, cualificado como sitio de procedencia por la preposición ἐκ. El cielo es el punto de origen de un movimiento, en camino hacia la materialidad terrena de οἶκος.

La representación del cielo como realidad superior, que está arriba, es innata a la mente humana. Por otra parte, la casa es más nuestra, más familiar, cortada a nuestra medida de aquí abajo. Se percibe, de esta manera, un desplazamiento del espacio, orientado en dirección « vertical », con un dinamismo « catabático ».

La verticalidad, más bien que explícita en el texto concreto de Hch 2,2, es una resultante de diversos vectores contextuales, que convergen en la configuración del espacio celeste y del espacio terrestre, como dos magnitudes verticalmente opuestas.

A lo largo de la trama textual, se detecta un revoloteo de la preposición ἐπί frecuentemente en concomitancia con ἐκ. Es innegable el carácter catabático encerrado en ἐπί, sea como partícula aislada, sea como un componente determinante del verbo o del sustantivo. En la misma línea de descenso hay que reseñar el parentesco entre ἐκ (τοῦ οὐρανοῦ) y ἐκ-χεῖν (ἐκχεῶ, ἐξέχεεν), ambas expresiones caracterizadas por un sema de procedencia. Por otra parte, no creo que sea ajeno al texto de Hch 2 una resonancia del ἐξ ὕψους δύναμιν de Lc 24,49, y del ἐπελθόντος (τοῦ ἁγίου πνεύματος) ἐφ' ὑμᾶς de Hch 1,8.

La verticalidad del movimiento catabático queda intensamente subrayada por una dimensión anabática, explícitamente registrada en la recurrencia de la preposición ἀνά — aisladamente, o en composición — y en la presencia del inequívoco ὑψοῦν.

Y finalmente, la verticalidad adquiere una típica configuración opositiva — expresión de totalidad — en la segunda parte de la cita profética. La oposición es marcada, hiriente ; y además recalcada por una contraposición adverbial :

ἐν	τῷ	οὐρανῷ	ἄνω
ἐπὶ	τῆς	γῆς	κάτω.

4.3.3. La oposición vertical no es inerte ; más bien, se concibe dinámicamente como una irrupción de οὐρανός sobre γῆ. Se da una verdadera confluencia de « cielo » y « tierra ».

Este dinamismo confiere un movimiento al espacio estático, representado por οἶκος, con su determinante οὗ ἦσαν καθήμενοι. Se engendra, de esta manera, un progresivo desplazamiento del espacio ; pero ahora se trata de una línea horizontal. El οἶκος inicial se ensancha hasta abarcar toda la ciudad : Ἰερουσαλήμ, como una colección de οἶκοι, que resuena en κατοικοῦντες. Y la misma ciudad abre sus muros estrechos a todos los pueblos de la tierra : ἀπὸ παντὸς ἔθνους τῶν ὑπὸ τὸν οὐρανόν. Seguidamente, una enumeración geográfica de pueblos y regiones especifica la universalidad espacial de esa población flotante, concentrada (κατοικοῦντες) en la ciudad de Jerusalén. Ulteriormente, el desplazamiento espacial reaparece en forma de cadena de generaciones : ὑμῖν, τέκνοις ὑμῶν, para proyectarse hacia la lejanía de πᾶσιν τοῖς εἰς μακράν.

Reducido a esquema linear, el desplazamiento horizontal del espacio podría dibujar esta figura :

↗ Πάρθοι, Μῆδοι ... Ἄραβες
οἶκος ⟶ Ἰερουσαλήμ (κατοικοῦντες)
↘ ὑμῖν ... τέκνοις ... πᾶσιν

4.3.4. En la línea horizontal del espacio, se destaca netamente Ἰερουσαλήμ como « centro » del dinamismo expansivo. En la ciudad (εἰς Ἰερουσαλήμ) se concentran (κατοικοῦντες) todas las razas de la tierra (ἀπὸ παντὸς ἔθνους τῶν ὑπὸ τὸν οὐρανόν).

A través de la lista de pueblos y regiones, que se han dado cita en Jerusalén, la diminuta οἶκος inicial se ensancha y se expande hasta convertirse en representante de todo Israel : πᾶς οἶκος Ἰσραήλ (v. 36). La convergencia de pueblos en Jerusalén dibuja así una especie de movimiento « centrípeto », que bien pudiera concebirse como una actualización de la confluencia de todas las razas en Sión, tema tan querido y familiar en la tradición profética.

Por otra parte, en el v. 39 se inicia un movimiento contrario, esta vez « centrífugo ». Además, ya no son pueblos, sino generaciones en expansión. El punto de partida es la generación presente : ὑμῖν, como portadora del Espíritu prometido y hecho realidad en Jerusalén. Y la expansión generacional de la promesa se extiende hasta abarcar a las más lejanas generaciones : πᾶσιν τοῖς εἰς μακράν, en un dinamismo centrífugo incontenible.

4.3.5. Cuando el dinamismo del relato se remansa en el sumario conclusivo (vv. 42-47), surge una nueva caracterización dicotómica del espacio central, de Jerusalén. La comunidad cristiana se reúne habitualmente en el templo —para la oración (προσευχή) — mientras que el rito de la fracción del pan tiene lugar en casas particulares. De nuevo la oposición aparece textualmente bien subrayada :

προσκαρτεροῦντες ἐν τῷ ἱερῷ
κλῶντες (ἄρτον) κατ' οἶκον.

La contraposición textual no es tan simple ; detrás de ella se oculta toda una serie de oposiciones. En primer lugar, la « sacralidad » del templo, y la « profanidad » cotidiana de la casa ; además, el carácter « judío » del culto en el templo, mientras que el culto típicamente « cristiano » se realiza en las casas ; y sobre todo, la « exterioridad » abierta y accesible del templo, en oposición a la « intimidad » interna y reservada de las casas. De manera que la sacralidad exterior judía contrasta con la profanidad íntima cristiana.

Dejando al margen la abolición de la sacralidad judía por la profanidad cristiana — problema más bien teológico y de largo alcance en todo el NT — me limito al aspecto espacial implicado en la oposición « exterioridad-interioridad ». La espacialidad de Jerusalén resulta aquí dicotomizada, no en longitud o anchura, sino en espesor. El « centro » de la espacialidad horizontal cobra relieve, englobando en el contraste de su determinación espacial dos concepciones religiosas, que van a dar vida al libro de los Hechos y que, en definitiva, representan los dos Testamentos de una misma palabra revelada.

4.3.6. Ésta podría ser la línea profunda de la matriz estructurante espacial. Una línea que atraviesa, no sólo el capítulo 2, sino la complejidad total del libro de los Hechos.

4.3.6.1. Esquemáticamente, la matriz espacial consta de dos oposiciones fundamentales : una vectorialidad « vertical », articulada en « alto-bajo » ; y una « horizontalidad », como convergencia y divergencia de los vectores « centro-extremos ». El « centro » se articula, a su vez, en « exterior-interior ».

Reducida a esquema gráfico, la matriz estructurante del espacio en Hch 2 dibuja un trenzado de vectores, que traiciona el dinamismo espacial del capítulo :

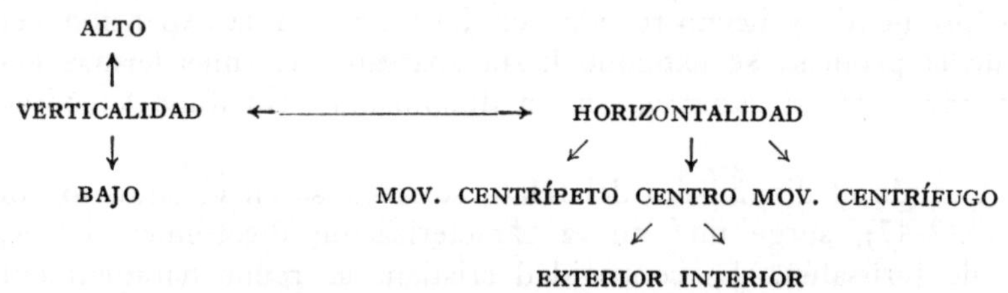

4.3.6.2. La impronta de esta matriz se deja sentir a lo largo y a lo ancho del texto, de modo que todo el capítulo rezuma espacialidad.

El punto de partida es la irrupción vertical catabática de una simbología del Espíritu — viento y fuego — que viene desde el cielo sobre la casa en que está reunida la comunidad germinal. Esta catábasis supone y subraya una disyunción, una separación entre los dos polos de la verticalidad. El sema « superioridad », característico de οὐρανός, crea una dimensión trascendente del espacio. De manera que la venida del Espíritu bien puede concebirse como una irrupción de la trascendencia en la cotidianidad de la existencia humana. Se cumple así la promesa escatológica, profetizada por Joel, de una efusión del Espíritu de Dios sobre toda carne. Y en definitiva, este derramar el Espíritu es obra de Jesús exaltado a las alturas y al señorío de la divinidad. Y así es como el Espíritu, promesa cumplida, impulsa una horizontalidad generacional, que habrá de extenderse hasta los más lejanos confines de la humanidad.

La proclamación del kerygma cristológico está igualmente transida de verticalidad. Ya la misma cualificación de Jesús como ἄνδρα encierra — creo yo — toda una concepción de la bajada a la κένωσις humana, a esta realidad en que nos movemos y que podría quedar representada por el ἐν μέσῳ ὑμῶν. De manera semejante, el ἔκ-δοτον de la entrega divina podría caracterizar una nueva bajada, esta vez más radical, hasta la misma muerte. De ahora en adelante, toda la actuación de Dios es ascendente : la Resurrección, la Exaltación, son auténticas ἀναβάσεις. Dios arranca a Jesús de las profundidades del ᾅδης y de la διαφθορά, para conducirlo a través de los caminos de una nueva vida (ὁδοὶ ζωῆς), hasta su presencia inefable (πρόσωπόν σου). Éste es el significado profundo de la Resurrección : ἀν-ιστάναι, ἀνά-στασις. En el dinamismo de la Resurrección, la misma corporeidad humana —καρδία, γλῶσσα, σάρξ — como que se espacializa, y queda englobada en el movimiento ascensional. Y por fin, la anábasis definitiva, que culmina en la Exaltación. Un ὑψοῦν en que la diestra de Dios se empeña a fondo ; un ἀνα-βαίνειν a través de cielos sucesivos ; un sentarse a la derecha de Dios, descansando sobre un escabel de enemigos. Así queda Jesús constituído como « Señor y Mesías », como hombre (ἄνδρα) que ha bajado de la trascendencia a la κένωσις, y es de nuevo levantado a la trascendencia definitiva.

4.3.6.3. Pero en Hch 2 no todo es vertical. El término de las catábasis y el origen de las anábasis va desplazándose progresivamente, dibujando una línea de puntos que se orientan en dirección horizontal. Primero es οἶκος, luego toda la ciudad de Jerusalén, y hasta todo Israel ; el οἶκος inicial limitado se ensancha, a través de κατοικοῦντες, hasta abrazar a πᾶς οἶκος 'Ισραήλ, personificando en cierta manera un desplazamiento espacial, que llegará a la lejanía de πᾶσιν τοῖς εἰς μακράν.

El relieve de 'Ιερουσαλήμ se destaca por sí solo. El Espíritu irrumpe sobre Jerusalén ; las grandes actuaciones de Dios en Jesús se cumplen en Jerusalén ; la vida de la primera comunidad se inicia en Jerusalén. Más aún, en Jerusalén confluyen todos los pueblos de la tierra ; y el don del Espíritu iniciará su camino universal precisamente en Jerusalén. De modo que la ciudad se convierte en verdadero « centro » del dinamismo salvífico.

Es precisamente la irrupción de la trascendencia la que constituye a Jerusalén como espacio salvífico. Ahora sí que Ἰερουσαλήμ es el auténtico «sitio que el Señor ha escogido para morada de su nombre», según la promesa del Deuteronomio (Dt 12,5 ; 16,2 ; 26,2) y de toda la tradición deuteronomística (1 Re 8,29 ; 11,36 ; 14,21 ; 2 Re 21,4.7), hasta desembocar en Ezequiel, que cierra su profecía con el nuevo nombre de la ciudad : «El-Señor-está-allí» (YHWH šamma : Ez 48,35).

Jerusalén despliega todo el significado simbólico del «centro». Un centro hacia el que tienden todos los pueblos de la tierra, y del que «sale la palabra del Señor», cumpliendo así las visiones proféticas de restauración escatológica (Is 2,1-5 y passim, hasta 66,18-24 ; Mi 4,1-2 ; etc.). En Jerusalén, efectivamente, se han congregado Πάρθοι καὶ Μῆδοι καὶ Ἐλαμῖται ... Κρῆτες καὶ Ἄραβες para escuchar τὰ μεγαλεῖα τοῦ θεοῦ y el mensaje de Jesús, y para recibir la promesa del Espíritu que se derrama ἐπὶ πᾶσαν σάρκα. Al mismo tiempo, Jerusalén es un centro fecundo. Se cumple la promesa profética de Sión-Madre de pueblos (Is 49,14-26 ; 54,1-10 ; 60 ; 62 ; 66). La venida del Espíritu fecunda a Jerusalén, como en una nueva Encarnación, y multiplica sus generaciones, de padres a hijos (ὑμῖν - τέκνοις ὑμῶν), hasta perderse en una lejanía generativa (πᾶσιν τοῖς εἰς μακράν).

Jerusalén es, finalmente, un espacio sacro, representado por la vistosa exterioridad de su templo, foco del culto al único Dios. Y junto a ese espacio sacro por antonomasia, la interioridad profana de las casas cristianas, que van a convertirse, por el contacto eucarístico del Señor glorificado, en la auténtica sacralidad ilimitada y abierta del culto «en el Espíritu y de verdad».

4.3.6.4. Y traspasando los límites del capítulo 2, la matriz espacial articula todo el desarrollo del libro.

El esquema fundamental : Hch 1,8, en correspondencia plena con Lc 24,46-49, reproduce limpiamente las dos directrices constitutivas del espacio. La fuerza del Espíritu bajará sobre los testigos (ἐπελθόντος ἐφ' ὑμᾶς), y consecuentemente creará una actividad de testimonio, que se va a desplegar en etapas horizontales : Jerusalén, Judea y Samaría, los últimos confines de la tierra.

Y el esquema se cumple. Cada nueva etapa está presidida por una renovada irrupción del Espíritu, que va marcando la trayectoria geográfica de una progresiva evangelización. Así hasta la última etapa — Roma — que, en realidad, no es última, sino que se abre al espacio futuro de la misión universal de la Iglesia.

4.4. *Matriz estructurante del sistema salvífico.*

Una de las grandes líneas de fuerza, que invade toda la concepción teológica lucana, pasa, sin género de duda, por σῴζεσθαι y sus parientes σωτήρ, σωτηρία, σωτήριον.

La matriz estructurante recubre las dos categorías aristotélicas πάσχειν y ποιεῖν, de cuya oposición nace todo el sistema. La oposición semántica « pasividad-actividad », al quedar inscrita en el círculo de la Salvación, engendra un trenzado de correlaciones, que articula todo el desarrollo de Hch 2.

4.4.1. La entrada en escena de σῴζεσθαι se hace esperar. Los acontecimientos se van acumulando y entrelazando hasta que, en la mitad del capítulo (v. 21), hace su aparición la palabra clave : σωθήσεται ; y precisamente como punto central del discurso de Pedro y de todo el capítulo.

En σωθήσεται se anuda el eje « pasividad-actividad », proyectado sobre el clima de Salvación. La pasividad del receptor de la Salvación : πᾶς ὃς ἐὰν ἐπικαλέσηται τὸ ὄνομα κυρίου, no anula en ningún modo, sino más bien revela y manifiesta, por medio de la pasiva teológica, al verdadero actor de la Salvación, Dios [104].

4.4.2. Desde esta perspectiva del σωθήσεται central, que domina ambas vertientes del capítulo, se puede apreciar la configuración dinámica de la Salvación.

4.4.2.1. La cita profética de Joel es un encadenado de futuros, que culmina en la promesa de salvación sin restricciones. Y encabezando la serie y dando sentido al montaje, un poderoso λέγει ὁ θεός, que pone de relieve el único punto de origen, el indiscutible autor de todo el proceso. Pero aún estamos en terrenos de la mera palabra ; la actividad salvífica de Dios es un λέγειν de promesa y de profecía.

4.4.2.2. El panorama cambia si nos asomamos a la otra vertiente. Ahora es el ποιεῖν de Dios el que domina ; explícitamente, en los vv. 22.36 — que forman verdadera inclusión — e implícitamente, en la cadena de verbos activos que describen la actuación de Dios en Jesús : ἀποδεικνύναι, ἐκδιδόναι, λύειν, ἀνιστάναι, ὑψοῦν.

Pero el ποιεῖν de Dios no es neutro, puramente fáctico. Es una actuación salvífica en plenitud. Tan salvífica, y tan en plenitud, que el objeto de esa actuación divina queda personificado y personalizado bajo el nombre de « Dios-salva » = Jesús (vv. 22.36 : nueva inclusión).

La promesa, la profecía, el λέγειν salvífico de Dios se ha cumplido plenamente : Dios ha actuado en la vida, muerte, resurrección y exaltación de Jesús de Nazaret, constituyéndolo « Señor y Mesías ».

---

[104] La operación « transformacional », según la gramática generativa, consistiría en una inversión de la regla 34 de Chomsky (cfr. *Syntactic Structures*, n. 5.4). Igualmente pueden aducirse las anotaciones de M. Zerwick, *Graecitas biblica*, p. 78, n. 236, sobre la « pasiva teológica ».

4.4.2.3. Por otra parte, la acción de Dios en Jesús es tan plena, que hasta rebasa y se desborda. Y así la Salvación entra en un camino de actualización continua, derramada por Jesús exaltado, como ἐπαγγελία παρὰ τοῦ πατρός, que es el Espíritu Santo, τοῦτο ὃ ὑμεῖς καὶ βλέπετε καὶ ἀκούετε (v. 33).

Ahora se comprende el dinamismo de la salvación. Es una irrupción del Espíritu como δύναμις que no puede quedar inerte, sino que ha de engendrar necesariamente una actividad humana.

Desde esta perspectiva habrá que enfocar la primera secuencia de Hch 2, para comprenderla a fondo. La venida del Espíritu no es precisamente un soplo, sino un viento huracanado (πνοὴ βιαία), como corresponde a la δύναμις; el Espíritu no se da con cuentagotas, sino a lo grande, en plenitud (ἐπλήρωσεν ὅλον τὸν οἶκον, ἐπλήσθησαν πάντες πνεύματος ἁγίου). Y en su impulso poderoso provoca una actividad de palabra multiforme: ἤρξαντο λαλεῖν ἑτέραις γλώσσαις, que se prolonga en λαλοῦντες, ἀποφθέγγεσθαι, διαμαρτύρεσθαι, παρακαλεῖν. De manera semejante, en la tercera secuencia, ya en el seno de la comunidad cristiana (vv. 42-47), la «palabra» proclamatoria —convertida en διδαχὴ τῶν ἀποστόλων (v. 42) — se completa con una «actividad» taumatúrgica: πολλὰ τέρατα καὶ σημεῖα διὰ τῶν ἀποστόλων ἐγίνετο (v. 43).

Y así también se comprende que, en virtud de ese impulso inicial, la proclamación apostólica —γενομένης τῆς φωνῆς ταύτης (v. 6)[105] — engendre una actividad de escucha en la multitud (πλῆθος) que se va arremolinando desconcertada. Pero el ἀκούειν de la muchedumbre no es un escuchar estéril, sino que desata un proceso de reacciones psicológicas y existenciales, que hallan eco en la pregunta del v. 37: τί ποιήσωμεν;.

Desde aquí, las dos líneas —proclamación apostólica de la Salvación, y pregunta por un quehacer salvífico — acentúan su convergencia, hasta confluir nítidamente en un apremiante imperativo: σώθητε (v. 40).

Pero esta salvación no es más que un comienzo, el arranque de un movimiento salvífico (σῳζομένους: v. 47) que corre por cuenta del Señor (ὁ κύριος προσετίθει καθ' ἡμέραν) y que camina incesantemente, proyectado hacia la consumación de la Salvación definitiva (σωθήσεται: v. 21).

De esta manera, todo el movimiento salvífico, engendrado por la profecía como promesa de Dios, realizado en plenitud en Jesús de Nazaret, Señor y Mesías, impulsado y actualizado por la fuerza del Espíritu y por la actuación del Señor, trasciende su propia dicotomía «pasividad-actividad», y se orienta irresistiblemente hacia el punto de origen, hacia el «Dios-todo-en-todos» de la plenitud colmada.

4.4.3. En resumen. La matriz que determina la estructura profunda del sistema salvífico de Hch 2, se puede reducir gráficamente a un diagrama vectorial:

---

[105] Cfr. anteriormente, p. 33, nota 48.

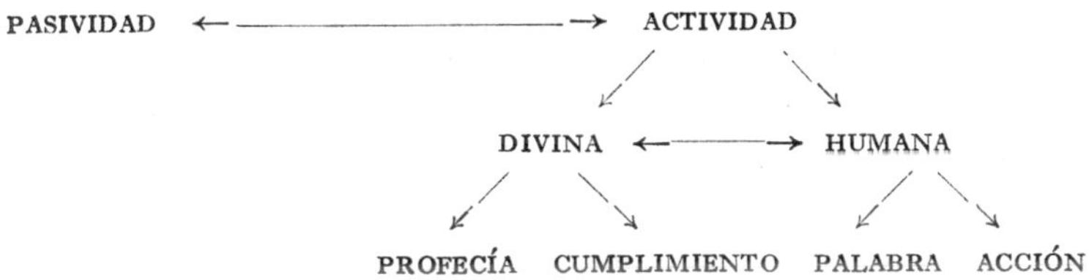

Y explicitando textualmente las incidencias de este juego de vectores, se podría proponer el siguiente esquema dinámico :

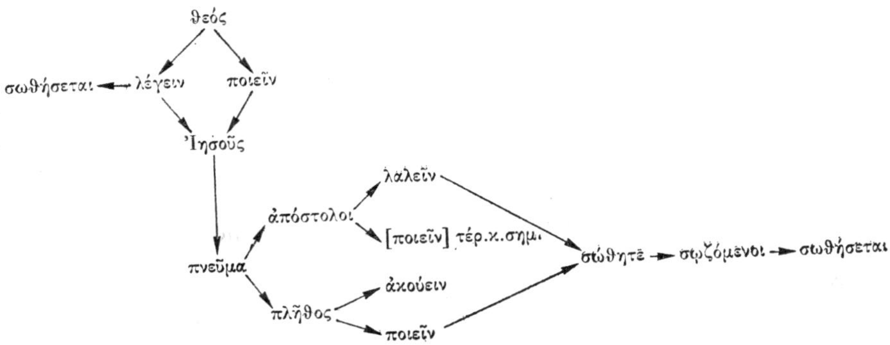

4.4.4. El dinamismo interno de esta matriz generativa desborda el cauce de Hch 2, e inunda todo el libro de los Hechos.

Aun a nivel de vocabulario, la omnipresencia de la actividad divina llena todo el libro [106]. Los discursos apostólicos, que proclaman el mensaje de Salvación, constituyen una parte esencial, en extensión y en profundidad, de la temática de Hch. Las innumerables referencias al crecimiento de la comunidad creyente y la infatigable conquista de la geografía mediterránea, dan testimonio del camino triunfal de la Salvación, que no termina en Roma, sino que se abre a un futuro ilimitado y trascendente.

5. Sistema semántico de Hch 2.

Antes de tomar tierra, quiero sobrevolar una vez más el terreno estudiado. En un campo de cuadrículas bien parceladas, se van situando orgánicamente los diversos componentes —se trata, en definitiva, de un análisis « componencial » [107] — que laten en la superficie del texto.

[106] Testimonio de esta actividad es la recurrencia de los términos θεός, κύριος y πνεῦμα en la obra lucana. Una comparación con las frecuencias en los demás escritos neotestamentarios arroja un balance decididamente favorable al cuño lucano.

[107] El adjetivo es una acuñación de la lingüística norteamericana, pero en reali-

A ras de tierra, los fenómenos se amontonan y se confunden ; falta perspectiva. En cambio, en visión panorámica, se aprecia mejor el tejido de correlaciones que constituye el trenzado del campo de estudio.

En primer lugar, quiero destacar las interferencias entre los diversos sistemas. Pasaré luego a extraer las constantes sémicas que legitiman una lectura uniforme, es decir, la isotopía del texto. Y para terminar, intentaré una reducción diagramática del conjunto, una visión intuitiva del sistema semántico global de Hch 2.

5.1. *Interferencia de sistemas.*

La significación —y, por lo tanto, la comunicación— sólo es posible gracias a la organización estructural del sistema. Una constatación me parece capital. En todo sistema es fácil detectar la presencia de elementos extraños que, casi sin querer, se enquistan en las coyunturas articulares. Son unidades provenientes de otros sistemas colindantes, que interfieren con el sistema de base.

Este fenómeno, lejos de perjudicar a la individualidad del sistema, lo enriquece y lo fecunda desde dentro. En resumidas cuentas, la interacción de los sistemas semánticos no hace más que poner de manifiesto el carácter articulatorio y unitario del mismo pensamiento humano.

Concretamente, en Hch 2, el sistema salvífico es un nudo de interferencias, un entrecruzado de elementos sémicos de lo más heterogéneo. El tiempo y el espacio inciden sobre la Salvación, inscribiéndola en un sistema de coordenadas históricas.

5.1.1. En primer lugar, la Salvación se manifiesta en una sorprendente proliferación gramatical de verbos. Ya un análisis de la superficie morfológica encasilla la profusión verbal dentro de los estratos paradigmáticos de la conjugación : tiempos y aspectos del verbo. El análisis sémico no hace más que confirmar esos primeros resultados del nivel morfológico. De ahí la repetida presencia de estructuras binarias temporales : « instantaneidad-continuidad », « actualidad-posterioridad », dentro del sistema salvífico.

Más en concreto. La actividad divina queda encuadrada en dos vertientes claramente temporales : « promesa » y « cumplimiento ». La actuación de Dios en Cristo se desarrolla, igualmente, en dos etapas : « temporal » y « escatológica ». La actividad del Señor se mueve en el eje « instantaneidad-continuidad ». De igual manera, la pasividad genérica parte

---

dad corresponde a nuestro tipo de análisis semántico lógico o conceptual. Exponentes del análisis componencial son, entre otros, F. G. Lounsbury, « A Semantic Analysis of the Pawnee Kinship Usage », Lg 32 (1956) 158-194 ; W. H. Goodenough, « Componential Analysis and the Study of Meaning », Lg 32 (1956) 195-216.

de una « actualidad », se extiende por una « continuidad » indefinida, y desemboca en un momento « futuro » de salvación definitiva.

5.1.2. En cuanto al sistema espacial, se impone una constatación paralela. Todo el espacio, polarmente sintetizado en la oposición « superioridad-inferioridad », queda englobado en la dimensión salvífica, como marco de la actividad de Dios que realiza prodigios arriba en el cielo y signos abajo en la tierra.

Jerusalén es el sitio en que irrumpe el Espíritu, y el punto expansivo de la proclamación apostólica y de la aceptación del mensaje salvífico. Ahí mismo, en Jerusalén, nace la vida de la comunidad cristiana que, al mismo tiempo que conserva la sacralidad del templo, infunde carácter salvífico a la profanidad de las casas, celebrando en ellas el rito peculiarmente cristiano de la Eucaristía.

El mismo ᾅδης, morada de la muerte y de la corrupción, queda en cierto modo incorporado al sistema salvífico, en cuanto sitio de la espectacular actuación liberadora de Dios, que resucita a su Mesías.

5.1.3. En resumen. El sistema temporal y el sistema espacial penetran en las articulaciones del sistema salvífico, y así le dan una historia.

5.2. « *Isotopía* » *histórico-salvífica.*

Si algún término ha llegado a convertirse en tópico de la investigación en torno a la obra de Lucas, es indudablemente la etiqueta de *Historia de Salvación.*

Esta concepción es fruto de una aplicación sistemática del método « histórico-crítico » en su versión más joven : la « Redaktionsgeschichte ». El punto de vista redaccional tiende a una lectura unitaria y uniforme de la obra global de un autor. Y aquí es precisamente donde se encuentran el método histórico-crítico y el método de análisis estructural. Como ya insinuaba anteriormente (p. 146), la sorprendente convergencia de métodos diversos no parece tener otra explicación que el carácter asociativo y unitario del pensamiento humano.

5.2.1. Pues bien, esa lectura unitaria y uniforme de la obra global es prácticamente lo que Greimas llama *isotopía*[108].

[108] No se puede negar que la obra de Greimas muestra una excesiva pasión por los neologismos. Con todo, creo que el término « isotopía » es uno de los más logrados. A este tema dedica todo un capítulo de su *Sémantique structurale* : « L'isotopie du discours » (pp. 69-101). Sin duda, son demasiadas páginas, y se podrían haber reducido bastante ; abundan las repeticiones, y el desarrollo no es precisamente un modelo de exposición dosificada y clara. Sin embargo, tiene muchas sugerencias interesantes, que me han iluminado en mi trabajo, y me han impulsado a aceptar su línea de pensamiento.

Las interferencias de los diversos sistemas que configuran un texto concreto, dan como resultado la acumulación de elementos heterogéneos, no sólo en la linearidad del sintagma textual, sino aun dentro de cada lexema individual, considerado como unidad de lectura.

Esta heterogeneidad es un arma de dos filos. Cierto que la polivalencia confiere al texto una fecunda riqueza de sentido, en forma de polisemia ; pero al mismo tiempo, entraña el peligro de convertirlo en un texto confuso, ambiguo, o francamente equívoco.

Se impone, por tanto, la reglamentación de esa polisemia, la implantación de una temática o de un plano de referencia común, que atraviese todos los niveles textuales. Semánticamente hablando, se trata de establecer una *dominante sémica*, que polarice los distintos elementos en un haz de significación coherente, y permita así la inteligibilidad del mensaje.

Y esto es cometido del contexto. El núcleo sémico no es capaz de orientar un proceso ; es fundamentalmente un acumulador de posibilidades de significación, un registro de capacidades en estado bruto, aséptico, sin compromisos. Los únicos que pueden marcar una trayectoria uniforme son los semas contextuales. El potencial nuclear de significación, al entrar en el cauce del contexto, necesariamente chocará contra las riberas, girará con la corriente, e irá suavizando sus aristas, hasta encontrar su puesto entre los demás elementos del conjunto textual.

La aparición regular, iterativa, de un determinado número de semas contextuales constituye, según Greimas, una « base clasemática »[109]. Y si la base clasemática, alimentada por la interferencia de sistemas, permanece constante a lo largo del texto, dará origen a lo que antes he llamado « dominante sémica ». Así queda orientado el curso de una lectura unitaria y uniforme, bajo el signo de la « isotopía », es decir, de la permanencia de una serie de semas contextuales, que da una base común a las variaciones lexemáticas de un conjunto textual.

En resumidas cuentas, el término « isotopía » es la última moda de la ya vieja noción semántica de « situación »[110].

5.2.2. Por consiguiente, para establecer la isotopía de Hch 2 hay que buscar una dominante sémica, que dé razón de la totalidad de significación del capítulo.

Mucho más breves, y decididamente sugestivas, son las reflexiones de P. Ricœur en el artículo « La structure, le mot, l'événement », que cierra la primera parte de *Le conflit des interprétations*, pp. 94-95.

[109] Cfr. *Sémantique structurale*, pp. 50-54 (y passim).

[110] Cfr. *Clefs*, pp. 250-251 (recensión de la *Sémantique* de Greimas). Hay que añadir sus reflexiones sobre la importancia central del concepto de « situación » en p. 192.

Sobre el « contexto de situación » se puede leer también un par de observaciones interesantes en S. Ullmann, *Semantics*, pp. 32. 50-51.

Hasta aquí, todas mis reflexiones y análisis han girado en torno al triángulo « tiempo-espacio-salvación ». En esa tríada se concentra el proceso de reducción del campo de estudio, y de ella brota, en expansión generativa, el triple sistema que estructura todo el complejo textual.

Enfocando a distancia reducida los tres sistemas, he podido constatar una cadena de interferencias, una serie de incursiones que se permiten las categorías espaciales y temporales a través del sistema salvífico (cfr. 5.1.2.).

Ahora bien, la más elemental historiología descansa sobre el dogma de que el tiempo y el espacio trazan el sistema de coordenadas de la Historia.

Por lo tanto, uno de los elementos indiscutibles de la dominante sémica es la cualidad espacio-temporal, que se puede subsumir en el eje semántico *historicidad*.

El otro elemento dominante no necesita presentación. La omnipresencia de la categoría *salvífica* es evidente en cada rincón del texto.

En síntesis, bien se puede definir la *isotopía* de Hch 2 como *Historia de Salvación*.

5.3. *Diagrama del sistema semántico.*

Concluyo con un resumen apretado, y una representación intuitiva :

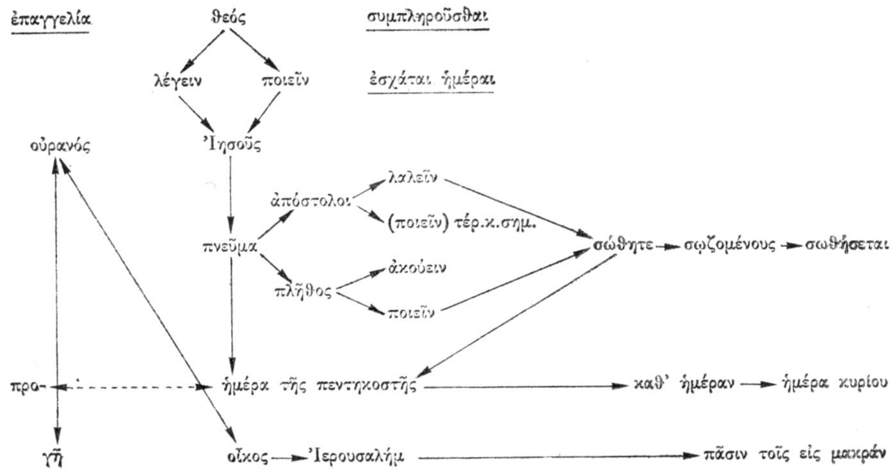

Una dialéctica fundamental secciona el sistema semántico en dos vertientes : *Promesa-Cumplimiento* ; y el cumplimiento queda inscrito en la plenitud de la *escatología*.

Dominando ambas laderas, la realidad trascendente de Dios : origen de la promesa, por su *palabra* ; realizador del cumplimiento, por su *actuación*.

Pero la acción de Dios tiene un objetivo : *Jesús de Nazaret*, en las vicisitudes de su ministerio, de su muerte, de su resurrección, y de su exaltación. Jesús glorificado, constituído Señor y Mesías, recibe del Padre el *Espíritu* prometido, y lo derrama el *día de Pentecostés*, sobre una célula pequeñita, confinada a una ciudad : *Jerusalén*, más aún, a una *casa* diminuta. Tiempo y espacio de la promesa : *plan* de Dios, *cielo y tierra*. Tiempo y espacio del cumplimiento : *día de Pentecostés*, ciudad de *Jerusalén*.

Cuando Dios actúa, actúa a lo grande, sin restricciones. Por eso, el Espíritu es un don en plenitud. Y como tal, desencadena en el *grupo apostólico* una actividad de *palabra* y de *acción* taumatúrgica, que se orienta hacia la *Salvación* : salvación imperiosa, salvación continuada, salvación en camino hacia la plenitud total. De manera semejante, el Espíritu —por medio de la palabra apostólica — produce en los *oyentes* una actitud de *escucha*, y una disposición *práctica*, para abrirse a la Salvación.

De esta manera, el tiempo y el espacio empiezan a moverse, y van trazando una línea paralela : línea temporal de un *día-a-día* de la Iglesia, que tiende hacia el gran *día del Señor* ; línea espacial, que irá conquistando *lejanías*, y englobando en la comunidad salvífica a todos los pueblos de la tierra.

Así queda configurado el sistema semántico de Hch 2. Una serie de signos polivalentes que, en mutua correlación, dan vida a un tejido textual —valga la redundancia — y descubren su estructuración profunda. Hch 2 : síntesis de teología lucana, panorámica de Historia de Salvación.

CAPÍTULO TERCERO

ESTRUCTURACIÓN NARRATIVA DE MANIFESTACIÓN

CAPITULO CUARTO

ESTRUCTURACION NARRATIVA DE MANIFESTACION

Introducción

1. Nivel de texto

1.1. Modelo de relaciones

1.2. Relato - Sintagma

[illegible]

[illegible]

[illegible]

2. Sintagmática narrativa de Hch 2

2.1. Acción y funciones

2.2. Lógica de las funciones

2.3. Resultados

3. [illegible] narrativa de Hch 2

3.1. [illegible]

3.2. [illegible]

4. Comunicación narrativa en Hch 2

4.1. Registros de la comunicación narrativa

4.2. Representación y [illegible] narratividad en Hch 2

4.3. Acto narrativo e interpretación

Introducción.

Podría dar la impresión de que los capítulos precedentes han sido un esfuerzo por descarnar el texto inicial.

Pero no. Creo que aquí pasa lo que en Medicina. Las prácticas de disección no son ni un sadismo elegante, ni un desalmado vandalismo. Son, más bien, un ansia ilusionada de conocer el misterio del organismo vivo, un empeño escrupuloso en detectar su funcionamiento, una esperanza responsable de curar y prolongar la vida.

En esta línea se ha inscrito mi trabajo, y en ella quiero continuar. Con ansia, con empeño, con esperanza.

Hasta aquí he desarrollado una labor fundamentalmente desintegrativa, aunque ciertamente con amagos y esbozos de síntesis parciales.

En el capítulo primero, a nivel de *superficie textual*, he tratado de disociar la osamenta de Hch 2, y sus menudas correlaciones articulatorias.

La estructuración semántica me ha llevado igualmente a un trabajo sistemático de desmonte. Estrato por estrato, he intentado poner al desnudo, a nivel *profundo*, el juego de categorías binarias generativas, de donde brota la articulación significativa del conjunto.

Ahora, a nivel de *manifestación* linear y seguida, quiero emprender un trabajo de integración.

La comunicación narrativa es la que realmente « manifiesta » el funcionamiento del texto. El nivel de narración incorpora en su fluidez sintagmática, la variedad paradigmática de articulaciones y binas generativas. Así nace la configuración típica de *relato*, como magnitud literaria autónoma, es decir, como sistema coherente de signos lingüísticos, con una organización y un funcionamiento determinados.

Como sistema lingüístico, el relato se inscribe necesariamente en el registro de la « imitación » — la μίμησις griega — en cuanto evoca o representa el acontecer real de la vida extralingüística. Este carácter imitativo define la esencia del relato, encauza sus virtualidades, y traza sus fronteras.

Y así, al mismo tiempo, queda marcado el rumbo del presente capítulo. Intento descubrir y actualizar el potencial estructurante de la comunicación narrativa, a base del juego de correlaciones que se establece entre los diversos elementos del relato.

Por eso, empiezo con una presentación, más bien teórica, del nivel de *relato* (sección 1ª). Paso luego a la concreción de Hch 2, como relato individual, en el que se armonizan diversos planos del lenguaje narrativo. Y en primer lugar, la acción narrativa. Una acción constituída por una cadena sintagmática de *funciones* eslabonadas (sección 2ª). Una acción llevada a hombros de variados personajes, que se van enrolando en sus respectivos papeles y que, precisamente por eso, quedarán inscritos en un paradigma de *actantes* (sección 3ª). Una acción, en fin, que es objeto de una *comunicación* personal, y que anuda una relación íntima entre « narrador » y « lector », entre el emisor del relato y su receptor ; y así, la interrelación señalada abre el texto hacia un horizonte hermenéutico (sección 4ª).

1. Nivel de relato.

El punto de partida de mi reflexión es una apreciación ingenua, precientífica, espontánea : Hch 2 es la narración, el relato, de lo que sucedió el día de Pentecostés.

1.1. *Noción de relato.*

El relato es un problema viejo de siglos, pero de acuciante actualidad. Desde los primeros atisbos de Platón y Aristóteles, hasta los más recientes estudios literarios, el relato ha llenado muchas horas de investigación callada, y muchas páginas de tanteos y teorías, que tratan de individuar su identidad.

1.1.1. Las primeras aporías nacen con la filosofía griega. Basten dos pinceladas que, a pesar de mi simplificación, creo que son bastante significativas.

1.1.1.1. Empiezo por Platón. Y como botón de muestra, me ciño a unos párrafos del 3er libro de *La República*[1].

Una oposición inicial reparte netamente el campo de la educación entre λόγος (ἅ τε λεκτέον) y λέξις (ὡς λεκτέον)[2].

El terreno del λόγος viene definido a continuación como διήγησις ; la cual puede recaer sobre « discursos », o sobre « acontecimientos » intercalados entre los discursos[3].

La λέξις, por su parte, se bifurca en un doble modo de contar : relato puro (ἁπλὴ διήγησις), e imitación (μίμησις)[4]. En el relato puro, el poeta mismo toma la palabra y cuenta ; mientras que en la imitación, el

[1] *Rep.* III, 392c-394d.
[2] *Rep.* III, 392c ; cfr. 394c.
[3] *Rep.* III, 392d ; 393b.
[4] *Ib.* 392d.

narrador se oculta detrás de la palabra de sus personajes, y deja que la acción se desarrolle a costa de ellos, en monólogo interno, en discurso pronunciado, o en diálogo vivaz [5].

De esta manera bien simple me parece que se puede esquematizar la concepción del relato y de sus virtualidades.

1.1.1.2. La cosa empieza a complicarse ya con Aristóteles. Ante todo, porque el Estagirita — a diferencia de Platón — no se pone expresamente a sistematizar sus ideas sobre el relato. Con todo, un par de frases sueltas de la *Poética* pueden dar alguna pista sobre la concepción de Aristóteles.

La idea madre de la Poética es indudablemente la μίμησις. Las diversas imitaciones —epopeya, tragedia, comedia, ditirambo, etc. — se distinguen entre sí por tres factores : porque usan « medios » diferentes, porque imitan « objetos » distintos, o por el « modo » diverso de imitar [6]. Este último factor —el modo — admite dos maneras de realización : la « narración », y la « representación » dramática [7].

En cuanto modalidad imitativa, la narración viene presentada en una fluctuante nomenclatura. Aristóteles habla unas veces de ἀπαγγέλλειν o ἀπαγγελία [8] ; otras veces, en referencias esporádicas de la Poética, aflora el adjetivo διηγηματική (τέχνη) [9]. El sustantivo διήγησις no pertenece al vocabulario de la Poética ; aparece en conexión con la Retórica, que considera la narración como un elemento del discurso (λόγος) [10].

Emparentado con esta última concepción de la διήγησις, y omnipresente en la Poética, resuena el término μῦθος [11]. Pero tampoco esta última denominación se sujeta a una sistematización rigurosa ; aparte de que el μῦθος parece referirse más bien a la trama, o argumento, de la tragedia y de la epopeya, sin una connotación directa a la modalidad imitativa de la narración.

1.1.1.3. Aunque con una terminología un tanto diversa, parece que los dos filósofos coinciden en la concepción global.

Por una parte, se impone la distinción entre la trama, el argumento, lo que se narra —διήγησις, para Platón ; μῦθος, para Aristóteles — y el

---

[5] *Ib.* 393ab ; 393c ; 394b.

[6] *Poét.* 1447a16-18 ; 1448a24-25.

[7] *Ib.* 1448a20-24 ; 1449b26.

[8] *Ib.* 1448a22.

[9] *Ib.* 1459a17.

[10] *Ret.* 1416b16-1417b20 ; *Ret. Al.* 1438a3-1438b28.

[11] *Poét.* 1447a9-10 ; 1450apassim ; 1451a ; 1452a. Cfr. además E. Güttgemanns, « Qu'est-ce que la Poétique Générative ? », LingBib 19 (1972) 2-3. B. Parain, *Recherches sur la nature et les fonctions du langage* (Bibliothèque des Idées) Paris 1966, 42-55.178-184.

modo, la manera de narrar —λέξις platónica ; μίμησις aristotélica —. Por otra parte, el modo de narrar se desmembra en dos virtualidades : « relato puro » e « imitación » en la concepción platónica, « narración » y « representación » en la Poética de Aristóteles.

1.1.2. Entre los estudios recientes, voy a espigar unas cuantas sugerencias de M.-J. Lefebve, G. Genette y C. Bremond [12].

1.1.2.1. El capítulo VII de la monografía de Lefebve está consagrado enteramente a « Le discours du récit ». La identidad del relato queda descrita en estos términos :

> « Convenons d'appeler récit tout discours qui nous donne à évoquer un monde conçu comme réel, matériel et spirituel, situé dans un espace déterminé, un temps déterminé, reflété le plus souvent dans un esprit déterminé qui, à la différence de la poésie, peut être celui d'un ou de plusieurs personnages aussi bien que celui du narrateur » [13].

1.1.2.2. Más exhaustivo, y casi escrupulosamente técnico, G. Genette clasifica, delimita y define los diversos sentidos del relato :

> « Dans un premier sens — qui est aujourd'hui, dans l'usage commun, le plus évident et le plus central —, « récit » désigne l'énoncé narratif, le discours oral ou écrit qui assume la relation d'un événement ou d'une série d'événements ».
>
> « Dans un second sens, moins répandu, mais aujourd'hui courant chez les analystes et théoriciens du contenu narratif, « récit » désigne la succession d'événements, réels ou fictifs, qui font l'objet de ce discours, et leurs diverses relations d'enchaînement, d'opposition, de répétition, etc. ».
>
> « En un troisième sens qui est apparemment le plus ancien, « récit » désigne encore un événement : non plus toutefois celui que l'on raconte, mais celui qui consiste en ce que quelqu'un raconte quelque chose : l'acte de narrer pris en lui-même » [14].

---

[12] M.-J. Lefebve, *Structure du discours de la Poésie et du Récit* (Langages) Neuchâtel 1971. G. Genette, *Figures III* (Coll. Poétique) Paris 1972 ; « Frontières du récit », Comm 8 (1966) 152-163. C. Bremond, *Logique du récit* (Coll. Poétique) Paris ; « Le message narratif », Comm 4 (1964) 4-32 ; « La logique des possibles narratifs », Comm 8 (1966) 60-76.

[13] *O. c.*, 166.

[14] *Figures III*, 71.

1.1.2.3. C. Bremond, por su parte, ahorra vocabulario, condensa elementos, y traza una definición ceñida que, a mi juicio, es la más convincentemente fecunda :

> « Tout récit consiste en un discours intégrant une succession d'événements d'intérêt humain dans l'unité d'une même action »[15].

1.1.3. Este desfile de teorías y definiciones ha sido demasiado rápido ; pero creo que es significativo. Una pequeña pausa de reflexión permitirá la extracción de algunas constantes, que se pueden proponer como características de la personalidad del relato.

1.1.3.1. Un repaso comparativo de la serie de modelos arroja, como primer balance genérico, la constatación de que la línea sigue siendo clásica. La coincidencia entre la διήγησις platónica y el μύθος artistotélico manda todavía en las recientes descripciones del relato.

No es difícil, en visión comparativa, aislar los dos hilos que tejen la triple concepción moderna. Las convergencias, aun verbales, son manifiestas. Toda la descripción gira, en realidad, en torno a las ideas de « discours » y de « événement ». El resto no es más que relleno, o diferenciación de dibujo. Y tampoco resulta muy difícil apreciar en estas dos palabras madre el influjo permanente de la antigua concepción griega.

Habrá que recensionar, por lo tanto, como constantes características del relato : el *discurso, o acto narrativo* ; y los *acontecimientos* narrados, objeto de esa actividad.

1.1.3.2. Así he llegado, casi sin querer, a la diferenciación, que ya goza de ciudadanía lingüística, entre « histoire » y « discours » ; o según Lefebve, entre διήγησις y narración[16].

Por mi parte, a falta de una nomenclatura castellana consagrada, propongo la traducción de « histoire » por « argumento », y de « discours » por « exposición ».

Desde este punto de vista dicotómico, se puede comprender más hondamente lo fecundo de la definición de Bremond. En ella se recortan nítidamente los dos planos de « exposición » y « argumento ». Pero además, la definición encierra un par de intuiciones que abren perspectivas.

En primer lugar, la cualificación del « discours » como *intégrant.* Esta precisión es de importancia capital. En realidad, en ella gravita toda la

---

[15] « La logique des possibles narratifs », 62.

[16] E. Benveniste, *Problèmes de linguistique générale* (Bibliothèque des sciences humaines) Paris 1966, 238-242. T. Todorov, « Les catégories du récit littéraire », Comm 8 (1966) 126-127. M.-J. Lefebve, *o. c.*, 116-119. En una línea un tanto divergente, la tradición inglesa distingue entre « plot » y « story ». Cfr. E. Muir, *The Structure of Novel,* London 1949, 16. R. Scholes - R. Kellog, *The Nature of Narrative,* London-New York 1966, 208.

concepción del relato como magnitud unitaria. Sin esta capacidad unificativa, el relato carecería de significación ; resultaría una mera yuxtaposición —por no decir un caos — de « acontecimientos », por una parte, y « acto narrativo », por otra. El relato sería una verdadera cábala, un galimatías heterogéneo e indescifrable. Como el fonema no tiene sentido, si no se integra en una palabra, y la palabra en una frase [17], de igual manera, los acontecimientos no serían más que una sucesión caótica, de no quedar integrados en la cohesión organizadora del acto narrativo. Por eso decía en la introducción a este capítulo que mi trabajo actual se inscribe bajo el signo de la integración.

Otro aspecto interesante señalado por Bremond es la mención del *intérêt humain.* En esta alusión —y sobre todo en la explicación que el mismo Bremond propone — no es difícil detectar el fundamento de una concepción de los personajes, que él distribuye en « agentes » y « pacientes » [18].

Una última observación ; y no teórica, sino práctica. La concisión apretada de esta formulación del relato me parece tan rica y sugestiva, que voy a montar sobre ella toda la arquitectura del presente capítulo. Los acontecimientos, los personajes, la unidad integrativa del acto narrativo, son los tres planos que van a constituir la osamenta de mi trabajo de aquí en adelante.

1.2. *Relato y Sintagma.*

Hasta aquí, una presentación del relato. Ahora quiero pasar a una descripción sumaria de algunas características fundamentales, y de su funcionamiento dentro del sistema narrativo.

1.2.1. A los acontecimientos de la vida real hemos dado en llamarlos *sucesos*. Cualquier manual de historia, cualquier periódico pueden confirmar la realidad de esta experiencia cotidiana. Son cosas que suceden y que se suceden. La raíz ontológica de este carácter de sucesión está en la temporalidad de la existencia.

Pues bien, es característico del relato evocar y representar los sucesos del mundo extralingüístico [19]. De ahí que la connotación de sucesión sea esencial al relato.

Por otra parte, el relato es un hecho de lenguaje. Y el lenguaje, al desarrollarse en el tiempo, adquiere necesariamente una dimensión linear [20].

---

[17] R. Barthes, « Introduction à l'analyse structurale des récits », Comm 8 (1966) 5.

[18] Toda la segunda parte de la *Logique du récit* está consagrada al estudio de estas dos categorías fundamentales de personajes.

[19] Este carácter del relato aparece explícitamente en la definición, antes mencionada, de Lefebve. Cfr. igualmente M. Riffaterre, « Le poème comme représentation », Poétique 4 (1970) 401-402.

[20] F. De Saussure, *Cours de linguistique générale,* Paris 1931³, 103.

Este carácter de sucesividad ha quedado reconocido oficialmente en lingüística —sobre todo, a partir de Saussure — bajo el nombre de *relación sintagmática*[21].

Ambas palabras son importantes. La «relación» subraya el carácter sociable de las unidades constitutivas del relato. No se trata de sucesos particulares, contingentes e inconexos, sino más bien de una serie organizada. Existe un juego de afinidades —no precisamente de identidades — que confiere a los elementos del relato su típica vocación comunitaria. El carácter «sintagmático», por su parte, es igualmente organizativo. El montón informe de acontecimientos va estirándose progresivamente a lo largo de la línea temporal, y crea así la extensión del texto narrativo.

1.2.2. Los acontecimientos extralingüísticos viven su vida. Van apareciendo y sedimentándose en el curso de la historia como fruto de causalidades naturales, o bien como resultado de la actividad o de la fantasía humana. En la mayoría de los casos no existen fuerzas constrictoras que los encadenen, o leyes inflexibles que los subyuguen.

Algo muy distinto sucede cuando esos acontecimientos entran en la clausura del lenguaje. Lo que cuenta, en este caso, no es el acontecimiento en sí mismo, sino las relaciones que contrae con sus vecinos. La personalidad individual autónoma de cada elemento tiene que ceder, y amoldarse a las leyes de la convivencia narrativa. Su vida lingüística está condicionada por el conjunto de relaciones —oposiciones, identidades, implicaciones — que constituyen la vida del sistema. Así el acontecimiento se convierte en signo, en elemento de una estructura jerárquicamente organizada. «El *atomismo* —dice Benveniste — da paso al *estructuralismo*»[22].

1.2.3. El texto narrativo, precisamente porque representa una cadena de acontecimientos, funciona en horizontal. Pero la configuración sintagmática no es arbitraria, sino que se debe al funcionamiento de una serie de reglas o leyes lógicas.

1.2.3.1. El carácter de estas leyes lógicas se podría describir como macrosintáctico, es decir, que operan a nivel de párrafo, de texto.

Es corriente en lingüística subrayar la homología entre la frase y el discurso textual. «El discurso sería una gran frase, de la misma manera que la frase es un pequeño discurso»[23]. Con todo, el discurso textual —concretamente, el relato — mantiene celosamente su individualidad privativa.

El número de frases de una lengua es teóricamente indefinido, como indefinidas son las situaciones posibles del comportamiento humano. En

---

[21] *Cours*, 170.172-173. Cfr. Benveniste, *Problèmes*, 22.
[22] *Problèmes*, 22.
[23] R. Barthes, «Introduction ...», 3. Cfr. Benveniste, *Problèmes*, 128-131.

cambio, el número de combinaciones de frases —que es lo que constituye el texto — no es ilimitado. El encadenamiento, el montaje de frases no es arbitrario, sino que está presidido por una serie de constricciones lógicas, impuestas por la marcha del pensamiento humano, y que son condición de inteligibilidad. La « significación » textual es esclava de la « lógica ».

1.2.3.2. Ésta es la actitud que adopta decididamente C. Bremond. Ya los títulos de sus ensayos definen claramente su postura.

El núcleo germinal de todo relato —la secuencia elemental— se reduce a una tríada de funciones, articuladas en un proceso lógico, obligatoriamente trifásico. La primera función abre la posibilidad del proceso, la segunda actualiza esa virtualidad, la tercera materializa el resultado [24].

Pero el desarrollo de la secuencia no se mueve en una línea determinista, como es el caso en la concepción de V. J. Propp [25]. Más bien, se establece un juego paradójico entre la consecución lógica de las fases del proceso, y la libertad del narrador. En cada punto, el narrador es libre de actualizar o de mantener en suspenso la virtualidad inicial, de llevar a término el desarrollo o de interrumpirlo, de hacerlo desembocar en un éxito o en un fracaso [26].

Una de las ideas más sugestivas de la concepción de Bremond es la proyección antropológica de la narratividad. Las leyes lógicas narrativas están profundamente radicadas en el comportamiento humano. De esta manera resulta que los « universales narrativos » vienen a ser un calco de los « universales antropológicos » [27].

En la misma longitud de onda se pueden captar algunas ideas de Greimas. Uno de los ensayos de *Du sens* lleva por título « Les jeux des contraintes sémiotiques » [28]. La coincidencia de estos investigadores —y de otros muchos que llenarían una reseña bien abultada — confirma el carácter lógico que preside la composición y la manifestación de la magnitud literaria que hemos dado en llamar relato.

1.2.3.3. El título del ensayo de Greimas, mencionado hace unas líneas, me sirve de puente para una última observación.

---

[24] « La logique des possibles narratifs », Comm 8 (1966) 60. No resulta difícil constatar el paralelismo con la clásica división tripartita : planteamiento, nudo, desenlace.

[25] V. J. Propp, pionero indiscutible del análisis estructural del relato, y del que me ocuparé en el apartado 3 de este capítulo, sostiene, como una de sus tesis fundamentales, la consecución siempre idéntica de las funciones del cuento : *Morphologie du conte*, (Coll. Poétique, Points) Paris 1970, 32-33. Cfr. la crítica de C. Bremond en Comm 4 (1964) 11-18.

[26] Cfr. artículos citados, passim.

[27] Cfr. Comm 8 (1966) 76.

[28] *Du Sens*, Paris 1970, 135-155.

La sintagmática del relato se pliega a un sistema de leyes lógicas, que constituyen una especie de « reglas del juego ».

La comparación del sistema de la lengua con el juego de ajedrez es una de las ilustraciones favoritas de Saussure [29]. En línea parecida se mueven los estudios de U. Eco a propósito del ciclo « James Bond ». El juego de azar — tan frecuente en las novelas de I. Fleming — simboliza, en cierta manera, y representa la situación de juego que caracteriza al relato [30]. Igualmente, la corriente alemana de investigación lingüística de la Biblia — conocida como « Poética generativa », y representada por E. Güttgemanns y su equipo de Bonn — ha llegado a proponer como uno de los axiomas — el sexto — de su manifiesto metodológico precisamente la « teoría del juego » [31].

Un aspecto interesante del juego es que en cada movimiento se conjugan las leyes de la lógica y las varias alternativas entre las que el jugador puede escoger. Las reglas definen la configuración del juego ; la elección entre posibles alternativas caracteriza la individualidad de cada partida, o de cada jugador.

En resumen. La sintagmática del relato es el resultado de un juego de alternativas lógicas, responsables de la combinatoria textual.

1.3. *Relato y Paradigma.*

La relación sintagmática es una primera característica del relato. Junto a ella, y como complemento, aparece otra característica : *relación paradigmática*, que estudio a continuación.

1.3.1. La linearidad horizontal de los sucesos no es infinita. Bien pronto empieza a curvarse ; y sigue ese proceso de curvación, hasta que retorna sobre sí misma. De esta manera nace un ciclo.

Testigos de la curvatura, del carácter cíclico del acontecer, son la astronomía, la biología, la economía, la geología, la historia, la sociología, etc. Toda la gama de ciencias antropológicas se pliega a un conjunto de leyes cíclicas. El eterno retorno, la metempsícosis, la alternancia de « vientres y nodos », o de « movimientos apolíneos y dionisíacos », son expresiones de esa circumvolución en que se expresa el pensamiento humano.

La concepción cíclica está indudablemente radicada en la fundamental unidad de la naturaleza humana. El hombre, al actuar humanamente, crea una serie de circunstancias semejantes, en que las diversas generaciones reaccionan de manera igualmente semejante. Brotan así unas constantes

---

[29] *Cours,* 43.125-127.153-154.

[30] Por ejemplo, « James Bond : Une combinatoire narrative », Comm 8 (1966) 77-93.

[31] « Qu'est-ce que la Poétique Générative ? », LingBib 19 (1972) 8-10. Cfr. LingBib 17/18 (1972) 14-16.

cíclicas que, al repetirse, dan origen a lo que podemos llamar un *paradigma* [32].

Por lo tanto, el lenguaje —expresión de la personalidad humana— y concretamente el relato —representación del actuar humano— tienen que estar marcados por ese carácter cíclico, o paradigmático.

1.3.2. La linearidad sintagmática no hay que concebirla como un continuo indivisible. Igualmente, el paradigma no está constituído por un incesante retorno de ciclos completos. Cada instancia del sintagma permite una serie de calas verticales, provocadas por asociación de elementos externos con diverso grado de afinidad. Es lo que Saussure califica de *relación asociativa* [33].

El sintagma se cierra en el carácter hermético de sus relaciones internas. El paradigma, por el contrario, se abre al exterior, admitiendo una riqueza ilimitada de relaciones, que lo fecundan, y que multiplican sus virtualidades significativas.

1.3.3. En la informe multiplicidad paradigmática es posible detectar un doble orden de relaciones, que tejen el desarrollo del relato.

La « asociación » de un determinado segmento del sintagma con otros múltiples elementos externos, está basada, unas veces, en relaciones que coinciden en algún aspecto : sinonimia de significado, identidad de radicales o de sufijos, implicación mutua, concomitancia de uso, igualdad de función gramatical o sintáctica, etc. Se podrían caracterizar estas relaciones como « integrativas ».

Otras veces, por el contrario, la asociación surge por una « diferencia » formal o conceptual. Es el caso de las oposiciones, de las antítesis, de los términos contrarios o contradictorios, etc. Este tipo de relaciones, que me aventuro a llamar « diferenciales », es sin duda el responsable de la tensión dramática del relato.

De la riqueza o escasez de relaciones asociativas depende la calidad literaria de un relato. Hay novelas que, en una kilométrica dimensión sintagmática, no engendran más que monotonía y aburrimiento. Pero la cambiante variedad de situaciones originales, la movilidad de los personajes, con su juego imprevisible de recursos y reacciones, crean la viveza y agilidad características de la obra literaria.

El sintagma es fundamentalmente informativo ; el paradigma, en cambio, da origen a la obra de arte.

---

[32] Presento una rápida descripción del « paradigma ». Las palabras que tienen algo en común se asocian en la memoria, y forman grupos, entre los que existen las más variadas correlaciones. El locutor, el escritor, tienen amplio campo de elección entre tal palabra o tal otra. Cada uno de estos grupos constituye un paradigma. Jakobson los llama « ejes de selección » ; Saussure los califica como « rapports associatifs », o « in absentia »

[33] *Cours,* 171.173-175.

1.3.4. En resumen. Un relato es un determinado sistema de correlaciones. La sucesión de relaciones gramaticales anuda la linearidad sintagmática de la frase, del párrafo, del texto seguido. Mientras que las diversas calas paradigmáticas tejen la figura cambiante de situaciones y personajes. De esta manera va progresando la acción narrativa, el « argumento » del relato.

Por otro lado, ambas magnitudes —sintagmática y paradigmática— no son anárquicas ni caprichosas ; más bien, caminan de la mano. Situaciones y personajes van desplazándose armónicamente a lo largo del eje sintagmático, en estrecha colaboración e integración jerárquica. La huella que deja este desplazamiento constituye precisamente el hilo narrativo. Narrar es, por lo tanto, proyectar la complejidad, o una selección, de ejes paradigmáticos sobre la continuidad del eje sintagmático. Igualmente, no se puede comprender un relato sin tener en cuenta la interacción integrativa de ambos niveles [34].

1.4. *Relato y comunicación narrativa.*

Un relato no existe por sí mismo. Igual que una pieza de teatro llama necesariamente a la representación, o una partitura musical está exigiendo la ejecución, el relato se inscribe esencialmente en el juego de la *comunicación.* Las diversas modalidades de esta comunicación constituyen el plano de « exposición » (discours) del relato.

1.4.1. La comunicación narrativa es polifacética. Puede vivir en el bullicio aglomerado de la conversación callejera, en las tertulias familiares o sociales, en las celebraciones festivas ; o también puede retirarse a habitar en una zona residencial, reservada al arte : es la comunicación artística. Pero siempre es generadora y fecundante. La obra de arte no sólo « dice » algo, sino que además pone en movimiento una serie de fuerzas creadoras, produce una energía que impulsa a « hacer » arte.

En este proceso de fecundación, el narrador va creando continuamente al lector, como socio comprometido. De manera que el receptor de la narración queda englobado en el proceso narrativo, como parte integrante de la comunicación.

Ahora bien, esta comunicación puede adquirir dos modalidades básicas : *representación* y *narratividad.*

A veces, la exposición es directa, inmediata. Al narrador ni se le ve, ni se le oye ; la palabra de los personajes es la única responsable del desarrollo de la acción. El narrador se distancia y llega a desaparecer totalmente, cuando los personajes le roban la palabra en el estilo directo. Es el caso del « discurso » de un personaje, o del « diálogo » que se entabla

[34] Barthes, « Introduction ... », 5.

entre los actores. Esta modalidad deriva claramente de la « representación » escénica.

Otras veces, por el contrario, la presencia del narrador es manifiesta. El caso límite es el relato en primera persona, en que la subjetividad del narrador se hace de bulto. En otros casos, esa presencia es discontinua. Se trata de apariciones fugaces y esporádicas, en que el narrador intratextual sale de entre bastidores y se adelanta hasta el proscenio, para subrayar una información, intercalar un comentario, o sencillamente para hacer un guiño que avive la atención del lector igualmente intratextual [35]. Es una presencia intersubjetiva. Por último, hay relatos en que el narrador parece ocultarse totalmente detrás de la objetividad material del argumento. Pero aun en este caso, múltiples detalles dejan traslucir la presencia velada de un intermediario, que mueve los hilos de la acción. Esta presencia triple del narrador es lo que constituye la « narratividad » del relato.

1.4.2. El juego de correlaciones, determinado por las diversas modalidades de la « exposición » narrativa, obedece fundamentalmente a las *funciones de la comunicación* lingüística.

1.4.2.1. Según R. Jakobson [36], el acto de comunicación verbal está constituído por seis factores inalienables, que funcionan gestálticamente [37]. Su representación esquemática da origen al diagrama siguiente :

CONTEXT
Tema

ADDRESSER ——————→ MESSAGE ——————→ ADDRESSEE
Locutor Mensaje Destinatario

CONTACT
Contacto

CODE
Lenguaje

[35] Barthes, « Introduction ... », 18-21. T. Todorov, « Les catégories du récit littéraire », Comm 8 (1966) 144-146.

[36] « Linguistics and Poetics », en : *Style in Language* (ed. T. A. Sebeok) Cambridge (Mass.) 1964², 353ss.

[37] Según la psicología gestáltica, cualquier percepción se presenta como un todo único, como una estructura, en la que los componentes no son meros elementos de una suma, sino que adquieren modificaciones recíprocas, al organizarse en una « forma » (Gestalt) determinada.

El comentario a este esquema lo tomo del mismo Jakobson :

> « The Addresser sends a Message to the Addressee. To be operative the message requires a Context referred to (« referent » in another, somewhat ambiguous, nomenclature), seizable by the addressee, and either verbal or capable of being verbalized ; a Code fully, or at least partially, common to the addresser and addressee (or in other words, to the encoder and decoder of the message) ; and, finally, a Contact, a physical channel and psychological connection between the addresser and the addressee, enabling both of them to enter and stay in communication » [38].

1.4.2.2. Cada uno de los seis factores constitutivos de la comunicación verbal engendra una correspondiente función lingüística. De manera que la estructura comunicativa de un texto depende, sobre todo, de la función predominante y de las correlaciones que se establecen con las otras funciones.

Si el « locutor » aparece en primer plano, la función será *expresiva, emotiva* ; si, por el contrario, el lenguaje se centra en el « destinatario », predominará una función *impresiva, o conativa.* A veces se carga el acento sobre el « tema », dando así relieve a una función *informativa, o referencial* [39].

De este modelo triádico — añade Jakobson — se pueden inferir otras tres funciones suplementarias, basadas en los tres factores restantes : contacto, lenguaje, y mensaje.

Se encuentran, a veces, palabras o fórmulas que ni informan, ni expresan, ni impresionan ; sirven únicamente para establecer, prolongar, o interrumpir la comunicación, acentuando el contacto. Jakobson acepta el nombre de función *fática*, que le impuso B. Malinowski [40], y subraya su carácter de fundamento psico-sociológico de la comunicación, como lo prueba el caso de los niños.

Otras veces, el lenguage se vuelve sobre sí mismo, sobre la lengua utilizada, aclarando o precisando el significado de una palabra, de un giro, de una construcción. Es una función *metalingüística*, de uso diario y muchas veces inconsciente en el curso de la conversación.

Por último, la concentración puede recaer sobre el mensaje mismo, sobre el objeto de la comunicación. Y nace una función *poética.* Una

---

[38] « Linguistics and Poetics », 353.

[39] Estas tres funciones coinciden con las señaladas por K. Bühler, *Sprachtheorie. Die Darstellungsfunktion der Sprache*, Jena 1934 : « Darstellung ; Kundgabe (= Ausdruck) ; Auslösung (= Appell) ». Cfr. del mismo autor : « Die Axiomatik der Sprachwissenschaft », Kant-Studien 38 (1933) 19-20.

[40] « The Problem of Meaning in Primitive Languages », en : C. K. Ogden - I. A. Richards, *The Meaning of Meaning*, New York-London 1953⁹, 296-336.

función que no se puede reducir a la mera poesía, sino que domina todo mensaje comunicado por un medio literario, sea lírico, dramático, o narrativo.

La función « poética » opera a dos niveles : uno selectivo, que se podría llamar paradigmático ; y otro constructivo, que bien se podría denominar sintagmático. La operación selectiva se enfrenta con la masa del acontecer real, y va eligiendo y entresacando determinados acontecimientos para narrarlos. La operación constructiva define más bien el modo de la narración, el encadenamiento y la disposición concreta de los acontecimientos narrados.

1.4.2.3. No queda más que encuadrar la multiplicidad de funciones lingüísticas en su respectivo marco gramatical. Mientras la función « informativa, o referencial » se despliega objetivamente en la tercera persona, en el modo indicativo, y en el aoristo o imperfecto, las preferencias de la función « expresiva, o emotiva » van a la subjetividad de la primera persona, al énfasis de la interjección, al afecto de la entonación prosódica. La función « impresiva, o conativa », por su parte, es intersubjetiva, con predominio de la segunda persona, del modo imperativo, del caso vocativo. Con ésta última se relaciona, en parte, la función « fática » ; mientras la « metalingüística » y la « poética » no tienen preferencias determinadas, sino que se mantienen en una abierta disponibilidad gramatical.

1.4.2.4. En correspondencia con el anterior diagrama de factores constitutivos del acto de comunicación verbal, las funciones del lenguaje se podrían igualmente reducir al esquema propuesto por Jakobson :

REFERENTIAL
Informativa

EMOTIVE ⟶ POETIC ⟶ CONATIVE
Expresiva Poética Impresiva

PHATIC
Fática

METALINGUISTIC
Metalingüística

1.5. *Resumen.*

Todo este puñado de reflexiones teóricas sobre la diversidad de planos en que se mueve el relato como nivel autónomo, se pueden concentrar en un esquema sintético :

- Relato :
  - Argumento :
    - Sintagma
    - Paradigma
  - Exposición :
    - Representación :
      - Discurso
      - Diálogo
    - Narratividad :
      - Objetiva
      - Subjetiva
      - Intersubjetiva

Pero resulta que todo esquema, a pesar de su precisión de conceptos, de su pureza de línea, y de la limpieza de sus apartados, no deja de ser una entidad de laboratorio. La dicotomía « argumento - exposición » es una diferenciación puramente operatoria. En realidad, el argumento no puede existir por sí mismo, aislado ; lo único que tiene existencia independiente son los acontecimientos de la vida real. Cuando estos acontecimientos entran en la vida narrativa, no pueden ser accesibles más que en, y a través de, la exposición, el modo de contar del narrador.

Un relato viene a ser, de esta manera, una especie de hipóstasis entre argumento y exposición ; un gran signo, constituído por la fusión de significado (argumento) y significante (exposición). Por eso, el análisis no puede reducirse a la disección pura, sino que tiene que enfrentarse con el todo del organismo vivo.

Después de esta panorámica de reconocimiento, ya es hora de tomar tierra. El objetivo es la misma base de partida : Hch 2. Ahora quiero recorrer el texto concreto, para trazar, a escala reducida, los planos del sistema individual de signos narrativos.

2. Sintagmática narrativa de Hch 2.

El texto de Hch 2 se presenta como un relato seguido de lo que sucedió el día de Pentecostés. Aquel día pasaron muchas cosas ; el autor selecciona, y nos lo cuenta. Pero no como unos cuantos hechos a granel, sino tejidos y organizados según una verdadera gramática narrativa.

Ya he analizado, en el primer capítulo de este ensayo, la estructura de superficie del relato, el sistema de correlaciones formales que enlaza las diversas partes y secciones en un todo seguido y unificado. Ahora voy a cambiar de nivel, enfocando el sistema formal de superficie a la luz de una gramática narrativa, que intenta poner de manifiesto la trabazón sintagmática de Hch 2 como relato coherente y lógico.

2.1. *Acción y funciones.*

Es frecuente que la presentación de una novela, o de una obra de teatro se abra con una frase de este tipo : « la *acción* de la obra se desarrolla en tal sitio, en tal año ». Y por acción se entiende, naturalmente, una « serie de hechos encadenados que forman el contenido de la obra »[41].

2.1.1. La acción narrativa es, por lo tanto, una combinatoria de sucesos. Y, como toda combinación, es susceptible de un proceso de desmonte, de una segmentación en *elementos constitutivos.* Pero al mismo tiempo hay que insistir en que combinación no es equivalente de suma. La acción narrativa no puede consistir en un montón informe de sucesos, ni en un conglomerado arbitrario de elementos. La combinatoria se basa esencialmente en relaciones que, por ser recíprocas, establecen un verdadero sistema y se pueden llamar, con toda justicia, *correlaciones.*

Por otra parte, se impone la distinción entre el singular y el plural, entre acción y acciones. La acción es el conjunto, la combinatoria, la línea ; acciones son los sucesos determinados, los elementos concretos, los puntos que colaboran en el trazado linear.

2.1.1.1. Ahora bien, el carácter correlativo de los elementos que constituyen la acción narrativa, permite una catalogación de esos elementos con la etiqueta de *funciones*[42].

Lo realmente fundamental es que todas las definiciones de función narrativa, a pesar de las discrepancias de formulación concreta, se pueden

---

[41] J. Casares, *Diccionario ideológico de la Lengua Española,* III : Parte alfabética, 10.

[42] El nombre de « función » es más bien joven. Creo que fue V. J. Propp el primero en sustituir los carteles anteriores. J. Bédier (*Les Fabliaux,* Paris 1893) hablaba de « órganos », o « elementos orgánicos ». Después A. N. Veselovsky (*Poetika siudgetov = Poética de los temas,* Sobranie Sochinenij, ser. 1, San Petersburgo 1913) los rebautizó « motivos ». Aun el rótulo de « función » no ha dejado de tener sus vicisitudes, como lo demuestran los « motifemas » de A. Dundes (*The Morphology of North American Indian Folktales,* Helsinki 1964), o los « narremas » de la escuela de E. Güttgemanns en Bonn. Algo parecido ha pasado con las siglas, o notación figurada. Mientras Bédier concentra la « forma orgánica » del cuento en una simple Ω, la descripción de Propp, además de agotar todo el abecedario, aún tiene que pedirle prestadas ocho letras al alfabeto griego.

A propósito del término « función », es interesante constatar el enorme influjo que la moderna terminología matemática ha ejercido en la progresiva configuración de la nomenclatura lingüística (función, transformación, vaiiables, proporción, fórmulas, etc).

reducir a un común denominador : la « función » queda invariablemente inscrita bajo el signo de la « correlación »[43].

2.1.1.2. A este punto, me parece oportuno introducir un principio, que considero fundamental. La formulación se la cedo a R. Barthes : « La fonction est évidemment, du point de vue linguistique, une unité de contenu : c'est ce que veut dire un énoncé qui le constitue en unité fonctionnelle, non la façon dont cela est dit »[44].

El principio enunciado tiene su operatividad bien práctica. Pudiera creerse que el sintagma funcional, en su extensión dada, tiene que coincidir pura y simplemente con lo que antes he llamado el argumento. Puede ser que coincida, pero no es absolutamente necesario. De hecho topamos con frecuencia con un buen número de segmentos narrativos en que resuena claramente la voz del narrador y que, por lo tanto, pertenecen realmente al plano de exposición. Sin embargo, no por eso dejan de ser eminentemente funcionales ; más aún, muchas veces la funcionalidad más acusada se abre paso precisamente en las apreciaciones o insistencias significativas del narrador intratextual.

Otro postulado. Una función no tiene por qué estar constituída siempre por una acción, aunque éste sea el caso más frecuente. Un estado, una pasividad, pueden igualmente ser el término de una correlación, que los determine como verdadera y auténtica función textual[45].

2.1.1.3. El último paso en la descripción de las funciones va a ser clasificatorio. La multiplicidad de correlaciones que se establecen entre los elementos de un relato, da origen a la variedad de funciones que se pueden detectar. La sistematización más clara y convincente, por el momento, creo que es la que propone R. Barthes en su « Introduction à l'analyse structurale des récits »[46].

Hay funciones de carácter « distributivo », de naturaleza esencialmente sintagmatica. Sobre algunas de estas funciones recae todo el peso de la acción narrativa, de modo que no se pueden suprimir sin alterar esencialmente el proceso de la narración ; son las funciones *cardinales, o nucleares*. Otras, en cambio, son de relleno, y se podrían suprimir sin que sufriese el hilo sintagmático ; Barthes las designa como *catálisis.*

Otro tipo de funciones son las « integrativas », de carácter predominantemente paradigmático. Algunas de estas funciones tienen como finalidad la caracterización de un personaje, la creación de una atmósfera particular, la descripción de una mentalidad concreta ; y entonces tenemos

---

[43] V. J. Propp, *Morphologie,* 29-31. R. Barthes, « Introduction ... », 6-7. A. J. Greimas, *Du Sens,* 190. T. Todorov, « Les catégories ... », 125.

[44] « Introduction ... », 7. Propp, *Morphologie,* 81ss.

[45] T. Todorov, *Poétique,* 71.

[46] Comm 8 (1966) 8-11.

los *indicios*. Otros elementos, en cambio, se limitan a definir el sistema de coordenadas —espacio y tiempo— en que se desarrolla la acción; es el caso de los *informantes*.

El mismo Barthes apunta una clasificación un poco diferente, « plus conforme d'ailleurs au modèle linguistique ». La figura esquemática adquiere una nueva sistematización : por una parte, las « funciones nucleares » ; por otra, las « expansiones », que incluyen « catálisis, indicios, e informantes ».

2.1.2. Y ahora, de la teoría a la práctica concreta en Hch 2.

El método de estudio consistirá en identificar, ante todo, los « indicios » e « informantes ». A continuación intentaré extraer las « catálisis ». Y así emergerán, por sí solas, las « funciones nucleares », objeto principal del estudio sintagmático. Además, como cada elemento puede, teóricamente, desempeñar varias funciones, me limito a señalar la función que creo principal, en cada uno de los casos.

2.1.2.1. El relato comienza situando los acontecimientos en el tiempo : ἐν τῷ συμπληροῦσθαι τὴν ἡμέραν τῆς πεντηκοστῆς, y en el espacio : ὁμοῦ, elementos decididamente clasificables como « informantes ». La notación ἐπὶ τὸ αὐτό recoge la atmósfera de unión en que se encuentra la comunidad inicial ; indudablemente se trata de un « indicio ».

Nuevas indicaciones tempo-espaciales en vv. 2-3 : ἄφνω, ἐκ τοῦ οὐρανοῦ, ὅλον τὸν οἶκον οὗ ἦσαν καθήμενοι ; buena cosecha de « informantes ». Las comparaciones ὥσπερ φερομένης πνοῆς βιαίας y ὡσεὶ πυρός, a las que habría que añadir el determinante διαμεριζόμεναι, especifican ambientalmente la percepción de los fenómenos, y caen, por lo tanto, en la columna de los « indicios ».

La primera sección de la segunda parte se abre con una doble determinación espacial : εἰς Ἰερουσαλήμ, como centro de la confluencia, y ὑπὸ τὸν οὐρανόν, como universalización de la procedencia de la multitud judía. Estos « informantes » se completan con nuevos « indicios » : κατοικοῦντες, que subraya el carácter residencial de los Judíos mencionados ; ἄνδρες εὐλαβεῖς, como caracterización de una actitud interna ; y ἀπὸ παντὸς ἔθνους, que resalta la nota de universalidad étnica.

Paso por alto el monólogo en voz alta, que recoge las reflexiones de la multitud (vv. 7b-11), la doble reacción final (vv. 12-13), el discurso de Pedro (vv. 14b-36), y el diálogo parenético (vv. 37b-39), por tratarse de material no directa y específicamente narrativo.

Así que, sin más, salto al v. 40. El carácter sintético, la variada prolijidad de la parenesis de Pedro, queda reflejada en un claro « indicio » : ἑτέροις λόγοις πλείοσιν. Sobre un dato preciso y numérico se cierra la tercera sección de la segunda parte : ὡσεὶ τρισχίλιαι, que « indica » el copioso resultado de la proclamación apostólica, y aquilata categóricamente el número de los bautizados. El relato del Día de Pentecostés, propiamente tal, termina con el mismo « informante » con que empezó : ἐν τῇ ἡμέρᾳ ἐκείνῃ (v. 41).

En el sumario conclusivo, la vida comunitaria queda sintéticamente descrita en cuatro notas, que reflejan el « núcleo » vital de la comunidad primitiva (v. 42). La especificación subsiguiente no es precisamente avara de « indicios » : el clima de temor sagrado (ἐγίνετο πάσῃ ψυχῇ φόβος) ; la generalización de la comunidad de bienes en una colectividad cualificada como « creyente » (πάντες οἱ πιστεύσαντες εἶχον ἅπαντα κοινά) ; la marcada nota de unidad profunda en el ὁμοθυμαδόν ; el conjunto de sentimientos que preside la comida comunitaria (ἐν ἀγαλλιάσει καὶ ἀφελότητι καρδίας) ; y la doble especificación de un ambiente religioso dominante (αἰνοῦντες τὸν θεόν) y de una repercusión sociológica de este género de vida (ἔχοντες χάριν πρὸς ὅλον τὸν λαόν).

Junto a estos « indicios » sólo un par de « informantes » : el flujo de la continuidad vital (καθ' ἡμέραν) y la oposición espacial de los actos cultuales (ἐν τῷ ἱερῷ - κατ' οἶκον).

Y con un « indicio » que resume lapidariamente la unidad (ἐπὶ τὸ αὐτό), y un « informante » temporal, que corresponde al comienzo del relato, y lo distiende, y lo abre hacia el futuro (καθ' ἡμέραν), se cierra el capítulo.

2.1.2.2. Una vez descartados los indicios y los informantes, voy a intentar ahora una disección de la trama narrativa de Hch 2, en el aspecto « nuclear », y en la vertiente « catalítica ».

El relato empieza con una situación puramente estática ; como si la cámara cinematográfica se desplazase lentamente en panorámica, encuadrando a todo el grupo. En el verso inicial está concentrado todo un período, una actitud de espera, que va a poner en marcha el desarrollo de todo el capítulo. Su carácter funcional es bivalente : por una parte, recoge el movimiento de la promesa en Hch 2,5.8, y lo remansa en un compás de espera ; por otra parte, proyecta esa situación y la abre al inmediato cumplimiento, ya adumbrado en el « informante » συμπληροῦσθαι [47].

El cumplimiento, la venida del Espíritu, se realiza en dos fases claramente diferenciadas : una, auditiva (ἐγένετο ἦχος) ; otra, visual (ὤφθησαν αὐτοῖς γλῶσσαι). Ambas « funciones nucleares » están acompañadas de una expansión, cuyo sentido es subrayar descriptivamente — se podría decir musical y pictóricamente — el acontecer audiovisual. Este carácter es, a mi juicio, funcionalmente secundario ; por eso, καὶ ἐπλήρωσεν y καὶ ἐκάθισεν ἐφ' ἕνα ἕκαστον αὐτῶν quedan catalogadas como « catálisis » [48].

[47] A pesar de que Propp no considera la « situación inicial » como una verdadera « función », creo que no se le puede negar una gran importancia — en realidad, funcional — aunque no sea más que por el hecho de encuadrar la acción subsiguiente.

[48] El carácter secundario de estas catálisis se podría confirmar, tal vez, sobre

El efecto de la venida del Espíritu llega en la voz del narrador : καὶ ἐπλήσθησαν πάντες πνεύματος ἁγίου. La espera ha dejado el puesto al cumplimiento en plenitud. El συμπληροῦσθαι inicial resuena plenamente en el ἐπλήσθησαν πάντες.

En v. 4b comienza la actividad apostólica propiamente dicha : καὶ ἤρξαντο λαλεῖν ἑτέραις γλώσσαις. El encargo, la misión confiada en 1,8 empieza a abrise paso, por medio de una acción proclamatoria, que va a llenar toda la segunda parte, en sus tres secciones (vv. 6-40). Se añade una especificación teológica, que precisa « catalíticamente » el origen de esta locución : καθὼς τὸ πνεῦμα ἐδίδου ἀποφθέγγεσθαι αὐτοῖς.

La proclamación no puede ser una actividad vacía, vuelta sobre sí misma ; necesita un auditorio, un destinatario. Por eso, entra en escena inmediatamente un nuevo personaje colectivo : ἦσαν δὲ Ἰουδαῖοι, cuya función traza una línea paralela a la de los portadores de la palabra en v. 1. Una frase inicial : γενομένης τῆς φωνῆς ταύτης συνῆλθεν τὸ πλῆθος, conecta nuclearmente las dos líneas funcionales. Por su parte, la reacción de la multitud : συνεχύθη, y la explicación adjunta : ὅτι ἤκουον εἷς ἕκαστος τῇ ἰδίᾳ διαλέκτῳ λαλούντων αὐτῶν son funciones importantes. El συνεχύθη marca el tema — repetidamente subrayado — de toda la primera sección de esta segunda parte ; y la explicación del desconcierto plantea, en la polaridad λαλεῖν-ἀκούειν, todo el desarrollo ulterior.

Las reflexiones de la multitud — explicitación concreta de συνεχύθη — quedan introducidas « catalíticamente » por ἐξίσταντο καὶ ἐθαύμαζον λέγοντες. La repetición ulterior de ἐξίσταντο δὲ πάντες καὶ διηποροῦντο que cierra en inclusión el estilo directo del monólogo, es también una « catálisis ». Pero las dos frases narrativas siguientes : ἄλλος πρὸς ἄλλον λέγοντες y ἕτεροι δὲ διαχλευάζοντες ἔλεγον insertan en el hilo de la narración una tensión dualística, que el discurso de Pedro se encargará de resolver. Por eso, las considero como « funciones nucleares » : de carácter interrogativo, la primera ; y desdeñosamente afirmativa, la segunda.

La presentación del locutor : σταθεὶς δὲ ὁ Πέτρος σὺν τοῖς ἕνδεκα (v. 14a) recoge el tema « nuclear » de la palabra en el solemne ἀπεφθέγξατο αὐτοῖς, precedido de la precisión catalítica ἐπῆρεν τὴν φωνὴν αὐτοῦ.

Después del discurso, el movimiento se acelera en la sección siguiente. Hay un rápido sucederse de « funciones nucleares ». El ἀκούσαντες inicial anuda la polaridad abierta en v. 14a por ἀπεφθέγξατο. La actitud de desconcierto, caracterizada por el lejano συνεχύθη del v. 6, se transforma en el vivo sentimiento de κατενύγησαν τὴν καρδίαν. El λέγειν dialéctico de vv. 12. 13 se hace pregunta y deseo en εἶπον τε πρὸς τὸν Πέτρον καὶ τοὺς λοιποὺς ἀποστόλους. Y el discurso kerygmático se convierte en una apremiante parenesis interpelativa, introducida por Πέτρος δὲ (εἶπεν) πρὸς

---

bases lingüísticas, por el hecho de que las proposiciones coordinadas se pueden transformar en proposiciones relativas dependientes.

αὐτούς, y sintetizada en διεμαρτύρατο καὶ παρεκάλει αὐτούς. La cualidad « catalítica » de λέγων salta a la vista.

El v. 41 suena a recolección de cosecha : bautismo en masa y expansión de la comunidad germinal del comienzo. El cambio progresivo de actitud desemboca en un resultado funcionalmente nuclear : οἱ μὲν οὖν ἀποδεξάμενοι τὸν λόγον αὐτοῦ ἐβαπτίσθησαν, y en una consecuencia decisiva para el desarrollo del proceso de expansión : προσετέθησαν ψυχαί.

La nueva comunidad, nacida del agua del bautismo y del Espíritu de Pentecostés, empieza una nueva vida. En correspondencia con el ἦσαν πάντες ὁμοῦ ἐπὶ τὸ αὐτό de la espera, al comienzo del relato, la « función nuclear » del actual ἦσαν δὲ προσκαρτεροῦντες presenta las variadas manifestaciones de la vida comunitaria. Ante todo, la actividad de los Apóstoles, que no se limita a la διδαχή, sino que se completa con actuaciones taumatúrgicas : πολλὰ δὲ τέρατα καὶ σημεῖα διὰ τῶν ἀποστόλων ἐγίνετο. La vida de comunión se manifiesta en la comunidad de bienes : (πάντες δὲ) τὰ κτήματα καὶ τὰς ὑπάρξεις ἐπίπρασκον καὶ διεμέριζον αὐτὰ πᾶσιν. La oración no es un acto, sino una actitud, una vida : προσκαρτεροῦντες. Y finalmente, el rito peculiar de la fracción del pan : κλῶντες τε ἄρτον, en conexión con la comida en común : μετελάμβανον τροφῆς.

El capítulo se cierra con una frase sintética que, al mismo tiempo que abre la comunidad a un futuro de expansión, da la clave profunda del origen trascendente de la vida eclesial : ὁ κύριος προσετίθει τοὺς σῳζομένους.

Una visión sintética de las diversas funciones se puede obtener en el diagrama III-1.

2.2. *Lógica de las funciones.*

Las unidades narrativas quedan constituídas como funciones — en sus diferentes grados — en virtud de la correlación que se establece entre los diversos elementos textuales.

Ahora bien, esas correlaciones ¿ son meramente arbitrarias y anárquicas, o se pliegan a las leyes de un sistema, de una estructura determinada ? En otras palabras ¿ se puede establecer una verdadera *sin-taxis* narrativa ? La respuesta dependerá de las bases, o presupuestos, que se tomen como fundamento de la reflexión.

2.2.1. Según los diferentes presupuestos, las posiciones oscilan entre una negación radical de toda sintaxis, y una afirmación diversamente orientada.

Como neto representante de la posición negativa, Propp cita a V. Chlovsky, para quien « el orden de los motivos es fortuito », fruto de una pura casualidad [49].

---

[49] *Morphologie*, 31. Propp cita además a A. N. Veselovsky ; pero creo que injustamente le atribuye una posición negativa. Veselovsky parece acercarse más a una concepción positiva, de tipo lógico, que a la negación que le achaca Propp. Cfr. Bremond, « Le message narratif », Comm 4 (1964) 16.

Por su parte, Propp se sitúa en el otro extremo del movimiento pendular. Decididamente instalado en el orden cronológico, no admite más que un determinismo infrangible de sucesión, que le lleva a postular un orden riguroso de funciones [50].

La primacía de la sucesión lógica sobre la concatenación cronológica triunfa en la investigación reciente. R. Barthes, C. Bremond, A. J. Greimas, T. Todorov, se colocan resultamente en esta línea [51]. Lo más interesante de esta orientación lógica es su negativa a todo determinismo intrínseco. Cada elemento funcional constituye un riesgo para la sucesión ulterior, y abre una alternativa en que la libertad del narrador tiene que ejercitarse. Lógica y libertad se conjugan, para engendrar la sintagmática narrativa.

2.2.2. Entre los modelos propuestos para estructurar la concatenación del sintagma narrativo, quiero detenerme en el de C. Bremond, porque me parece el más fecundo y de más largo alcance [52].

Un relato no es una mera cadena de funciones. Se constata bien pronto un retorno de situaciones, de personajes, etc. que va creando diversos ciclos narrativos. Cada uno de estos ciclos constituye una *secuencia*. Ahora bien, la secuencia es indudablemente un proceso ; y, como tal, obedece a unas leyes lógicas, que determinan todo proceso en tres tiempos : origen, desarrollo, conclusión. La secuencia elemental será, por lo tanto, trifásica ; un ciclo de tres funciones, de las cuales la primera plantea una situación, la segunda desarrolla sus vicisitudes, y la tercera resuelve el proceso [53]. En cada fase, el consecuente implica un antecedente, pero no al revés. Cada función abre una alternativa : una situación planteada puede actualizarse, o quedar en mera virtualidad ; un desarrollo puede seguir su proceso, o quedar truncado ; una solución puede ser positiva o negativa.

Pero esta sintaxis es más bien una micro-sintaxis ; funciona a nivel de secuencia elemental. Sin embargo, el relato en su totalidad avanza como una combinatoria de secuencias elementales. A este nivel, la creatividad del narrador predomina sobre las constricciones lógicas, aunque sin abolirlas. La cadena de secuencias dibuja las figuras más variadas, y hasta caprichosas. La configuración puede ser linear, cuando el último eslabón de una secuencia empalma simplemente con el primero de la siguiente.

---

[50] *Morphologie*, 31-32.79-80. Bremond critica esta posición en « Le message ... », 11-23 ; igualmente Barthes, « Introduction ... », 12.

[51] Cfr. los correspondientes artículos citados : passim ; a éstos se puede añadir A. J. Greimas, *Sémantique structurale*. 192-213. T. Todorov, *Poétique*, 81-85.

[52] *Logique du récit*, 131-132 ; « Le message narratif », 20-23 ; « La logique des possibles narratifs », 60-64.

[53] Ya he aludido anteriormente a la correspondencia con los tres momentos clásicos del drama : planteamiento, nudo, desenlace.

Otras veces, el trazado procederá por enclaves, si dentro de una secuencia elemental uno de los anillos da origen a otra secuencia, o secuencias. El diseño podrá adquirir, en fin, una forma paralela, o alternada ; antitética, o concéntrica ; armónica, o fugada [54].

Éste es el modelo triádico de C. Bremond. Me he permitido algún ligerísimo retoque, en orden a su aplicación a Hch 2.

2.2.3. Ahora voy a intentar verificar el modelo. No pretendo usarlo servilmente como falsilla para trazar el esquema sintagmático de Hch 2, sino más bien como guía inspiradora y venero de posibilidades.

El v. 1, con su carga de espera de la promesa, abre la virtualidad de un cumplimiento. Ante la alternativa de actualizar la venida del Espíritu, o de dejarla en suspenso, los vv. 2.3 materializan el proceso de esa venida en dos funciones complementarias, marcadas por la simbología del Espíritu [55]. Y el cumplimiento se hace realidad ; la plenitud del Espíritu (v. 4a) cierra el proceso trifásico, completando así el ciclo de la primera secuencia : virtualidad de la venida, actualización del proceso, resultado en plenitud.

Este resultado, la plenitud del Espíritu, es generativo de una nueva situación, que abre la segunda secuencia, linearmente encadenada a la anterior ; ἤρξαντο λαλεῖν brota de ἐπλήσθησαν πάντες πνεύματος ἁγίου. Nace así la situación de palabra proclamada, como principio de un nuevo cumplimiento, como ejecución inicial de la misión confiada en 1,8. Al mismo tiempo, la situación de palabra, al inaugurar un proceso de comunicación, supone y requiere un destinatario de esa proclamación ; la presencia de Ἰουδαῖοι da cuerpo al destinatario de la palabra proclamada. Y de esta manera queda planteada, desde el mismo umbral de la segunda secuencia, una estructura dialógica interna, un clima de tensión dialéctica, que abre la virtualidad de un desarrollo en el proceso ulterior.

Cada uno de los términos de la bina dialógica se va actualizando en etapas progresivas.

El proceso de actualización empieza en el v. 6. La proclamación inicial, caracterizada en v. 4b por la idea de comienzo (ἤρξαντο), se convierte en una actividad mantenida y continua, subrayada por el participio presente λαλούντων. Paralelamente, la presencia de Ἰουδαῖοι, constatada en v. 5, se transforma en una verdadera actitud de escucha (ἤκουον). Así queda constituída la correlación dialéctica λαλεῖν-ἀκούειν. Pero esa correlación no es estéril, sino que provoca una reacción psicológica de desconcierto (συνεχύθη).

---

[54] R. Barthes, « Introduction ... », 15.

[55] « Viento » y « fuego » son dos símbolos comunes del Espíritu, no sólo en AT y NT, sino en la inmensa mayoría de las religiones. Cfr. la bibliografía sobre el simbolismo, al final de este ensayo.

Los versos siguientes, vv. 7-13, frenanmomentáneamente el curso del proceso dialéctico, y lo desvían hacia un remanso ; constituyen un « enclave secuencial », articulado sobre el desconcierto. De hecho, el συνεχύθη es funcionalmente bivalente. Por una parte, inaugura una actitud de los oyentes, una virtualidad genérica abierta hacia una eventual determinación. Por otro lado, es el punto de partida de las reflexiones de una multitud desconcertada ; y así aparece como verdadero origen del enclave secuencial. La articulación del enclave es también trifásica. El συνεχύθη inicial se actualiza en un monólogo en voz alta, cualificado por ἐξίσταντο, y desemboca en una bifurcación de actitudes. Este resultado dualístico juega funcionalmente un papel de primer orden ; mientras la actitud despectiva de un grupo amenaza con el fracaso irremediable del proceso de comunicación, la pregunta que se hace el otro grupo deja pendiente el resultado del desconcierto, y mantiene el proceso dialéctico abierto hacia una continuidad resolutiva.

El proceso de actualización entra en una segunda etapa. Un solemne ἀπεφθέγξατο, nueva matización del λαλεῖν inicial, reanuda el hilo de la comunicación e introduce el discurso de Pedro, colocándolo en posición central. E inmediatamente se establece de nuevo la correlación dialéctica, por medio de ἀκούσαντες en v. 37a, que responde al introductorio ἀπεφθέγξατο. Y una vez más, esta correlación engendra una nueva actitud en los oyentes ; el abierto e indeterminado συνεχύθη se actualiza ahora en la viva conmoción interna de κατενύγησαν τὴν καρδίαν. El carácter funcional de κατενύγησαν es polivalente. Primero, es una actualización de la virtualidad abierta por συνεχύθη. Segundo, plantea una alternativa : la compunción es una actitud que puede desembocar, o no, en una conversión. Y tercero, precisamente por esa alternativa, inicia el proceso de la conversión ; un proceso también trifásico: κατενύγησαν presenta la virtualidad de conversión, que se actualiza en la correlación: pregunta de la gente-respuesta de Pedro (εἶπον), y se resuelve en el bautismo (ἐβαπτίσθησαν).

El proceso dialéctico de la palabra proclamada, inaugurado por ἤρξαντο λαλεῖν en 4b (primera fase = virtualidad), y actualizado en doble instancia-en λαλούντων-ἤκουον de v. 6, y en ἀπεφθέγξατο-ἀκούσαντες de 14a.37a (segunda fase = actualización), se apresura hacia la fase conclusiva : διεμαρτύρατο καὶ παρεκάλει - ἀποδεξάμενοι. La ejecución de la misión confiada en 1,8 : ἔσεσθέ μου μάρτυρες, iniciada en ἤρξαντο λαλεῖν, y llevada adelante por un diferenciado λαλεῖν-ἀποφθέγγεσθαι, se resulve decididamente en este διεμαρτύρατο final.

Y al mismo tiempo se resuelve también la secuencia de actitudes cambiantes de la multitud. El desconcierto del principio (συνεχύθη), actualizado y orientado hacia la conversión en κατενύγησαν, llega a un desenlace claramente positivo en ἐβαπτίσθησαν καὶ προσετέθησαν.

Pero no todo acaba aquí ; el final es al mismo tiempo un nuevo comienzo. Nace la secuencia conclusiva.

De προσετέθησαν brota la nueva comunidad, cuya vida se sintetiza en un apretado resumen germinal : ἦσαν προσκαρτεροῦντες τῇ διδαχῇ κτλ... La situación del v. 1 se repite, ampliada y enriquecida, en este v. 42.

Esta síntesis concentrada se abre a un « proceso de especificación » descriptiva en los versos siguientes — vv. 43-46 — que recogen sucesivamente las cuatro marcas nucleares del v. 42.

Y el proceso termina con un « resultado » abierto a la trascendencia — κύριος προσετίθει τοὺς σῳζομένους —, e igualmente abierto al resto del libro de los Hechos ; y en definitiva, a toda la vida histórica de la comunidad salvífica, a la Historia de la Iglesia.

2.2.4. Este proceso lógico de la sintagmática de Hch 2 se puede reducir a esquema diagramático (III-2). De esta manera se logra una visión intuitiva directa del encadenamiento de funciones y de la configuración cambiante que adquiere cada una de las secuencias.

El diagrama anterior es una lista de verbos, organizados en consecución lógica. El juego de flechas dice algo en sí, porque justifica una configuración de las funciones, que se basa indiscutiblemente en las correlaciones subyacentes. Pero creo que aún se puede explicitar más la interacción mutua de las funciones, con sólo sustituir los verbos por una instantánea descriptiva de su contenido funcional [56]. Esto es lo que pretende el diagrama III-3.

2.3. *Resumen.*

Ésta es, a mi juicio, la sintagmática de Hch 2. Las « funciones », engendrándose unas a otras, y sucediéndose en tríadas de un proceso lógico, se articulan en tres secuencias. Una « secuencia elemental » (1-4a) abre el capítulo, al mismo tiempo que mantiene los lazos con el capítulo anterior (1,8). Y de manera semejante, es otra « secuencia elemental » (42-47) la que cierra el relato, proyectándolo a su vez sobre todo el resto del libro.

Y en el centro, una « secuencia compleja ». Montada sobre la dialéctica « hablar-oir », en que se encarna la proclamación del kerigma cristológico, la secuencia se desarrolla en una dialéctica trifásica :

λαλεῖν	—	ἀποφθέγγεσθαι	—	διαμαρτύρεσθαι
ἀκούειν	—	ἀκούειν	—	ἀποδέχεσθαι.

[56] Sobre la « denominación » de las secuencias, cfr. Barthes, « Introduction ... », 13-15. Íd., *S/Z*, 26.

Paralelamente se crea un proceso, también triple, en la actitud de los oyentes :

συγχύννεσθαι — κατανύσσεσθαι — βαπτίζεσθαι.

Sin embargo, esta actitud de los oyentes no se desarrolla linearmente, sino que enquista dos « enclaves » — en torno a συνεχύθη y a κατενύγησαν — encargados de retardar y dramatizar el resultado. El discurso de Pedro, la gran proclamación kerigmática de la Persona y de la Obra de Jesús de Nazaret, resalta dominador en su posición central.

Todo el movimiento se inicia con una irrupción espectacular del Espíritu prometido, que será el motor del desarrollo siguiente. Bajo esa acción del Espíritu, la proclamación apostólica va abriéndose paso en un proceso dialéctico, aclarando perplejidades, y creando una progresiva apertura al mensaje salvífico. El proceso termina remansándose en la vida de la nueva comunidad. Pero una vida que, como tal, es dinámica y se proyecta, bajo la actuación continua del Señor, hacia un futuro de expansión sin fronteras.

Se revela, por tanto, una auténtica *sin-taxis* funcional. La sucesión de funciones se debe, desde luego, a una actuación de leyes *lógicas*, pero sobre todo a leyes *teo-lógicas*, que ponen de manifiesto la riqueza de sentidos y la plenitud de significación de este capítulo privilegiado.

3. Paradigmática narrativa de Hch 2.

En el apartado precedente he estudiado el juego de correlaciones funcionales en Hch 2 : el carácter de « virtualidad, actualización, o resultado » que las diversas acciones desempeñan en el proceso narrativo. Ahora entra un segundo turno. En primer lugar, estudio los contenidos cambiantes, que crean una pluralidad de *situaciones* narrativas ; luego, pasaré revista a la variedad de *personajes*. De esta manera, la paradigmática de Hch 2 queda disociada en dos vertientes : paradigma de situaciones, y paradigma de personajes.

3.1. *Acción y situaciones.*

Aquí habría que volver sobre lo expuesto anteriormente en 1.3.1. acerca del carácter cíclico del ser y del acontecer humano — y por lo tanto, del relato — como fundamento del enfoque paradigmático. El análisis que intento a continuación nace de aquellas reflexiones.

3.1.1. Una secuencia es básicamente una « situación » narrativa, el proceso acabado de un ciclo de acción[57]. La articulación del relato en secuencias encadenadas obedece al retorno cíclico del proceso narrativo. Un relato de ciertas proporciones —no necesariamente toda una obra — se presta a una lectura en tres calas verticales. La primera columna agrupará todas las funciones que abren una « virtualidad » de proceso ; en la segunda se irá encasillando la múltiple variedad de « actualizaciones » del proceso ; y la tercera será una columna de « resultados ». El procedimiento de sutura no interesa tanto, de momento, cuanto la constatación del retorno cíclico de un proceso trifásico. Esta recurrencia periódica autoriza la construcción de un primer paradigma situacional.

3.1.2. Esto es lo que pasa en Hch 2. Las tres secuencias constituyen tres ciclos de acción.

Cada secuencia tiene sus propias características situacionales. La primera es más bien estática y descriptiva ; en la segunda secuencia, la proclamación se desarrolla en oleadas sucesivas, represadas por los enclaves, y liberadas de nuevo por los verbos proclamatorios ; y el movimiento se cierra en el remanso de la última secuencia, descriptiva y dinámica al mismo tiempo.

Pero las situaciones cambiantes discurren invariablemente por el cauce del proceso trifásico : virtualidad, actualización, resultado.

3.1.2.1. El eje paradigmático de la « virtualidad » es fácil de identificar :

1ª secuencia : ἦσαν πάντες ὁμοῦ ἐπὶ τὸ αὐτό (v. 1)
2ª secuencia : ἤρξαντο λαλεῖν (v. 4b) - ἦσαν Ἰουδαῖοι κατοικοῦντες (5).
3ª secuencia : ἦσαν προσκαρτεροῦντες τῇ διδαχῇ ... (v. 42).

Salta a la vista el paralelismo de formulación en las distintas situaciones. La fórmula narrativa ἦσαν ... γίνεσθαι — ya identificada y estudiada en el primer capítulo de este ensayo[58] — aparece invariablemente en las tres descripciones, creando un clima de estabilidad situacional.

Aquí se impone una precisión. Dentro de la invariable recurrencia de la fórmula narrativa, centrada sobre el elemento personal, la segunda secuencia se declara un tanto independiente, al introducir un nuevo elemento personal : ἤρξαντο λαλεῖν. De esta manera nace una situación dialéctica en torno a la palabra, que determina los dos polos del diálogo y los constituye como « locutor » y « destinatario » respectivamente.

---

[57] « Situación » es « la figura estructural dibujada, en un momento dado de la acción, por un determinado sistema de fuerzas, es decir, por las funciones dramáticas » (E. Souriau, *Les deux cent mille situations dramatiques*, Paris 1950). Cfr. G. Mounin, *Clefs pour la sémantique*, Paris 1972, 192. L. J. Prieto, *Principes de Noologie*, The Hague-Paris 1964, 36.

[58] Cfr. pp. 30 ss.

En esta triple instancia creo que se puede individuar claramente la «situación inicial» de Propp, que señala la obertura de cada secuencia. Propp no la considera como función propiamente tal, pero no deja de reconocer su carácter de «elemento morfológico importante»[59]. Ahora bien, la importancia reconocida de este elemento, su carácter de obertura de un ciclo de acción, el ambiente situacional que crea, tienen un peso decisivo en el proceso ulterior de la secuencia, precisamente porque la situación inicial marca la tonalidad de todo el desarrollo. Por eso, prefiero ver en esta situación inicial —según la línea de Bremond— una función que abre la virtualidad y el planteamiento de un proceso determinado.

Según esto, la situación inicial de la primera secuencia de Hch 2: ἦσαν πάντες ὁμοῦ ἐπὶ τὸ αὐτό (v. 1) podría describir la *situación de espera* de la Promesa, en que se encuentra la comunidad germinal cristiana. La segunda secuencia quedaría caracterizada como *situación de palabra.* Y la frase ἦσαν προσκαρτεροῦντες ... (v. 42) conferiría a la tercera secuencia su ambiente de *situación vital.*

3.1.2.2. El relato empieza a moverse. La estabilidad de la situación inicial se convierte en un proceso, que toma cuerpo en el eje de la «actualización»:

1ª secuencia:	ἐγένετο ἦχος (v. 2)				
	ὤφθησαν γλῶσσαι (v. 3)				
2ª secuencia:	λαλούντων	—	ἤκουον	—	συνεχύθη
					ἐξίσταντο
					λέγειν
	ἀπεφθέγξατο	—	ἀκούσαντες	—	κατενύγησαν
					εἶπον
					ἐβαπτίσθησαν
3ª secuencia:	ἐγίνετο τέρατα καὶ σημεῖα (v. 43)				
	ἐπίπρασκον καὶ διεμέριζον (v. 45)				
	προσκαρτεροῦντες ἐν τῷ ἱερῷ (v. 46)				
	κλῶντες ἄρτον ... μετελάμβανον τροφῆς ... (v. 46)				

El paralelismo de formulación no existe. Cada una de las secuencias tiene su ritmo, independiente de las demás.

La primera es binaria, de carácter ocurrencial, señalado por los dos verbos impersonales. La venida del Espíritu se actualiza en un doble plano de signos: auditivo, y visual. El proceso de esta primera secuencia se podría sintetizar como *simbólica del cumplimiento.*

Dado el planteamiento dialógico de la segunda secuencia, es natural que la actualización se desarrolle en un ritmo binario. Pero un binarismo

[59] *Morphologie,* 36.

a tres niveles : « locución-audición-reacción ». Sólo que la dialéctica « hablar-oir » se repite insistentemente ; la « reacción », por su parte, describe un verdadero proceso en pasos sucesivos : συνεχύθη → κατενύγησαν, deteniendo y amplificando cada una de las fases en un enclave de factura ternaria. La doble vía paralela del proceso bien puede cualificar esta secuencia como *dialéctica de la proclamación.*

La amplia frase inicial de la tercera secuencia (v. 42) impone al proceso de actualización un desarrollo cuaternario [60]. Los cuatro constitutivos de la enunciación genérica van abriéndose paso y haciéndose realidad en la vida comunitaria. Y al mismo tiempo configuran la personalidad de los portadores de esta vida : los Apóstoles, de un lado, y por otro, los creyentes ; hasta fusionarse en una vida común que recubre tanto el aspecto más material — los bienes — como el aspecto litúrgico. No dudaría en caracterizar este proceso de actualización como *constitutivos de la vida comunitaria.*

3.1.2.3. El proceso, la actualización entra en agujas de llegada. Cada secuencia concluye perfectamente su desarrollo trifásico. Es el eje del « resultado » :

1ª secuencia :	ἐπλήσθησαν πάντες πνεύματος ἁγίου (v. 4a)
2ª secuencia :	διεμαρτύρατο καὶ παρεκάλει ἀποδεξάμενοι τὸν λόγον ἐβαπτίσθησαν καὶ προσετέθησαν (vv. 40-41)
3ª secuencia :	ὁ κύριος προσετίθει τοὺς σῳζομένους (v. 47).

La « situación de espera » (v. 1), actualizada en el binarismo de la « simbólica del cumplimiento » (vv. 2-3), desemboca en una « plenitud del Espíritu » (v. 4a).

Parecidamente, la « situación de palabra » (vv. 4b-5), después de extenderse en un proceso de « dialéctica de la proclamación » (vv. 6-40), tiene como resultado un « testimonio y aceptación » (vv. 40-41).

Y por fin, la « situación vital » de la comunidad (v. 42), a través de un desarrollo de los cuatro « constitutivos de la vida comunitaria » (vv. 43-46), se cierra — y al mismo tiempo se abre — con la « actuación salvífica del Señor » (v. 47).

---

[60] El desarrollo de esta secuencia no es puramente narrativo, como en las dos anteriores. Más bien se le podría considerar como mixto, en cuanto hay una yuxtaposición de acciones — no una verdadera concatenación — que en parte narran, y en parte describen. La simultaneidad real de las diversas acciones, al entrar en montaje narrativo, no puede menos de adquirir la configuración linear de la sucesión.

3.1.3. De esta manera, la pluralidad de situaciones cambiantes no queda en un caos informe y heteróclito, sino que resulta maleable a la acción reguladora del proceso lógico en tres tiempos.

Y así también cobra todo su relieve la personalidad individual de cada uno de los ciclos de acción. El primero (vv. 1-4a), como *cumplimiento de la Promesa*, es claramente introductorio. El segundo (vv. 4b-41) domina indiscutiblemente todo el desarrollo, en extensión y complejidad, con su *proclamación dialéctica de la Salvación.* Y el tercero (vv. 42-47) recoge los frutos en una primera expansión, que da origen a la *nueva comunidad salvífica.*

3.2. *Acción y actantes.*

En la introducción a este tercer capítulo he descrito la sección presente como « acción llevada a hombros de variados personajes »[61]. La imagen no quiere ser puramente retórica. Creo, en realidad, que los verdaderos portadores de la acción narrativa, los que crean la situación, los que empujan unos paradigmas de situaciones a lo largo de la línea sintagmática, son los *personajes*, con su juego complicado y variable de acciones y transformaciones. Por eso, « situaciones » y « personajes » son dos categorías íntimamente relacionadas e inseparables.

Después de estudiar el paradigma de situaciones, me toca ahora enfrentarme con el paradigma de personajes.

3.2.1. Es cierto que las menudas acciones definen el carácter de un personaje[62]. Pero no es menos cierto que muchas acciones concretas se pueden reducir a clases o esferas de acción, que configuran el papel desempeñado por el personaje individual. En este caso, el personaje es un « participante en una esfera de acción » ; y le cae muy bien el nombre de *actante.*

Pero no hay que identificar ambas denominaciones. El « personaje » tiene nombre propio, reacciona según un carácter determinado, vive una vida personal intransferible. El « actante », por el contrario, es una entidad abstracta, anónima, sin rostro ni gestos peculiares. El personaje desempeña un papel ; el actante es el papel que se desempeña. El personaje lleva él mismo la acción ; el actante es una relación que la acción misma va creando entre los diversos personajes. Las diversas acciones constituyen al personaje ; la esfera de acción y las relaciones con otras esferas dan vida y personalidad al actante. El personaje es nominable ; el actante sólo clasificable.

---

[61] Cfr. pp. 154. 178.

[62] V. J. Propp, *Morphologie*, 29-30.96-97.106-111. A. J. Greimas, *Sémantique*, 172-173.

La clasificación de los actantes tiene su pequeña historia. Propp distingue siete esferas de acción, a las que corresponden otros tantos « personajes » (?) : el agresor, el donador, el auxiliar, la princesa y su padre, el mitente, el héroe, el falso héroe. Las esferas de acción quedan repartidas entre los diversos personajes del cuento [63].

Un carácter más sistemático y la aplicación al campo concreto del drama dan su personalidad a la clasificación de E. Souriau [64]. Las « funciones » — así denomina Souriau a nuestros actantes — corresponden a las diversas fuerzas que se encarnan en los personajes. Estas fuerzas, presididas por signos astrológicos, se reducen a seis, que dan origen a seis funciones dramáticas :

Lion	la Force thématique orientée
Soleil..........	le Représentant du Bien souhaité, de la Valeur orientante
Terre	l'Obtenteur virtuel de ce Bien (celui pour lequel travaille le Lion)
Mars	l'Opposant
Balance	l'Arbitre, attributeur du Bien
Lune	la Rescousse, redoublement d'une des forces précédentes.

T. Todorov, en su estudio sobre la novela de Laclos, *Les Liaisons dangereuses* [65], toma como base de clasificación de los personajes las relaciones que contraen mutuamente y que les caracterizan de manera exhaustiva. Estas relaciones — « predicados de base » — pueden reducirse a tres : « désir → amour », « communication → confidence », « participation → aide ». Todas las demás relaciones se pueden derivar de estos tres predicados básicos, mediante unas cuantas reglas. Las primeras son « reglas de derivación » : « reglas de oposición » — cada predicado posee un predicado opuesto : odio, divulgación, obstáculo — y una « regla del pasivo » — paso de la voz activa a la voz pasiva —. Otra categoría de reglas son las « reglas de acción », que intentan explicar la transformación de relaciones personales a lo largo de la obra.

El modelo actancial de A. J. Greimas es decididamente lingüístico, basado en las relaciones sintácticas con que se expresa textualmente « lo que hacen » los personajes ; de ahí su nombre de « actantes ». La participación de los personajes en la acción se inscribe en un complejo de relaciones establecido entre los tres elementos estructurales de la frase : sujeto, objeto, complemento circunstancial. Semánticamente, las relaciones se

---

[63] *Morphologie*, 96-101.

[64] *Les deux cent mille situations dramatiques* Paris 1950.

[65] *Littérature et signification* (Langue et langage) Paris 1967, 58-67. Cfr. "Les catégories...", 132-138.

pueden reducir a tres ejes : « communication », « désir (ou quête) », « épreuve », que dan origen a las siguientes categorías actanciales : Mitente/Destinatario, Sujeto/Objeto, Aliado/Adversario. El modelo adquiere la configuración siguiente :

Mitente	⟶	Objeto	⟶	Destinatario
		↑		
Aliado	⟶	Sujeto	⟵	Adversario

El eje fundamental es la categoría semántica « sujeto/objeto », que se desarrolla en la línea del « deseo, o búsqueda ». El sujeto busca o desea un objeto ; en su búsqueda, el sujeto encontrará obstáculos que superar (= « adversario »), o fuerzas benéficas que le ayuden (= « aliado »). El objeto no nace sin más, sino que en la mayoría de los casos aparece como obra o voluntad de un ser superior (= « destinador », « donador », « mitente »), destinado a un receptor (= « destinatario »). A nivel actancial, lo que hay que analizar es el sistema de relaciones que contraen entre sí los diversos personajes [66].

3.2.2. La simplicidad y riqueza del modelo de Greimas me va a servir de base para las siguientes divagaciones a propósito de Hch 2.

Ante todo, procuraré individuar la diversidad de personajes y su esfera de acción. Continuaré con un análisis de las relaciones que contraen los personajes en el curso de su actuación, y que los definen como « actantes ». Y espero terminar proponiendo una lectura del relato, que integre orgánicamente las múltiples correlaciones establecidas, y dé lugar a una verdadera estructuración actancial.

3.2.2.1. La primera secuencia (1-4) se presenta, desde el punto de vista de la acción, como una situación estática. Los verbos quedan difuminados en una tonalidad impersonal, o envueltos en la voz pasiva : ἦσαν, ἐγένετο, ὤφθησαν, ἐπλήσθησαν. Los personajes se esconden detrás del anonimato colectivo (πάντες), o de la mera referencia pronominal (αὐτοί).

Pero sobre toda la secuencia pesa el clima creado en 1,8 con la promesa del Espíritu y el encargo de testimonio. Por eso, el grupo indeterminado πάντες es el punto de destino de un movimiento vertical descendente que, primeramente por medio de símbolos — πνοή, πῦρ — y luego explicitamente — πνεῦμα ἅγιον — es portador de la promesa del Espíritu. La especificación espacial de proveniencia (ἐκ τοῦ οὐρανοῦ), y la presencia aparentemente impersonal de la voz pasiva, apuntan hacia el autor, el sujeto que inicia el movimiento : Dios.

---

[66] *Sémantique,* 127-134.172-191

De esta manera quedan configuradas tres esferas de acción, en las que se insertan los personajes, no tanto como actores individuales, sino como verdaderos actantes : Dios, Espíritu, el Grupo. Por otra parte, el ἐπλήσθησαν, eco del no lejano λήμψεσθε (1,8), caracteriza todo el movimiento como un proceso de comunicación, de donación. Y así, esta primera secuencia queda claramente definida por el eje de la *comunicación*. La figura estructural se dibuja de la manera siguiente :

Donador ——→ Objeto ——→ Destinatario
θεός πνεῦμα πάντες

Ahora bien, la comunicación es una realidad esencialmente difusiva, entraña una finalidad, es funcionalmente creativa. Así, la comunicación de la plenitud del Espíritu (4a) crea la actividad de proclamación : ἤρξαντο λαλεῖν (4b).

Lo primero que salta a la vista es la transformación de la situación estática en dinámica. Lo cual implica la transformación de la inicial esfera de receptividad en una esfera de actividad propiamente dicha. Y esto lleva consigo una doble transformación a nivel actancial : el actante « destinatario » se convierte en actante « sujeto » ; y el actante « objeto » pasa a ser una fuerza con la que el sujeto podrá llevar a cabo su actividad, en definitiva un « aliado ». Pero al mismo tiempo, esa fuerza actúa como « donador » de la actividad de palabra : καθὼς τὸ πνεῦμα ἐδίδου ἀποφθέγγεσθαι αὐτοῖς (4b) [67]. Por otra parte, la proclamación (λαλεῖν) es la esfera de actividad del nuevo sujeto ; mientras el « objeto » queda indeterminado, en el ámbito de lo portentoso. De manera que el esquema de la distribución de actantes [68], por medio de las sucesivas transformaciones, adquiere una mayor determinación y amplitud :

Donador ——→ Objeto ——→ Destinatario
θεός πνεῦμα πάντες
↙ ↙
Aliado ——→ Sujeto
πνεῦμα πάντες
↕ ↕
Donador ——→ Objeto
πνεῦμα (indeterminado)
λαλεῖν ...

[67] Sobre estas transformaciones actanciales, cfr. J. Calloud, *L'analyse structurale du récit. Eléments de méthode* (PROFAC, Essais et recherches) Lyon 1973, 28-29.

[68] Dadas las cortas dimensiones de Hch 2, no hay mucho espacio para la multiplicidad de personajes; por eso, no hay que extrañarse de la coincidencia *real y concreta* entre "personajes" y "actantes".

3.2.2.2. La proclamación, por su parte, es una magnitud esencialmente abierta, reclama un « destinatario » de la palabra. Y en el v. 5 surge Ἰουδαῖοι ἀπὸ παντὸς ἔθνους τῶν ὑπὸ τὸν οὐρανόν, que a continuación quedarán caracterizados, genéricamente, como πλῆθος (v. 6a), y ulteriormente especificados según su procedencia étnica (vv. 8-11a). La esfera de acción de esta multitud es más bien una pasividad (ἀκούειν : v. 6a).

Hasta este punto, la acción es mínima, se reduce a un mero comienzo ἤρξαντο ; todo ha consistido en una presentación de los personajes y, en parte, de las respectivas esferas de acción. Falta lo esencial, faltan las correlaciones entre las diversas esferas, que es lo que imprime al relato su dinamismo y su progresión.

La primera correlación —y fundamental — se establece bien pronto, en v. 6b. Este verso es capital para el desarrollo sucesivo. En él se enfrentan la esfera de acción del « sujeto » (= la proclamación) y la esfera del « destinatario » (= audición). Es cierto que toda esta sección (vv. 6-13) se contempla desde el punto de vista del destinatario, pero lo importante es el hecho de la correlación, del confrontamiento entre los dos actantes : sujeto-destinatario, en el mismo umbral de la sección. Por eso, el v. 6b es generativo y fecundo ; tanto, que de él arranca todo el desarrollo, no sólo de la primera sección, sino de la secuencia entera (vv. 6-41). Efectivamente, el proceso narrativo de la segunda secuencia está montado sobre la correlación dialéctica λαλεῖν-ἀκούειν, verdadera matriz generativa de la estructura dialógica de todo el conjunto secuencial.

Al avanzar el proceso dialéctico, ambos términos de la correlación van adquiriendo diversas modificaciones, siempre en el cauce de la estructuración dialógica. La correlación inicial de actitudes produce en la multitud un desconcierto (συνεχύθη), recogido y amplificado por el doble ἐξίσταντο (vv. 7. 12), que pronto se escinde en dos reacciones : sigue la desorientación (διηπορoῦντο), que desemboca en una pregunta ingenua (v. 12) ; y nace un escepticismo malicioso, que se enfrenta con la palabra (διαχλευάζοντες : v. 13). Esta última reacción engendra una nueva esfera de acción : la oposición, que da vida a un nuevo actante, el « adversario ». Por otro lado, la proclamación (λαλεῖν) engendra un « objeto » proclamado : τὰ μεγαλεῖα τοῦ θεοῦ (v. 11b).

La esfera de oposición incide sobre el « sujeto » inicial indeterminado (αὐτοί v. 6 ; πάντες οὗτοι, Γαλιλαῖοι : v. 7 ; αὐτοί : v. 11), dándole nombre y caracterizando su personalidad (Πέτρος, οἱ ἕνδεκα : v. 14a). Al mismo tiempo incide también sobre la esfera de acción, modificando el genérico λαλεῖν (v. 6) en un solemne y comprometido ἀποφθέγγεσθαι (v. 14a) que, a su vez, modifica el « objeto » de la proclamación, bajo forma de ῥήματα (v. 14b), o de λόγοι οὗτοι (v. 22a ; cfr. vv. 40. 41).

El largo discurso de Pedro anula el despectivo διαχλευάζειν (cfr. v. 15) y restablece la correlación dialéctica del principio. El ἀκούσαντες (v. 37) que sigue inmediatamente al discurso, es indudablemente correlativo al ἀπεφθέγξατο que lo abrió. Así puede reaparecer del estructura dialógica, que relaciona a « sujeto » y « destinatario » (vv. 37-38). Pero la modificación, que la esfera de oposición introduce en la dialéctica inicial λαλεῖν-ἀκούειν, convirtiéndola en ἀποφθέγγεσθαι-ἀκούειν, no va sin consecuencias. En la multitud, en el « destinatario », el ἀποφθέγγεσθαι produce un cambio de actitud : el συνεχύθη del comienzo (v. 6) se transforma en κατενύγησαν que, a su vez, produce un λέγειν interrogativo (v. 37). Algo semejante pasa con el « sujeto », que por primera vez en la narración queda calificado como ἀπόστολοι. Más aún, la esfera de actividad se ve de nuevo afectada por una ulterior modificación ; el λαλεῖν (v. 6), convertido en ἀποφθέγγεσθαι (v. 14a), queda transformado ahora en διαμαρτύρεσθαι καὶ παρακαλεῖν (v. 40).

Pero junto a esta última serie de transformaciones, reaparece una vez más la amenaza del « adversario », paralela y semejante al διαχλευάζειν anterior (v. 13). La actitud proclamatoria del « sujeto », los cambios de actitud del « destinatario », no podrán ignorar la esfera de acción de una γενεὰ σκολιά (v. 40), que es signo de la presencia del « adversario ».

El proceso dialéctico, a través de las modificaciones generativas que sufre la estructura matricial (v. 6b), configura definitivamente el juego de actantes. Diagramáticamente, el sistema de correlaciones actanciales dibuja la figura siguiente :

Donador	———→	Objeto	———→	Destinatario
πνεῦμα		μεγαλεῖα ...		Ἰουδαῖοι, πλῆθος
		↑		
Aliado	———→	Sujeto	←———	Adversario
πνεῦμα		ἀπόστολοι		ἕτεροι διαχλευάζοντες γενεὰ σκολιά

En el v. 41 desaparece la dialéctica. La disyunción existente entre los términos de la correlación inicial, y en sus respectivas modificaciones, se esfuma ahora, para convertirse en una conjunción : οἱ μὲν οὖν ἀποδεξάμενοι (« destinatario » inicial) τὸν λόγον (« objeto ») αὐτοῦ (« sujeto »). Por otra parte, las actitudes cambiantes de la multitud (συγχύνεσθαι, κατανύσσεσθαι) desembocan ahora en el resultado del bautismo (ἐβαπτίσθησαν). Y de esta conjunción, que supera toda la dialéctica anterior, nace una realidad nueva, una comunidad unitaria (προσετέθησαν ψυχαί), que señala el paso a la tercera y última secuencia (vv. 42-47).

3.2.2.3. En la secuencia conclusiva (vv. 42-47) se vuelve a respirar un clima parecido al de la primera (vv. 1-4). Las vicisitudes de la secuencia central (vv. 5-41), engendradas por la correlación dialéctica λαλεῖν-ἀκούειν (v. 6), se remansan en el flujo reposado de la vida comunitaria.

La esfera de acción, característica de esta secuencia final, es más bien una actitud, una marcada continuidad de vida, que toma cuerpo en ἦσαν προσκαρτεροῦντες (v. 42). Este ambiente especial entraña una configuración particular del juego de actantes. El « donador » y « aliado » sigue siendo el mismo de antes, el πνεῦμα, aunque no explícitamente manifiesto, sino oculto entre bastidores [69]. El « sujeto » se agranda. En torno a « los Apóstoles » —con su papel relevante en la segunda secuencia, y cuyo eco aún se percibe en v. 43 — se congrega toda la comunidad recién salida del bautismo, que viene explícitamente designada como πάντες οἱ πιστεύσαντες (v. 44). La actitud de constante perseverancia tiene como « objeto » una vida, descrita en cuatro rasgos paradigmáticos : διδαχή, κοινωνία, κλάσις τοῦ ἄρτου, προσευχαί (v. 42), amplificados en vv. 43-46, pero que bien pudieran resumirse en la palabra clave κοινωνία.

Y con esto, llegamos a la última frase del capítulo. La esfera de acción —un continuado προστιθέναι (v. 47) — es resumen y a la vez apertura ; recoge apretadamente los temas anteriores, y los proyecta hacia el futuro, dándoles su verdadera dimensión trascendente. Por eso, el sistema de actantes acusa una nueva modificación, antes del punto final. « Donador » y « sujeto » se funden en un solo personaje trascendente : κύριος, cuya actividad tiene como « objeto » una salvación que se va personificando en τοὺς σῳζομένους. Y en el denso y elíptico ἐπὶ τὸ αὐτό no creo que sea aventurado reconocer una transformación del « sujeto » anterior (οἱ πιστεύσαντες), convertido aquí en punto de llegada de todo el movimiento salvífico, es decir, en verdadero « destinatario » de la actividad del Señor [70].

Las características peculiares de esta última secuencia configuran de manera distinta el sistema actancial, que se podría delinear según este diagrama :

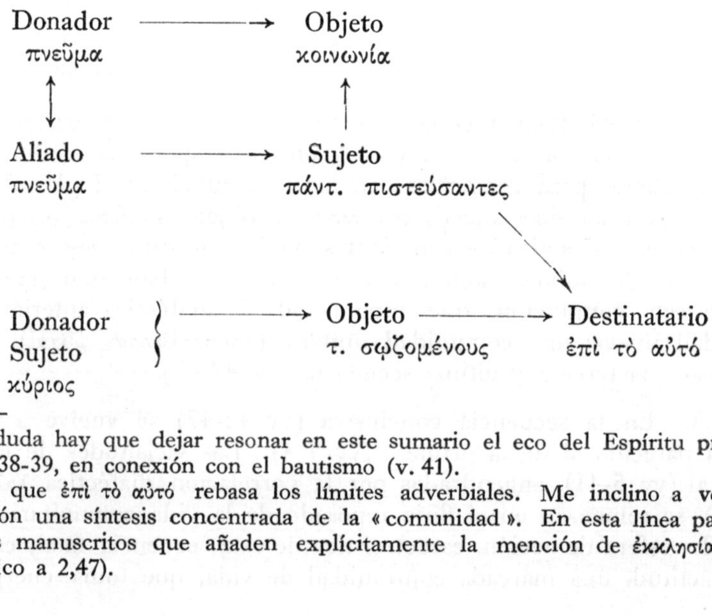

[69] Sin duda hay que dejar resonar en este sumario el eco del Espíritu prometido en vv. 38-39, en conexión con el bautismo (v. 41).

[70] Creo que ἐπὶ τὸ αὐτό rebasa los límites adverbiales. Me inclino a ver en esta expresión una síntesis concentrada de la « comunidad ». En esta línea parecen moverse los manuscritos que añaden explícitamente la mención de ἐκκλησία (cfr. aparato crítico a 2,47).

3.2.3. Las precedentes divagaciones analíticas reclaman insistentemente una apreciación sintética. De esta manera, se puede proponer una lectura integrativa de los distintos ejes semánticos : *comunicación*, *deseo*, *prueba*, que definen las correlaciones actanciales.

La « comunicación » se inscribe en el « cumplimiento del plan de Dios ». Dios ha actuado plenamente en Cristo, y manifiesta públicamente su Salvación (cfr. Sal 97,2-3 ; 95,3 ; Is 49,6 ; 52,10 ; 60,6 ; Lc 2,30-31). Para ello escoge mensajeros, a quienes comunica la fuerza de su Espíritu prometido, transformándolos así en heraldos de la Palabra (Hch 2,1-4.6-40 ; cfr. 1,2.5.8 ; Lc 24,46-49). La palabra apostólica despliega ante el mundo judío, representante y signo de la humanidad total (2,5-11.39), el misterio de la Palabra Salvadora, personificada en Jesús = « Dios-salva » (2,21-22). Y esta Palabra no cesa de comunicar Salvación, creando continuamente una comunidad salvífica (2,47).

El eje del « deseo » toma cuerpo en la esfera de « actividad apostólica ». Los Apóstoles se empeñan en proclamar (λαλεῖν, ἀποφθέγγεσθαι) a los cuatro vientos la Salvación de Dios en Cristo, Señor y Mesías, y en dar testimonio (διαμαρτύρεσθαι) de la actualización de esa Salvación en una vida de conversión, bautismo y Espíritu, que da origen a la vida (προσκαρτερεῖν) de la comunidad salvífica.

Por fin, el eje de la « prueba » se recorta en una polaridad dialéctica : « proclamación-audición », llena de vicisitudes, pero que salva todos los obstáculos en un proceso constante hacia la aceptación de la Palabra, y la creación de una nueva comunidad de salvados.

Resumiendo intuitivamente, el sistema de correlaciones actanciales se puede presentar en un diagrama complexivo :

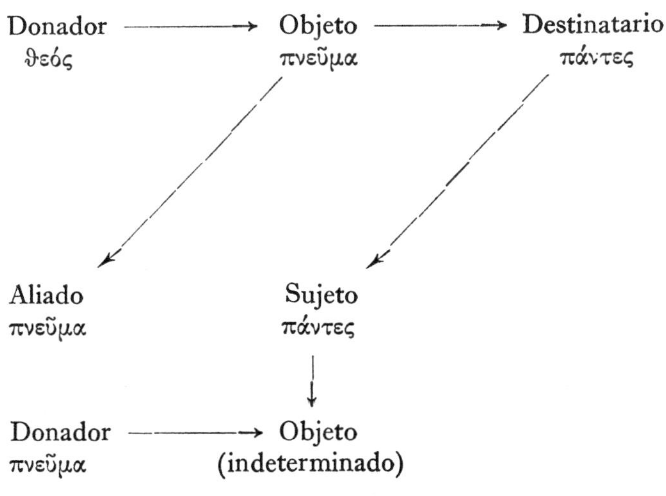

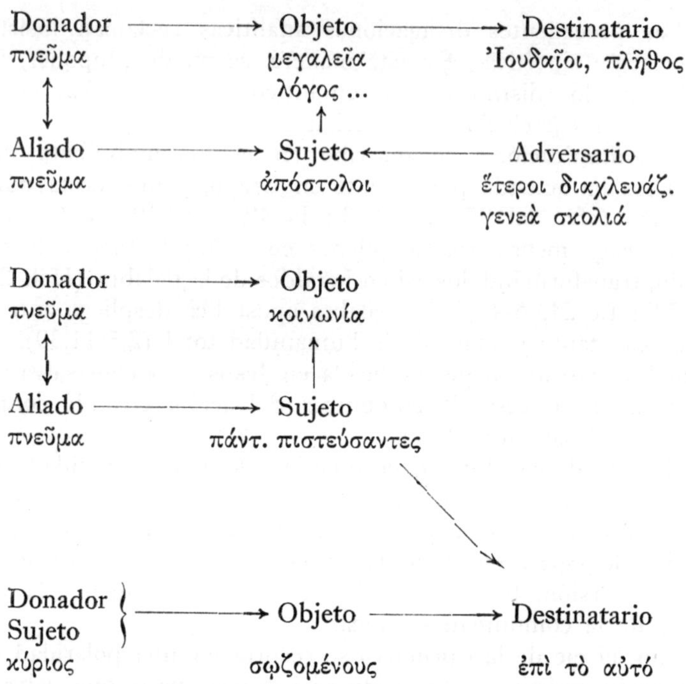

Las tres secuencias aparecen nítidamente delimitadas, y estrechamente relacionadas. La misma estructura es significativa. Las secuencias primera y tercera, ancladas en el eje de la « comunicación », ponen de relieve la centralidad de la segunda secuencia, mediante las transformaciones del « destinatario » inicial en « sujeto » operante, y de este « sujeto » en « destinatario » final. En el centro, todo el esfuerzo, todo el empeño de una dialéctica entre la actividad proclamatoria y la receptividad auditiva que, en fases progresivas, llevará a la plena aceptación y a la nueva comunidad nacida del agua y del Espíritu.

4. Comunicación narrativa en Hch 2.

No sé si el estado actual de la investigación narrativa permite una verdadera definición de la narratividad. Más bien, creo que no. Pero lo que sí me parece legítimo es aventurar una descripción del acto narrativo.

Anteriormente he intentado delinear esa definición descriptiva [71]. Narrar — decía entonces — es proyectar la complejidad de ejes paradigmáti-

[71] Cfr. pp. 163ss.

cos sobre la continuidad del eje sintagmático. El proceso de proyección sería el acto narrativo. La huella que va dejando ese proceso constituiría la narración o relato concreto.

Pues bien, enfocando más de cerca el proceso, se topa ineludiblemente con una aporía fundamental : ¿ en qué consiste esa proyección ? ¿ cómo funciona el acto narrativo, para que pueda producir un relato acabado ?

Es claro que este planteamiento no afecta directamente a lo que antes he llamado el « argumento », la sucesión de hechos o acontecimientos narrados. La pregunta solicita, más bien, a la manera de organizar intrínsecamente el material narrativo, es decir, a la « exposición ».

Y por este camino queda encauzada la orientación del presente apartado. Intentaré, en primer lugar, presentar los diversos registros, o modalidades, de la comunicación narrativa. Seguirá una doble instancia apreciativa del texto de Hch 2, a nivel de « signos de la representación », y de « signos de la narratividad ». Y como punto final, una apertura del acto narrativo hacia el nivel de interpretación.

4.1. *Registros de la comunicación narrativa.*

Todo acto narrativo supone un *narrador*, o emisor de la palabra, y un receptor, o *lector*, a quien esa palabra va dirigida. Pero ambos caracteres no tienen por qué coincidir con el autor material, o con el lector de la vida real ; son, más bien, « seres de papel » [72], inmanentes al texto. Una de las tareas del análisis narrativo consiste precisamente en sorprender los signos o indicios que traicionan la presencia del narrador y del lector, dentro mismo del relato. De esta manera adquiere todo su relieve la *situación narrativa*, marcada por los signos de la narratividad.

4.1.1. Esta situacion es el fruto de una interacción de múltiples factores, que colaboran al proceso de comunicación [73]. La comunicación se produce cuando esos factores entran en funcionamiento, desarrollando cada uno su propia línea de acción, su propia función. Los cruces, las interferencias, los condicionamientos mutuos de las diversas líneas funcionales dan origen a la comunicación narrativa.

Es cierto que la explicitación de las diversas funciones — como las seis de Jakobson — da consistencia al rigor del análisis. Pero tal vez una simplificación reductiva, centrada en torno a los dos polos : narrador-lector, acentuaría más, y daría mayor relieve a la situación de comunicación narrativa. ¿ No se podrían concentrar las funciones locutivas — del narrador — en la *función poética*, y las interlocutivas en la *función fática* ?

De esta manera, la función poética sería la responsable, en última instancia, del funcionamiento del acto narrativo. Y esto, por capítulo triple.

[72] R. Barthes, « Introduction ... », 19.
[73] Cfr. pp. 164ss.

En primer lugar, ella es la que proyecta los ejes paradigmáticos sobre el eje sintagmático ; además, engendra todo el juego de funciones que constituye la situación narrativa ; y sobre todo, da origen a la mutua presencia correlativa de narrador y lector, en el contacto interlocutivo de la función fática.

4.1.2. Ante todo, la función poética pone en marcha el proceso de proyección de ejes. Selecciona acontecimientos fácticos o verbales, escoge formulaciones equivalentes o complementarias, expresiones sinónimas o antónimas ; y combina el resultado de esa selección en la contigüidad de una o varias secuencias encadenadas. Es el mismo Jakobson el que subraya sus propias palabras : « The poetic function projects the principle of equivalence from the axis of selection into the axis of combination » [74].

En segundo lugar, hay que resaltar el carácter generativo de la función poética. Y esto en las dos modalidades básicas de la comunicación narrativa : « representación » mimética, y « narratividad » diegética [75] que, en definitiva, son opciones de la ποίησις del narrador.

El hecho de combinar sintagmáticamente una selección paradigmática de acontecimientos produce espontáneamente una información. Desde luego que esta información puede ser transmitida por la sucesión de acontecimientos, en sí misma, o por la palabra viva, escenificada, de uno (= discurso) o de varios (= diálogo) personajes del relato. Así nace la función informativa o referencial.

A veces, el narrador descubre patentemente su proceso de selección y combinación, interviene en primera persona, alude a sus propias hesitaciones o dificultades, manifiesta sus convicciones, su metodología ; en una palabra, el narrador expresa su personalidad. Y brota la función expresiva o emotiva del lenguaje narrativo.

Hay casos, en fin, en que el tono adoptado, la llamada en segunda persona, la provocación de un imperativo, con que se expresa el narrador, afectan e impresionan al destinatario del relato, dando origen a la función impresiva o conativa. Y una vez entablado el contacto comunicativo, el juego de interpelación y respuesta se mantiene dialógicamente, envolviendo todo el proceso de comunicación en la función fática de una mutua interlocución.

4.1.3. Pero en todos los casos apuntados, la función poética del narrador no es una semilla que muere en el parto, sino más bien una fuerza, latente y oculta, pero siempre operante.

A partir de esta fuerza generadora, se configuran los dos registros fundamentales de la palabra narrativa : « representación » y « narratividad ».

---

[74] « Linguistics and Poetics », en : *Style in Language*, 358.

[75] Cfr. pp. 163-167 de este ensayo.

Ambos planos traicionan manifiestamente su ascendencia griega. Una herencia progresivamente venida a menos, hasta que resucita pujante y dominadora con H. James y su escuela anglo-sajona [76]. La resurrección comporta una renovación de la nomenclatura : « showing » y « telling » ; pero la realidad sigue idéntica. Naturalmente, no podía faltar la crítica ; pero no como criba iconoclasta y ciega, sino como apreciación fina y penetrante [77]. La situación actual es de proliferación de partidos, con lo que esto entraña de confusa inestabilidad y de acicate dinámico de la investigación.

Como resumen y pauta de trabajo, me inclino por la línea que propone Genette, al distinguir entre « récit de paroles » y « récit d'événements »[78]. El relato, en cuanto modo de imitación, es esencialmente verbal, es un hecho de lenguaje ; y como la palabra, en realidad, no puede imitar más que palabras, la única verdadera representación mimética es el relato de palabras, pronunciadas en el « discurso » o en el « diálogo ». El relato de acontecimientos, incapaz en sí de imitar hechos no verbales, no podrá producir más que una ilusión de mímesis. Nace así un nuevo registro : la narratividad diegética, que toma cuerpo en los diversos signos que descubren la presencia del narrador y del lector intratextuales.

4.1.4. En resumen. La narración, como obra literaria significativa, creada por la función « poética » y mantenida por la función « fática », trasciende la dicotomía de sus propios registros. Al mismo tiempo, desencadena todo el juego de funciones de la comunicación, en un dinamismo arrebatado, que arrastra a narrador y lector en el torbellino de la creación narrativa.

4.2. *« Representación » y « narratividad » en Hch 2.*

El relato de Hch 2 no pone resistencia a la disección narrativa. Una simple lectura, por superficial que sea, puede aislar perfectamente los dos hilos fundamentales de la trama : palabras pronunciadas, y acontecimientos no verbales.

El bloque de acontecimientos aparece empedrado de aoristos o imperfectos, en la amalgama uniforme y distante de la tercera persona, como el fluir de un pasado anónimo y neutral. Pero de pronto surge una voz personal, que se abre paso en presente ; resuena el imperativo interpersonal de un orador ; los personajes se animan, preguntan y responden, la palabra va y viene de unos a otros en diálogo vivaz, o queda acaparada por uno de ellos. Queda montada la escena de la representación.

---

[76] H. James, *The Art of Fiction and Other Essays* (ed. M. Roberts) New York 1948. P. Lubbock, *The Craft of Fiction*, London 1921. W. C. Booth, *The Rhetoric of Fiction*, Chicago 1961.

[77] Representante de esta crítica podría ser W. C. Booth, *o. c.*

[78] *Figures III*, 186ss.

Con todo, detrás de ese flujo de acontecimientos hay alguien que los va empujando y ordenando ; detrás de los personajes hay alguien que los introduce, los mueve, y les presta su voz.

4.2.1. La primera irrupción de la palabra viva aparece en el v. 7b. Una doble interrogación enfática (οὐχί ; καὶ πῶς ;), y una serie de « mecanismos transferentes » [79], dan paso al presente de la locución directa, que se prolonga hasta el v. 11. Pero estas reflexiones monológicas de la multitud suenan a palabra prestada ; les falta espontaneidad y veracidad directa.

En realidad, todo este monólogo (vv. 7b-11) no es más que una expansión de la narratividad del v. 6. El πλῆθος narrativo adquiere una rica variedad de calificaciones gentilicias o regionales en los versos siguientes : Πάρθοι, Μῆδοι, Ἐλαμῖται, κ. τ. λ. La actitud de desconcierto συνεχύθη, subrayada por la instancia narrativa ἐξίσταντο δὲ (πάντες) καὶ ἐθαύμαζον λέγοντες — que abraza en inclusión todo el monólogo reflexivo — halla eco en el doble interrogativo οὐχί ; καὶ πῶς ; que traiciona evidentemente la situación de asombro. Igualmente, la dialéctica « locución-audición », presentada en imperfecto narrativo (ἤκουον-λαλούντων), se transforma en el presente monológico de los oyentes (ἀκούομεν), que exige un reajuste de las formas pronominales : εἷς ἕκαστος se convierte en ἡμεῖς, αὐτῶν pasa a πάντες οὗτοι, y el mismo ἰδίᾳ διαλέκτῳ pierde su neutralidad, para ganar inmediatez con la adición de ἡμῶν ἐν ᾗ ἐγεννήθημεν (v. 8) y mediante la ulterior transformación en ταῖς ἡμετέραις γλώσσαις (v. 11).

De modo que la representación, la mímesis, es más aparente que real. A la voz de los personajes le falta personalidad propia ; más bien parecen un altavoz del narrador-director de escena.

Una coloración más mimética se puede apreciar en los vv. 12-13. La voz del narrador se limita a introducir — apreciativamente, eso sí (διηπορoῦντο, διαχλευάζοντες) — la doble reacción de la multitud. En estos versos la palabra directa es más veraz, más espontánea, más personal.

Cambio de escena. La cámara enfoca ahora al otro grupo, tomando un primer plano de su representante y portavoz, Pedro. La presencia del narrador se limita a este trabajo de enfoque del personaje, cediéndole totalmente la palabra. Una palabra directamente alocutiva, transida de pronombres personales que saltan de la primera a la segunda persona (μου-ὑμεῖς), cargada de esos « mecanismos de transferencia », cuya función es anclar la palabra en la situación presente (οὗτοι, τοῦτο, κτλ.), con todo un despliegue de presentes y futuros, de indicativos e imperativos, que engloban y dan actualidad a los aoristos del pasado.

Sin duda que el discurso de Pedro es una composición del autor de Hch. Pero no es el autor material el que interesa, sino el narrador intra-

[79] R. Jakobson, siguiendo a O. Jespersen, los llama « shifters », y los estudia en « Les embrayeurs, les catégories verbales et le verbe russe », en : *Essais de linguistique générale*, chap. IX, 176-181.

textual que, en este caso, desaparece totalmente, dejando que la palabra de Pedro brote espontánea y apasionada. El carácter de representación es aquí invadente, la mímesis es total. El narrador no volverá a tomar la palabra hasta que el discurso haya terminado.

En v. 37 el narrador vuelve a anudar, mediante ἀκούσαντες, la dialéctica enunciada en el lejano v. 6, y que quedó pendiente en el ἀπεφθέγξατο introductorio del discurso (v. 14a). Pero la intervención es fugaz ; únicamente lo necesario para poner en marcha un micro-diálogo, montado sobre « pregunta-respuesta » (vv. 37-39). De nuevo aparece el movimiento típico de la representación imitativa, cabalgando sobre futuros y presentes, imperativos, vocativos y pronombres personales directos. Todo es inmediato, plásticamente interlocutivo.

Y a continuación, anunciando el final de la escena, otra rápida intervención del narrador, para ceder la palabra al protagonista (v. 40). Pero esta frase, compendiosa y sintética, no convence en cuanto imitación. Se diría más bien que detrás de Pedro se encuentra un apuntador que le va indicando lo que tiene que decir.

Y aquí termina la mímesis. El resto es puro relato, que se extiende hasta el punto final del capítulo.

4.2.2. Todo lo que no es palabra directa de los personajes pertenece a otro registro, a la narratividad del relato. Ahora bien, esta narratividad no es una magnitud uniforme, o amorfa. La presencia del narrador y del lector intratextuales adquiere mayor o menor distancia con respecto a lo narrado. Y esta presencia es detectable, por medio de los *signos de la narratividad.*

Aun el mero contar un hecho —función con predominio informativo — no es asépticamente neutro. A pesar del tono de escrupulosa objetividad del aspecto meramente informativo o referencial, se puede individuar en él una presencia implícita del narrador.

4.2.2.1. Un signo de esta presencia es la manera de tratar el *tiempo.* Dos acontecimientos históricamente simultáneos no se pueden contar al mismo tiempo. El acto narrativo tendrá que disponerlos en línea ; lo cual entraña necesariamente una deformación temporal : sucesión, anticipación, alternancia, inclusión.

En Hch 2, la narración está generalmente sincronizada con el ritmo de sucesión de los acontecimientos narrados. Con todo, no dejan de manifestarse algunas de las deformaciones temporales reseñadas. La situación con que se abre el capítulo : ἐν τῷ συμπληροῦσθαι τὴν ἡμέραν τῆς πεντηκοστῆς ἦσαν πάντες ὁμοῦ ἐπὶ τὸ αὐτό (v. 1) es histórica y fácticamente simultánea a la situación que presenta el v. 5 : ἦσαν δὲ εἰς Ἰερουσαλὴμ κατοικοῦντες Ἰουδαῖοι. Sin embargo, el acto narrativo tiene que disponerlos en sucesión, una situación a continuación de otra. Más adelante, en

v. 42 surge de nuevo una situación parecida ; pero aquí el orden temporal narrativo se ajusta perfectamente a la sucesividad histórica de los acontecimientos de la vida real, o de la narración realística. En v. 6, la actitud de desconcierto es una reacción espontánea, a la que debería seguir naturalmente la pregunta del v. 12, o la observación escéptica del v. 13. Sin embargo, el narrador se introduce en la sucesión de los acontecimientos y los detiene para describir con amplitud el estado de ánimo de los personajes. Por eso, al reanudar la narración en v. 12, repite en inclusión la frase que señala el punto de desvío : ἐξίσταντο δὲ πάντες καὶ διηποροῦντο. De manera semejante, en los vv. 42-47, los cuatro elementos recogidos en v. 42 son simultáneos ; la vida se desarrolla en varios niveles al mismo tiempo. Pero la narración no puede menos de contarlos sucesivamente ; lo único que puede permitirse es el uso continuo del imperfecto, para dar de alguna manera la impresión de una continuidad de vida, simultánea en todos sus niveles.

Junto a esta deformación temporal, el narrador frecuentemente resume, amplía, o hace una pausa, recreándose en una descripción paisajística, en la figura de un personaje, etc. Ejemplo típico de resumen es el v. 42, sumario del sumario que constituye toda la tercera secuencia (vv. 42-47), es decir, un resumen al cuadrado. Igualmente, la prolija parenesis de Pedro queda concentrada — narrativa y miméticamente — en la síntesis densa y prieta del v. 40. La lista de pueblos (vv. 9-11), por el contrario, es más bien una pausa en el avance de la narración, una revista pormenorizada de pueblos y regiones, una amplificación de la reseña sumaria del v. 6.

Este manejo pluridimensional del tiempo traiciona la presencia intratextual del narrador, poniendo de relieve la función « poética » de la comunicación.

4.2.2.2. Otro signo. El acto narrativo no presenta los acontecimientos en sí mismos, sino filtrados a través de la *percepción* del que los cuenta. Ningún historiador, ni siquiera el mero cronista, son plenamente objetivos. Un análisis fino de la instancia narrativa no dejará de descubrir el enfoque, la perspectiva concreta que aflora en cada relato.

A veces topamos con el narrador sábelotodo, que domina y revela el mundo interior de sus personajes, y conoce perfectamente las causas y la trama de los acontecimientos. Es la « vision par derrière » de J. Pouillon, formulada por T. Todorov : « narrateur > personnage » [80]. Este tipo de presencia del narrador asoma frecuentemente en Hch 2. Los fenómenos extraordinarios de la mañana de Pentecostés (vv. 2-3) no son un mero acontecer natural, sino que representan — el narrador lo sabe, y lo dice en v. 4a — una comunicación del Espíritu en plenitud : ἐπλήσθησαν πάντες

[80] J. Pouillon, *Temps et roman*, Paris 1946, 69-154. T. Todorov, « Les catégories ... », 141-142. Íd., *Littérature et signification*, 79-80.

πνεύματος ἁγίου. Para el narrador, la personalidad íntima de sus personajes no tiene secretos : los presenta como ἄνδρες εὐλαβεῖς (v. 5) ; sabe que su desconcierto se debe a ὅτι ἤκουον εἷς ἕκαστος τῇ ἰδίᾳ διαλέκτῳ λαλούντων αὐτῶν (v. 6), y acentúa su asombro geminando los verbos : ἐξίσταντο καὶ ἐθαύμαζον (v. 7), ἐξίσταντο καὶ διηπόρουντο (v. 12) ; detecta el carácter burlón y despectivo de sus comentarios : διαχλευάζοντες (v. 13a), o manifiesta a las claras sus sentimientos íntimos de compunción : κατενύγησαν τὴν καρδίαν (v. 37) ; descubre el temor en su estado de ánimo : ἐγίνετο πάσῃ ψυχῇ φόβος (v. 43), y penetra en el clima interno que preside la oración y la comida comunitaria : ὁμοθυμαδόν, ἐν ἀγαλλιάσει καὶ ἀφελότητι καρδίας (v. 46).

Otras veces, el narrador se identifica con uno o con varios personajes, y sabe tanto como ellos ; ni más, ni menos. Es la « vision avec », cuya fórmula resulta : « narrateur = personnage ». Y aquí habría que repetir lo anteriormente expuesto sobre el registro de « representación » mimética.

Por último, hay casos en que el narrador sale del plano, y se limita a seguir a los personajes a una cierta distancia. No cuenta más que lo que ve, lo que oye, dentro de la más fría objetividad. Tenemos entonces la « vision du dehors », el « narrateur < personnage ».

4.2.2.3. Pero donde más se manifiesta la presencia comunicativa es en el tejido de correlaciones intratextuales que el narrador establece con su lector. Es el aspecto *intersubjetivo*, que requiere un análisis paciente y una lectura atenta y repetida. También este registro tiene sus claves.

El narrador entra en escena, para insertar una reflexión personal (καθὼς τὸ πνεῦμα ἐδίδου ἀποφθέγγεσθαι αὐτοῖς : v. 4b), o una puntualización concreta, que satisfaga la implícita curiosidad o ignorancia del lector (ἀπὸ παντὸς ἔθνους τῶν ὑπὸ τὸν οὐρανόν : v. 5 ; Πάρθοι καὶ Μῆδοι,...: vv. 9-11 ; ὡσεὶ τριχίλιαι v. 41). A veces se trata sólo de una comparación rápida, que imprime una cierta vivacidad al relato (ὥσπερ φερομένης πνοῆς βιαίας: v. 2 ; ὡσεὶ πυρός: v. 3) ; otras veces basta un mero adjetivo, o un adverbio, para revelar el juicio que al narrador le merece un personaje, o la apreciación individual de una situación (βιαίας : v. 2 ; εὐλαβεῖς: v. 5 ; διαχλευάζοντες: v. 13 ; πλείοσιν: v. 40 ; σκολιᾶς: v. 40 ; πᾶς: passim ; σῳζομένους: v. 47 ; ἄφνω: v. 2 ; ὁμοθυμαδόν: v. 46 ; etc.). No falta, de vez en cuando, la reflexión generalizante, el comentario subjetivo y parcial que estimula una toma de posición por parte del lector (κατενύγησαν: v. 37 ; ἀποδεξάμενοι: v. 41 ; προσκαρτεροῦντες: vv. 42.46 ; εἶχον ἅπαντα κοινά: v. 44 ; ἐν ἀγαλλιάσει καὶ ἀφελότητι καρδίας: v. 46). Un cambio de tiempo, o de modo gramatical (παρεκάλει, διεμαρτύρατο: v. 40), una coordinación o yuxtaposición sintáctica determinada, incluso un signo ortográfico — admiración, comillas, puntos suspensivos — pueden considerarse legítimamente como una intrusión del narrador, que provoca una reacción en el lector.

4.2.2.4. Por su parte, la imagen del *lector*, aunque tan relevante como la del narrador, es más difícil de descubrir ; pero también tiene sus signos.

El lector no es un mero cliente, un pasivo consumidor de relato. Surge inevitablemente cada vez que el narrador abandona el anonimato de la narración estrictamente objetiva. Y así se establece una interacción y dependencia mutuas. La función fática y la función impresiva apuntan necesariamente a ese lector intratextual. A veces, aun la función informativa —un detalle geográfico, una aclaración complementaria —tiene como meta resaltar la presencia de ese personaje tímido que se asoma a primer plano.

Cierto que el narrador crea incesantemente a su lector, como ser comprometido en la comunicación narrativa. Pero no es menos cierto que, muchas veces, la presencia operante del lector actúa decisivamente y condiciona las opciones del narrador. Se establece un flujo y reflujo entre la creación de la obra, por parte del narrador, y la re-creación incesante del lector. El verdadero lector no puede inhibirse o esconderse detrás de una actitud neutra, sino que tiene que tomar partido. Y así nace el diálogo interno, como uno de los constitutivos esenciales del relato que, por ello, adquiere necesariamente una estructura dialógica.

4.3. *Acto narrativo e Interpretación.*

La comunicación narrativa, en cuanto nivel integratorio de la sintagmática y de la paradigmática del relato, no constituye exactamente la interpretación del texto. Pero no se puede negar que el estudio de la función poética, en sus diversas manifestaciones textuales, revela una serie de claves, fecundas en orden a una verdadera hermenéutica.

Tal vez los registros de la palabra narrativa se pudieran concebir como las condiciones de posibilidad para la interpretación de un texto concreto, como apertura hacia una rica y polivalente pluralidad de significación.

Esta apertura del acto narrativo en Hch 2 hacia una hermenéutica plural del texto, es lo que quiero intentar en las líneas siguientes. Una apertura que se revela tanto en el nivel de representación como en el de narratividad.

4.3.1. Cuando la función poética del narrador opta por escenificar el mensaje, la palabra queda cedida a los personajes. Entonces el narrador, o le entrega la palabra totalmente a uno, y nace el « discurso », con su función alocutiva, o reparte la palabra entre varios personajes, y brota el « diálogo », en atmósfera interlocutiva [81]. Ambas actitudes abren campo a la interpretación.

4.3.1.1. Ya he subrayado anteriormente en varias ocasiones la colocación

[81] Prescindo del « monólogo » en vv. 7-11, por su carácter falaz de « representación », según he indicado anteriormente en p. 194.

central —segunda sección de la segunda secuencia — que ocupa el discurso de Pedro en Hch 2 (vv. 14-36). Esta mera constatación de su centralidad formal orienta la reflexión hermenéutica. Pero el modo concreto de su composición abre ulteriores perspectivas.

Todo el discurso está montado sobre una invadente polaridad : *Promesa-Cumplimiento*, que convierte en realidad tangible el eterno plan salvífico de Dios. La Promesa culmina en un horizonte de salvación universal : σωθήσεται πᾶς (v. 21), dominado por el Día del Señor (v. 20). Una salvación ligada a la invocación del Nombre del Señor (v. 21). Y ahí precisamente empieza el Cumplimiento ; en un Nombre, en Jesús = Dios-salva (v. 22), con su dominadora posición enfática. La doble promesa véterotestamentaria : efusión del Espíritu (vv. 17-18) y signos y prodigios (vv. 19-20), se cumple en Jesús de Nazaret, « hombre acreditado por Dios con milagros, signos y prodigios » (v. 22), y « donador del Espíritu » (v. 33). La « palabra » de Dios en la profecía (λέγει ὁ θεός: v. 17) [82], se convierte en « actuación » sobre Jesús (ἐποίησεν ὁ θεός: vv. 22.36). Pero esa actuación de Dios es algo que le ha costado mucho, que se ha desarrollado en una poderosa dialéctica de oposiciones : antítesis entre la acción de Dios y la acción de los Judíos (θεός-ὑμεῖς: vv. 23-24), lucha entre la potencia de Dios y las ataduras de la Muerte (vv. 24ss), victoria final en la entronización sobre un escabel de enemigos derrotados (v. 34-35).

El *tiempo* vacío de la « pro-fecía » (cfr. προ-φάναι), de la πρό-γνωσις (v. 23) se llena, se cumple, y se transforma en « escatología » (ἐσχάται ἡμέραι: v. 17) el Día de Pentecostés (vv. 1.41) ; y queda proyectado, a través del tiempo eclesial (καθ' ἡμέραν: v. 47), hacia la Plenitud absoluta del Día del Señor (v. 20).

Los *caminos* del hombre son caminos de muerte, que llevan a la corrupción y al Hades. Así es el camino de David : muere, es enterrado, y aún se conserva su sepulcro, como símbolo de su destrucción física (v. 29). Los caminos de Dios, en cambio, son caminos de vida (v. 28), que arrancan a Jesús de los lazos de la Muerte y de la corrupción del Hades (vv. 30-31) ; caminos de vuelta a la vida (v. 32), a una vida de gozo y alegría y esperanza (vv. 26.28), de ascensión (v. 33) hasta el trono (vv. 34-35) y hasta el mismo rostro de Dios (v. 28). Pero el camino de Jesús, Salvador salvado, no termina en su vuelta al Padre, sino que allí Él inicia otros caminos, los caminos del Espíritu, derramándolo hoy, como ayer (v. 33) y como siempre.

De esta manera, el discurso de Pedro, con su juego de oposiciones y contrastes, traza una síntesis teológica en que Padre, Cristo y Espíritu,

---

[82] Es interesante notar que en todos los discursos kerygmáticos de Hch, la *Escritura* se presenta con una terminología de « decir » ; rarísimamente (cfr. Hch 13, 29.33) se usa el verbo γράφειν, mientras se da un aplastante predominio del verbo λέγειν.

espacio y tiempo, salvación y antropología, se entretejen y se anudan para crear una dinámica Historia de Salvación.

4.3.1.2. Lo que el discurso de Pedro plantea a nivel de comprensión del misterio de Cristo, el diálogo siguiente (vv. 37-39) trata de convertirlo en vivencia existencial práctica.

El diálogo se pone en marcha con una pregunta sobre el quehacer cristiano (τί ποιήσωμεν: v. 37), correspondiente al hacer (ἐποίησεν: v. 36) divino. La respuesta (vv. 38-39) revela toda la viveza y actualidad del nivel de representación. Es un programa lleno de apremio urgente, en los secos imperativos directos : μετανοήσατε, βαπτισθήτω (¡ aoristos !), y cargado de una promesa salvífica, duradera por generaciones y generaciones : λήμψεσθε τὴν δωρεὰν τοῦ ἁγίου πνεύματος, ἐπαγγελία ὑμῖν ... τέκνοις ὑμῶν ... πᾶσιν τοῖς εἰς μακράν.

Así queda engendrada la línea de la *tradición eclesial*. La palabra salvífica, consagrada por el Espíritu y actualizada en el sacramento, vivida comprometidamente en la conversión diaria, vuelve a revelar y a hacer perennemente presente la Salvación. Palabra y Sacramento, vida litúrgica y carismática, son teofanías del Espíritu siempre actuante en la comunidad. Una comunidad que nace del agua y del Espíritu, y que está siempre abierta a la plenitud escatológica de la llamada (προσκαλέσηται) del Señor.

4.3.2. El nivel de « representación » y el nivel de « narratividad » se desarrollan en líneas paralelas. Cuando el narrador intratextual abandona el anonimato de la narración objetivamente neutra, y deja oir implícitamente su voz, lo hace invariablemente apuntando una interpretación del texto. En Hch 2, la apertura de la « narratividad » hacia una multiforme hermenéutica, se refracta en tres direcciones : acontecimiento de Pentecostés y proclamación de la Palabra con plenitud del Espíritu ; itinerario del proceso de aceptación de la Palabra ; la Palabra creadora de vida eclesial.

4.3.2.1. La secuencia central de Hch 2 (vv. 5-41) está invadida por la *proclamación de la Palabra*. Precisamente el carácter cambiante de esa Palabra es el que configura, aun a nivel formal de superficie, cada una de las tres secciones que articulan la secuencia : una palabra extática y genérica (λαλεῖν ταῖς ἡμετέραις γλώσσαις τὰ μεγαλεῖα τ. θεοῦ: v. 11) ; una proclamación solemne y directa (ἀποφθέγγεσθαι) del misterio de Jesús de Nazaret (λόγος, ῥῆμα, Ἰησοῦν τὸν Ναζωραῖον) ; una parenesis acuciante, que resulta un verdadero testimonio (διεμαρτύρατο καὶ παρεκάλει: v. 40).

Pero esa variada configuración de la Palabra no es más que la articulación sucesiva de un comienzo : ἤρξαντο λαλεῖν (v. 4b). Y el narrador señala y subraya la única fuente de donde dimana toda la actividad proclamatoria, arropando el objetivo ἤρξαντο λαλεῖν entre dos menciones, subjetivas y personales, del Espíritu : ἐπλήσθησαν πάντες πνεύματος ἁγίου (v. 4a) y καθὼς τὸ πνεῦμα ἐδίδου ἀποφθέγγεσθαι αὐτοῖς (v. 4b). La voz del narrador orienta decididamente la interpretación del acontecimiento.

4.3.2.2. También en la orilla opuesta, en terrenos del destinatario de la Palabra, todo se juega en la secuencia central. Cada una de las secciones marca un hito ulterior en el proceso de *aceptación progresiva de la Palabra.* Y es la voz del narrador la que invariablemente va señalando los pasos del itinerario. Una clara insistencia inicial en el desconcierto que produce la proclamación : συνεχύθη (v. 6), doblemente reforzado por ἐξίσταντο καὶ ἐθαύμαζον (v. 7) y ἐξίσταντο καὶ διηπορoῦντο (v. 12). La proclamación del misterio de Jesús, Señor y Mesías, engendra un cambio de ánimo, manifestado en una pregunta práctica y activa ; pero es el narrador el que revela la actitud íntima de donde nace la pregunta : κατενύγησαν τὴν καρδίαν (v. 37). Finalmente, la parenesis imperativa y el testimonio prolongado desembocan en el rito visible del bautismo ; y de nuevo resuena la voz del narrador, especificando el punto de llegada del cambio interior : la aceptación de la Palabra (ἀποδεξάμενοι τὸν λόγον αὐτοῦ v. 41).

4.3.2.3. El remanso conclusivo, el sumario de una *vida eclesial nacida de la aceptación de la Palabra* salvífica, es todo él un eco personal de la voz del narrador. Él nos da la clave interpretativa del papel que juegan los Apóstoles como testigos : palabra y acción taumatúrgica ; él define a la comunidad como οἱ πιστεύσαντες (v. 44) ; él interpreta la comunidad de bienes materiales como una manifestación de la κοινωνία, síntesis de vida eclesial ; él subraya la unión (ὁμοθυμαδόν: v. 46) y el clima de intimidad en que se desarrolla la vida cotidiana ; él es, finalmente, el que revela la actuación constante del Señor que, día a día, va creando una comunidad de Salvación (v. 47).

4.3.2.4. De manera que las grandes líneas de interpretación del capítulo quedan trazadas por la repetida presencia del narrador intratextual. Y es él mismo el que interpela, urge y vincula existencialmente al lector, que no puede permanecer en una curiosidad apática o en un interés neutral, sino que viene enrolado en el proceso y comprometido personalmente, frente a la Palabra y al Espíritu.

4.3.3. Para concluir, quiero subrayar explícitamente el carácter integrativo de la comunicación narrativa.

La función poética del narrador, al estructurar lógica y teo-lógicamente la consecución de funciones, engendra una dialéctica interna —actividad/pasividad, locución/audición, promesa/cumplimiento — que incide sobre el lector intratextual, real, y eclesial, creando una vida cristiana comprometida. Las correlaciones y transformaciones actanciales dan igualmente origen a una dialéctica de actitudes, que impulsan a tomar partido. La concepción del tiempo y del espacio, la centralidad de la acción de Dios contrapuesta a la actuación de los Judíos, las características de la naciente vida comunitaria, hacen realidad tangible y cotidiana la promesa del Padre, que se cumple en el acontecimiento Cristo, y se manifiesta por la fuerza del Espíritu, para crear una comunidad de Salvación.

Una relectura interpretativa del relato de Pentecostés, dejando resonar todos los registros —formales, semánticos, y narrativos — desplegará necesariamente una panorámica sintética de toda la teología lucana, como perenne Historia de Salvación.

CONCLUSIÓN Y PERSPECTIVAS

1. La comprensión de los testigos.
2. La comprensión lucana.
3. Nuestra comprensión eclesial.

A mi manera de ver, « conclusión » —subrayando el singular— no es lo mismo que « conclusiones ». Conclusión es el acto de volver la última página, de poner punto final, y cerrar el libro. Conclusiones, en cambio, insiste en la cosecha de resultados, es de carácter fundamentalmente sintético, y cierra de alguna manera el proceso del pensamiento.

Fiel a una de las características esenciales del libro de los Hechos, que es terminar sin acabar y sin cerrarse, sino abrirse a nuevas expansiones, también yo he querido hacer otro tanto. Por eso decía allá en la Introducción que este ensayo quiere tener menos de cosecha que de sementera, menos de recolección y más de apertura. Y por eso también añado la palabra « perspectivas » ; para subrayar lo incompleto de este ensayo, para señalar su apertura a nuevos horizontes.

Los análisis precedentes han tratado de presentar las diversas fases encadenadas de un proceso metodológico. Al final de los capítulos he querido recoger sumariamente algunos elementos de interpretación hermenéutico-teológica, que anticipan estudios todavía en proyecto. Valga esto como « conclusiones ».

Estas páginas finales intentan agrupar sugerencias dispersas, y abrirlas a un desarrollo futuro. Todo se centra en la *comprensión* del texto, en sus diversos niveles.

« Comprensión » indica plenitud. Plenitud cuantitativa, que abarca, ciñe, y rodea completamente al objeto ; plenitud cualitativa, que descubre, penetra, y llega al corazón del problema. La multiplicidad de datos analíticos, las correlaciones internas, las figuras parciales cobran sentido, no en sí mismas sino en la configuración del sistema.

Pero la comprensión no puede reducirse a un equilibrio estático totalizante, sino que entraña un dinamismo imperioso, siempre en tensión hacia ulteriores superaciones. Superación de la distancia entre el autor de una vez, y el receptor de siempre ; superación del hiato entre el pasado histórico de la obra, y la presentización de cada momento actual ; superación de lo que « fue » palabra-de-Dios, y lo que « sigue siendo » palabra-de-Dios-para-nosotros.

En este horizonte, la comprensión de Hch 2 abarca tres niveles complementarios : la comprensión de los testigos, la comprensión lucana, nuestra comprensión eclesial.

1. La comprensión de los « testigos».

El fundamento de esta comprensión radica en una doble experiencia de los Apóstoles : la convivencia con Jesús Resucitado, y la plenitud del Espíritu.

1.1. El primer encuentro con Jesús Resucitado tiene lugar el mismo día de Pascua, al atardecer (Lc 24,36-49). La experiencia inicial no tiene nada de aéreo, de fantástico, sino todo lo contrario. Es una experiencia sólida, corpórea, de carne y hueso, que compromete la materialidad concreta de todos los sentidos corporales. Pero más que nada, se trata de una experiencia trascendente. Es una apertura del entendimiento para comprender (συνιέναι) las Escrituras, para comprender que la ley, los profetas y los salmos no hablan de otra cosa que de Jesús (περὶ ἐμοῦ), como cumplimiento pleno del plan de Dios (δεῖ πληρωθῆναι).

Y esa experiencia se prolonga. Cuarenta días de contacto íntimo con el Señor Resucitado, viéndole y escuchando sus palabras sobre el Reino de Dios (Hch 1,3).

1.2. Pero la capacidad de comprensión es limitada. Los Apóstoles no pueden con todo el misterio de Cristo, necesitan una fuerza especial. Y nace la promesa del Espíritu (Lc 24,49 ; Hch 1,4-5.8). Espíritu de la verdad, que les guiará hacia la verdad plena (Jn 16,12-13) ; Espíritu de fuerza, que impulsará su testimonio hasta los últimos confines de la tierra (Hch 1,8).

Y la promesa se cumple (Hch 2,1-3). Los testigos quedan llenos del Espíritu (2,4a) y empiezan a hablar (2,4b), a dar testimonio universal del misterio de Jesús de Nazaret, constituído Señor y Mesías, fuente de salvación y perdón para todas las generaciones.

2. La comprensión lucana.

Segundo nivel de comprensión : la del autor tradicional de Hch, Lucas. El núcleo de su intelección del misterio de Cristo se encuentra ya en el prólogo a su recensión del Evangelio y a toda su obra (Lc 1,1-4).

2.1. La concepción de Lucas es tremendamente objetiva. Su fundamento son « hechos » (πράγματα), no ideas abstractas puramente conceptuales. Esta radicación en la historia fáctica es una de las características lucanas ; la Salvación se encarna en la historia, y hasta en la geografía. Y la misma constante domina el libro de Hch. El título : πράξεις, el resumen del ministerio de Jesús en « hechos y palabras » (ποιεῖν καὶ διδάσκειν), la actuación apostólica, reclaman para Lucas el común denominador « fáctico » de toda su obra.

Y estos hechos « se han cumplido » (πεπληροφορημένων). La historia no se desarrolla en una neutralidad átona. Los hechos de Jesús, los hechos de los Apóstoles, responden plenamente al plan salvífico de Dios, cargado de promesa. Si la razón de ser del pueblo elegido estaba ligada a la promesa —promesa a Abrahán y a los patriarcas, promesa a David, promesa profética de restauración — la razón de ser del nuevo pueblo está anclada en el « cumplimiento ». Cumplimiento que es Plenitud, en Cristo ; cumplimiento que es continuada presencia — πεπληροφορημένων (= perfecto) — de la Plenitud de Cristo en la vida de la Iglesia.

Por eso, Lucas puede decir que los hechos se han cumplido « entre nosotros » (ἐν ἡμῖν). La dialéctica « promesa-cumplimiento » rebasa los límites de la primera generación, y queda proyectada hacia el nosotros de todas las generaciones sucesivas, creando siempre nuevas corrientes de Salvación.

Esta proyección, esta vida, constituye la auténtica « tradición » eclesial. Como el Padre « entrega » a Jesús (cfr. ἔκδοτον: Hch 2,23), como Jesús « entrega » su Espíritu (ἐξέχεεν: Hch 2,33 ; cfr. Jn 19,30), los testigos oculares (αὐτόπται) entregan la palabra (παρέδοσαν ... ὑπηρέται τοῦ λόγου) e inician un movimiento ; ellos son los primeros (οἱ ἀπ' ἀρχῆς) y dan el primer empujón, cuya virtualidad llega hasta nosotros (ἡμῖν), un nosotros coetáneo de todas las generaciones eclesiales.

Desde este punto de vista, se comprende que el acontecimiento de Pentecostés recoja los ecos del prólogo. La venida del Espíritu se inscribe en unas definidas coordenadas históricas de espacio y tiempo (cfr. capítulo 2º de este ensayo) ; es el cumplimiento (συμπληροῦσθαι) de la promesa del Padre, y de la palabra profética (2,1-18) ; engloba la universalidad de todos los pueblos (vv. 5-13) y se orienta hacia las generaciones venideras (v. 39) ; marca un comienzo de proclamación (ἤρξαντο λαλεῖν: v. 4b) y de testimonio vivo, que se irá haciendo realidad cotidiana (καθ' ἡμέραν), por iniciativa del Señor, en la comunidad de Salvación (v. 47).

2.2. Esta comprensión es lo que transmite la obra lucana. Su personalidad humana y humanística recoge, comprueba y elabora tradiciones anteriores. Su personalidad carismática de « inspirado » estructura toda una reflexión cristiana : centrada en el plan de Dios, que se cumple en Cristo, y se actualiza por la fuerza del Espíritu (= visión trinitaria) ; vivida en la expansión arrolladora de la comunidad creyente (= visión eclesial) ; generadora de un dinamismo que configura la historia como Historia de Salvación (= visión salvífica).

2.3. No es difícil individuar esta síntesis de la comprensión lucana, en el relato de Pentecostés. La acción de Dios que promete (λέγειν: v. 17) y actúa (ποιεῖν: vv. 22.36), el cumplimiento en Jesús de Nazaret, constituído Señor y Mesías, la fuerza irrumpente e invasora del Espíritu, bañan y empapan todo el capítulo. La aceptación de la palabra apostólica y el agua del bautismo generan una comunidad creyente y unida, en desatado proceso de expansión diaria. La Salvación, como imperativo apremiante (v. 38), como meta futura (v. 21), como vivencia continuada (v. 47), origina una corriente salvífica, que atraviesa todo el libro, pero que no se detiene en Hch 28, sino que permanece abierta a las nuevas generaciones eclesiales.

3. Nuestra comprensión eclesial.

La experiencia vivida, la comprensión lucana, se hace palabra escrita, texto abierto a la aventura y vicisitudes de la historia.

3.1. Como «palabra», es signo, y revela. Como «palabra-de-Dios», es actuación del Espíritu, anámnesis generativa, presencia continua de salvación. Como palabra «in-spirada», exige una lectura «in Spiritu», que interpela y compromete, que llama a una comprensión, a una apropiación de sentido.

3.2. Toda la obra lucana — Lc-Hch — se desarrolla entre los brazos de una poderosa inclusión : σωτήριον (Lc 3,6 ; Hch 28,28). Una salvación que mira al futuro. La salvación se abre a toda carne : ὄψεται πᾶσα σὰρξ τὸ σωτήριον τοῦ θεοῦ (Lc 3,6) como promesa profética (Is 40,5) ; y se abre a los Gentiles : τοῖς ἔθνεσιν ἀπεστάλη τοῦτο τὸ σωτήριον τοῦ θεοῦ (Hch 28,28), como eco de la misma profecía (Is 40,5).

3.3. Y así, quemando etapas, la interpelación salvífica llega hasta nosotros, hasta nuestra Iglesia actual, con una exigencia de interpelación y de compromiso.

Pero nuestra comprensión tiene sus límites y, al mismo tiempo, su dinamismo intrínseco que mira hacia adelante (cfr. 1 Cor 13,12). Límites, porque ahora vemos confusamente en un espejo (δι' ἐσόπτρου ἐν αἰνίγματι), ahora conocemos limitadamente (γινώσκω ἐκ μέρους). Dinamismo intrínseco que nos empuja, porque entonces veremos cara a cara (πρόσωπον πρὸς πρόσωπον), comprenderemos como Dios nos ha comprendido (ἐπιγνώσομαι καθὼς καὶ ἐπεγνώσθην). Este juego de limitación y dinamismo, esta tensión escatológica hacia la comprensión total, es la verdadera fuente de la Tradición eclesial, y el alimento de nuestra Esperanza.

3.4. En esta perspectiva habrá que interpretar Hch 2. El acontecimiento de Pentecostés, repetido tantas veces a lo largo del libro de los Hechos, queda abierto hacia nuestra Iglesia actual. El ἡμέρα τῆς πεντηκοστῆς, convertido en la continuidad histórica del καθ' ἡμέραν eclesial, llega a nosotros, y hasta nos rebasa. La salvación, la promesa del Espíritu, es también para los que generacionalmente estamos lejos (εἰς μακράν), abiertos a la llamada del Señor (ὅσους ἂν προσκαλέσηται κύριος ὁ θεὸς ἡμῶν). La proclamación de los testigos suena en nuestro mundo, con su carga interpelativa, con su exigencia de tomar partido. Y sobre todo, el Espíritu sigue siendo la gran realidad siempre contemporánea, presencia de la continua y continuada actuación salvífica de Dios, por medio de Cristo, en todas las generaciones de la Iglesia.

AUTORES Y BIBLIOGRAFÍA

Al presentar este índice bibliográfico, quiero hacer dos renuncias : a la exhaustividad ingente, y a la neutralidad apersonal.

Una bibliografía nunca podrá ser completa ; siempre se quedarán títulos traspapelados. Aparte de que cuanto más desmesurada es una lista de libros, resulta menos útil. Por eso, no presento más que una selección. Para la exhaustividad, me remito a A. J. Mattil, - M. B. Mattill, *A Classified Bibliography of Literature on the Acts of the Apostles* (New Testament Tools and Studies VII) Leiden 1966, y P. Nober, *Elenchus Bibliographicus Biblicus*, Romae 1962-1974. De este último, tomo las abreviaturas de revistas y colecciones.

Pero sobre todo, creo que no se puede ser neutral. Hay autores fecundos, verdaderos formadores ; y hay otros más modestos, que únicamente informan. Desde luego que la catalogación en uno u otro campo es puramente subjetiva ; e implica una evaluación. Pero el darles cabida en el propio trabajo, lo considero como un deber de justicia y como una manifestación de reconocimiento personal. Por eso, más que las obras me interesan los autores.

Según estos principios, divido la bibliografía en dos categorías personales : autores que me han formado, y autores que me han informado. Y dentro de cada división, distingo el campo lingüístico-literario —al que doy la preferencia, por menos conocido — y el campo propiamente bíblico, del cual he eliminado comentarios y obras generales.

I. Autores que me han formado :

A. *Campo lingüístico-literario*:

Alonso, D., *Poesía española. Ensayo de métodos y límites estilísticos* (Biblioteca románica hispánica. II Estudios y Ensayos) Madrid 1950.

Alonso, D. - Bousoño, C., *Seis calas en la expresión literaria española.* (*Prosa-Poesía-Teatro*) Madrid 1956².

Alonso Schökel, L., *Estudios de Poética hebrea*, Barcelona 1963.

Barthes, R., « Introduction à l'analyse structurale des récits », Communications 8 (1966) 1-27.

Barthes, R. - Beauchamp, P., *Exégèse et Herméneutique* (Collection « Parole de Dieu ») Paris 1971.

Becker, M., *Bild-Symbol-Glaube*, Essen 1965.

Benveniste, E., *Problèmes de linguistique générale* (Bibliothèque des Sciences Humaines) Paris-Évreux 1966.

Booth, W. C., *The Rhetoric of Fiction*, Chicago 1961.

Bremond, C., « La logique des possibles narratifs », Communications 8 (1966) 60-76.

Bremond, C., *Logique du récit* (Coll. Poétique) Paris 1973.

Chevalier, J., *Dictionnaire des symboles*, Paris 1969.

Eliade, M., « Psychologie et histoire des Religions. À propos du symbolisme du ‚ centre ' », EranosJb 19 (1950) 247-282.

Eliade, M., *Lo sagrado y lo profano*, Madrid 1967.

Fawcett, T., *The Symbolic Language of Religion. An Introductory Study*, London 1970.

Genette, G., *Figures III* (Collection Poétique) Paris 1972.

Greimas, A. J., *Sémantique structurale. Recherche de méthode* (Langue et Langage) Paris 1966.

Greimas, A. J., *Du Sens. Essais sémiotiques*, Paris 1970.

Jakobson, R., *Essais de linguistique générale* (Trad. et Préface : N. Ruwet) (Arguments 14) Paris 1963.

Lack, R., *La Symbolique du Livre d'Isaïe. Essai sur l'image littéraire comme élément de structuration* (AnBib 59) Roma 1973.

Martinet, A., *Éléments de linguistique générale* (Coll. Armand Colin ; sect. Littérature, n. 349) Paris 1960.

Mounin, G., *Clefs pour la Sémantique* (Collection « Clefs ») Paris 1972.

Propp, V., *Morphologie du conte* (Trad. : M. Derrida, T. Todorov, C. Kahn) (Collection « Poétique » ; « Points » 12) Paris 1970[2].

Ricœur, P., *Le conflit des interprétations. Essais d'herméneutique* (L'ordre philosophique) Paris 1969.

Ricœur, P., *De l'interprétation. Essai sur Freud* (Coll. « L'ordre philosophique ») Paris 1965.

Riffaterre, M., « Le poème comme représentation », Poétique 4 (1970) 401-418.

Saussure, F. de, *Cours de linguistique générale* (Publ. C. Bally et A. Sechehaye ; A. Riedling) Paris 1931[3].

Todorov, T., « Les catégories du récit littéraire », Communications 8 (1966) 125-151.

Todorov, T., *Poétique. (Qu'est-ce que le structuralisme ? 2)* (Coll. Points) Paris 1973.

Ullmann, S., *The Principles of Semantics* (Glasgow University Publications 84) Oxford-Glasgow 1957.

Vanhoye, A., *La structure littéraire de l'Épitre aux Hébreux* (Studia Neotestamentica, Studia 1) Paris-Bruges 1963.

Wellek, R. - Warren, A., *Theory of Literature*, London 1963[3].

B. *Campo bíblico*: *Hch 2*:

Cadbury, H. J., « The Summaries in Acts », en : *Beginnings of Christianity V*, London 1933, pp. 392-402.

Grundmann, W., « Der Pfingstbericht der Apostelgeschichte in seinem theologischen Sinn », en : *Studia Evangelica II* (TU 87) Berlin 1964, pp. 584-595.

Lake, K., « The Holy Spirit », en : *Beginnings of Christianity V*, London 1933, pp. 96-111.

Lampe, G. W. H., « The Holy Spirit in the Writings of St. Luke », en : *Studies in the Gospels* (Memorial R. H. Lightfoot ; ed. D. E. Nineham) Oxford 1955, pp. 159-200.

Lohse, E., « Die Bedeutung des Pfingstberichtes im Rahmen des lukanischen Geschichtswerkes », EvT 13 (1953) 422-436.

Menoud, P. H., « Jésus et ses témoins. Remarques sur l'unité de l'œuvre de Luc », EglT 23 (1960) 7-20.
Menoud, P. H., « La Pentecôte lucanienne et l'histoire », RHPhilRel 42 (1962) 141-147.
Menoud, P. H., *La vie de l'Église naissante* (Cahiers théologiques 31) Neuchâtel-Paris 1952.
Nissiotis, N. A., « Spirit, Church and Ministry », TTod 19 (1962-63) 484-499.
Von Baer, H., *Der Heilige Geist in den Lukasschriften* (BWANT 3F 3) Stuttgart 1926.
Von Balthasar, H. U., *Theologie der Geschichte. Ein Grundriss* (Christ heute I 8) Einsiedeln 1959[4].

II. Autores que me han informado :

A. *Campo lingüístico-literario* :

Barthes, R., *S/Z. Essai* (Collection « Tel Quel ») Paris 1970.
Chomsky, N., *Syntactic Structures* (Janua Linguarum, ser. min. 4) The Hague-Paris 1969[8].
García Bardón, S., *Linguistique scientifique, épistémologie et herméneutique. L'apport de la Sémantique à la démarche des sciences humaines. Théories rationalistes de la grammaire générative transformationnelle et théorie sémio-linguistique de A. J. Greimas (1963-1971)*, Paris 1972.
Goodenough, W. H., « Componential Analysis and the Study of Meaning », Lg 32 (1956) 195-216.
Güttgemanns, E., « Qu'est-ce que la Poétique Générative ? », LingBib 19 (1972) 2-12. (Cfr. Gerber-Güttgemanns, *Glauben und Grammatik*, Bonn 1973, pp. 152-168).
Güttgemanns, E., « ‚ Text ' und ‚ Geschichte ' als Grundkategorien der Generativen Poetik », LingBib 11/12 (1972) 2-12.
Interdisziplinäres Forschungsteam, « Theologie als sprachbezogene Wissenschaft », LingBib 4/5 (1971) 7-37.
Katz, J. J. - Fodor, J. A., « The Structure of a Semantic Theory », Lg 39 (1963) 170-210.
König, E., *Stilistik, Rhetorik, Poetik in Bezug auf die biblische Literatur*, Leipzig 1900.
Lausberg, H., *Handbuch der literarischen Rhetorik. Eine Grundlegung der Literaturwissenschaft*, 2 vols., München 1960.
Lefebve, M. J., *Structure du discours de la poésie et du récit* (Langages) Neuchâtel 1971.
Lévi-Strauss, C., *Anthropologie structurale*, Paris 1958.
Lévi-Strauss, C., *L'Homme nu* (Mithologiques IV) Paris 1971.
Lohr, C. H., « Oral Techniques in the Gospel of Matthew », CBQ 23 (1961) 403-435.
Lounsbury, F. G., « A Semantic Analysis of the Pawnee Kinship Usage », Lg 32 (1956) 158-194.
Lund, N. W., *Chiasmus in the New Testament. A Study in Formgeschichte*, Chapel Hill 1942.
Marin, L., *Sémiotique de la Passion* (Bibliothèque de Sciences religieuses) Paris 1971.
Moulton, R. G., *The Literary Study of the Bible. An Account of the leading Forms of Literature represented in the Sacred Writings*, London 1896.
Sebeok, T. A. (ed.), *Style in Language*, Cambridge (Mass.) 1964[2].
Souriau, É., *Les deux cent mille situations dramatiques*, Paris 1950.
Ullmann, S., *Semantics. An Introduction to the Science of Meaning*, Oxford 1970.

B. *Campo bíblico: Hch 2*:

Adler, N., *Das erste christliche Pfingstfest. Sinn und Bedeutung des Pfingstberichtes Apg 2,1-13*, Münster i. W. 1938.

Benoit, P., « Remarques sur les ‚ sommaires ' des Actes 2,42 à 5 », en : *Aux sources de la Tradition chrétienne* (Mélanges M. Goguel) Neuchâtel-Paris 1950, pp. 1-10.

Bourke, J., « Le jour de Yahvé dans Joel », RB 66 (1959) 5-31 ; 191-212.

Cerfaux, L., « Témoins du Christ d'après le Livre des Actes », Ang 20 (1943) 166-183, (cfr. Réc II 157-174).

Cullmann, O., *Urchristentum und Gottesdienst* (AbhTANT 3) Zürich 1950².

Delcor, M., « Das Bundesfest in Qumrân und das Pfingstfest », BiLeb 4 (1963) 188-204.

Delcor, M., « Pentecôte », SDB VII 39 858-879.

Jeremias, J., *Die Abendmahlsworte Jesu*, Göttingen 1960³.

Keller, H., « Kirche als Kultsgemeinschaft », BenedMonatsschr 16 (1934) 25-38 ; 17 (1935) 183-195 ; 277-286 ; 347-361.

Kerrigan, A., « The ‚ sensus plenior ' of Joel III,1-5 in Act II,14-36 », en : *Sacra Pagina II*, (éd. J. Coppens, etc.) Paris-Gembloux 1959, pp. 295-313.

Lake, K., « The Gift of the Spirit on the Day of Pentecost », en : *Beginnings of Christianity V*, London 1933, pp. 111-121.

Noack, B., « The Day of Pentecost in Jubilees, Qumrân and Acts », ASTI 1 (1962) 73-95.

Schmidt, K. L., *Die Pfingsterzählung und das Pfingstereignis*, Leipzig 1919.

Zimmermann, H., « Die Sammelberichte der Apostelgeschichte », BZ NF 5 (1961) 71-82.

TÉRMINOS TÉCNICOS

AUTORES CITADOS

DIAGRAMA I-1.

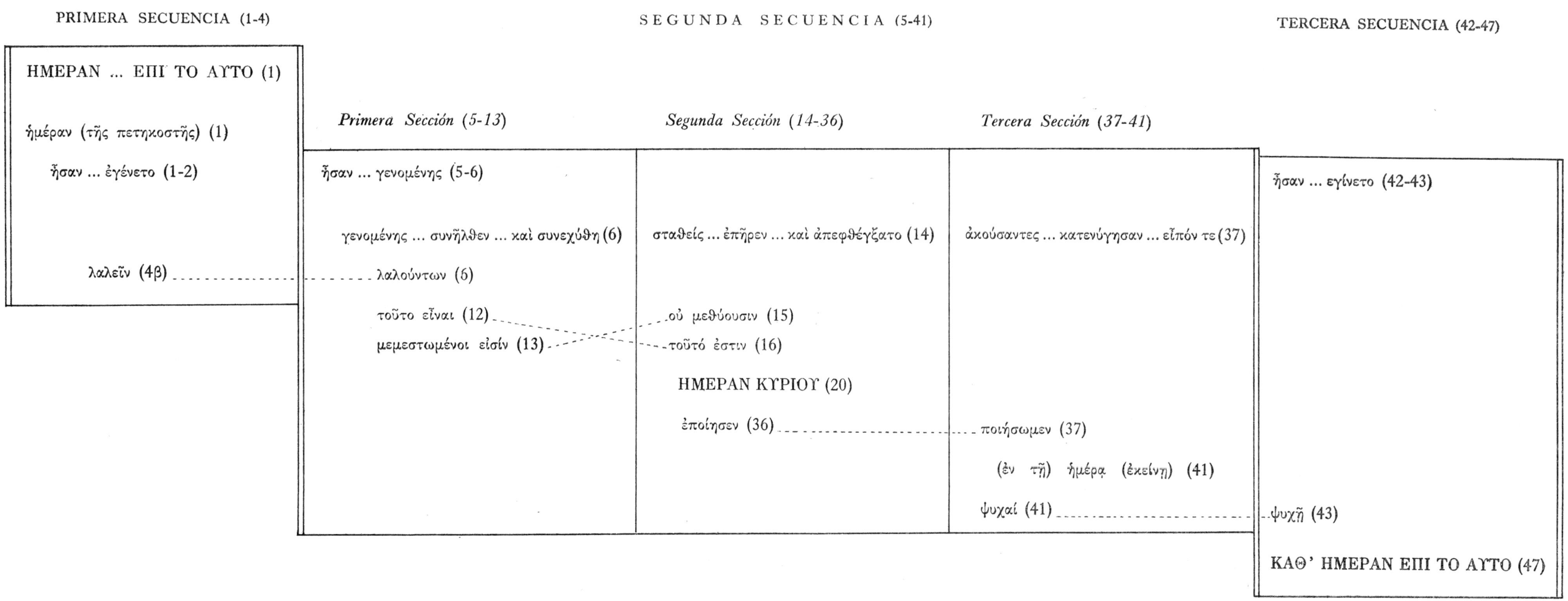
PRIMERA SECUENCIA (1-4)
SEGUNDA SECUENCIA (5-41)
TERCERA SECUENCIA (42-47)
ΗΜΕΡΑΝ ... ΕΠΙ ΤΟ ΑΥΤΟ (1)
ἡμέραν (τῆς πεντηκοστῆς) (1)
ἦσαν ... ἐγένετο (1-2)
λαλεῖν (4β)
Primera Sección (5-13)
Segunda Sección (14-36)
Tercera Sección (37-41)
ἦσαν ... γενομένης (5-6)
γενομένης ... συνῆλθεν ... καὶ συνεχύθη (6)
λαλούντων (6)
τοῦτο εἶναι (12)
μεμεστωμένοι εἰσίν (13)
σταθείς ... ἐπῆρεν ... καὶ ἀπεφθέγξατο (14)
οὐ μεθύουσιν (15)
τοῦτό ἐστιν (16)
ΗΜΕΡΑΝ ΚΥΡΙΟΥ (20)
ἐποίησεν (36)
ἀκούσαντες ... κατενύγησαν ... εἶπόν τε (37)
ποιήσωμεν (37)
(ἐν τῇ) ἡμέρᾳ (ἐκείνῃ) (41)
ψυχαί (41)
ἦσαν ... εγίνετο (42-43)
ψυχῇ (43)
ΚΑΘ' ΗΜΕΡΑΝ ΕΠΙ ΤΟ ΑΥΤΟ (47)

DIAGRAMA II-1.

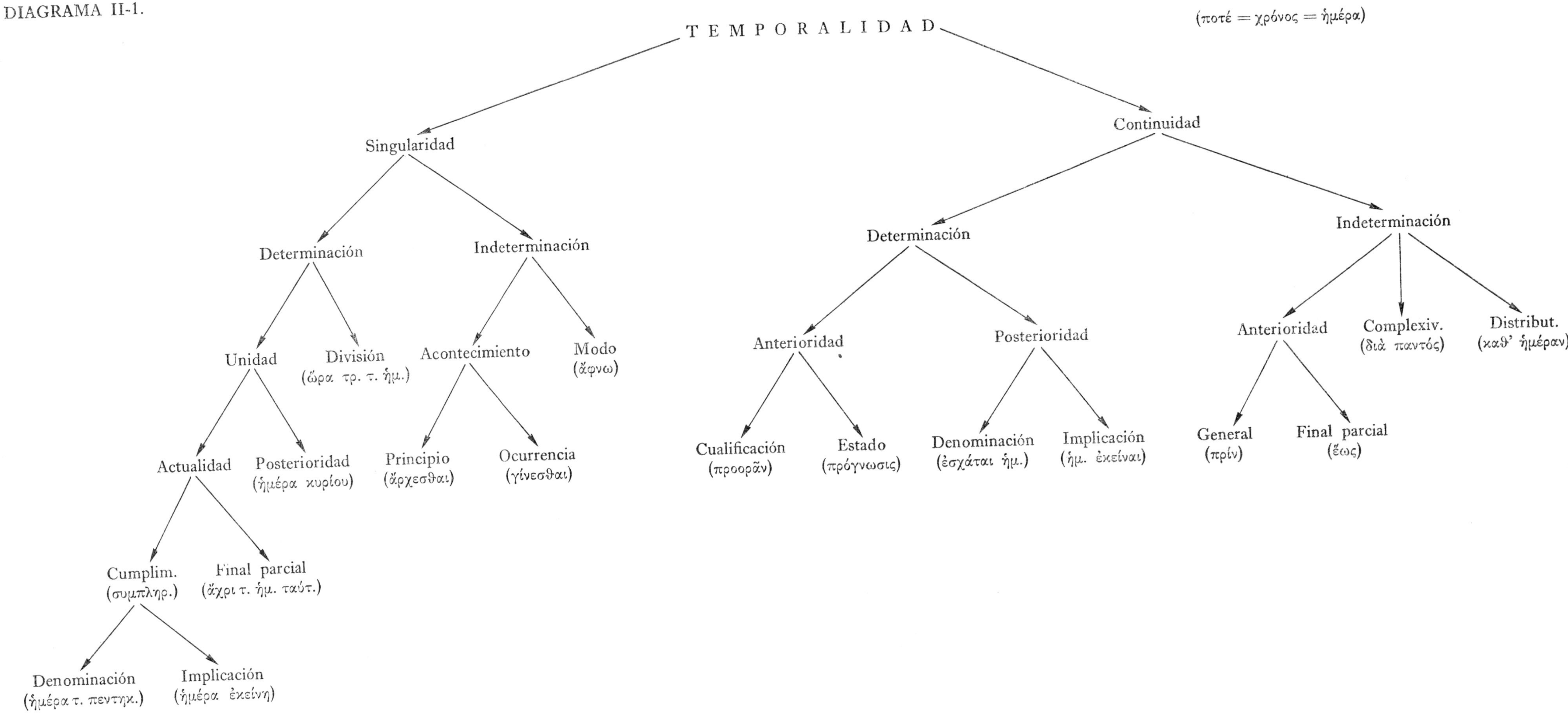

DIAGRAMA II-2.

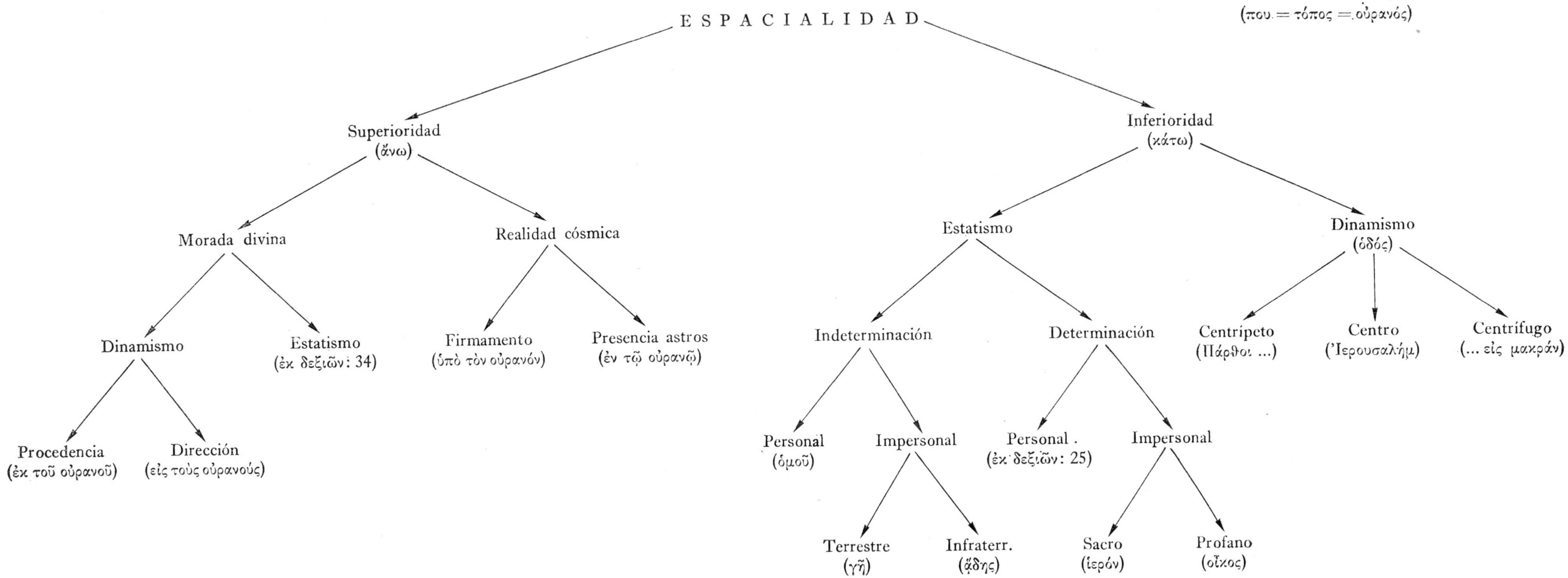

DIAGRAMA II-3.

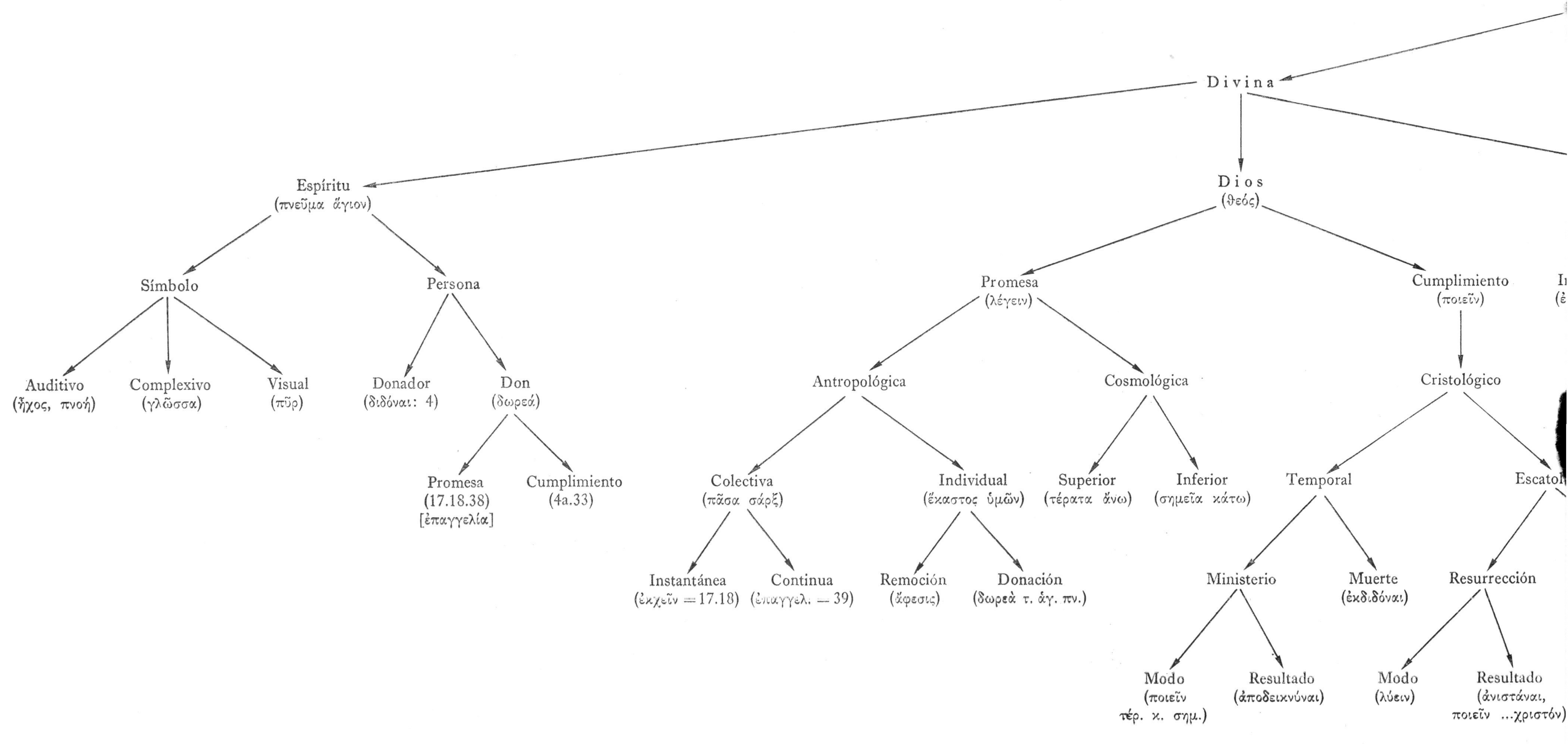

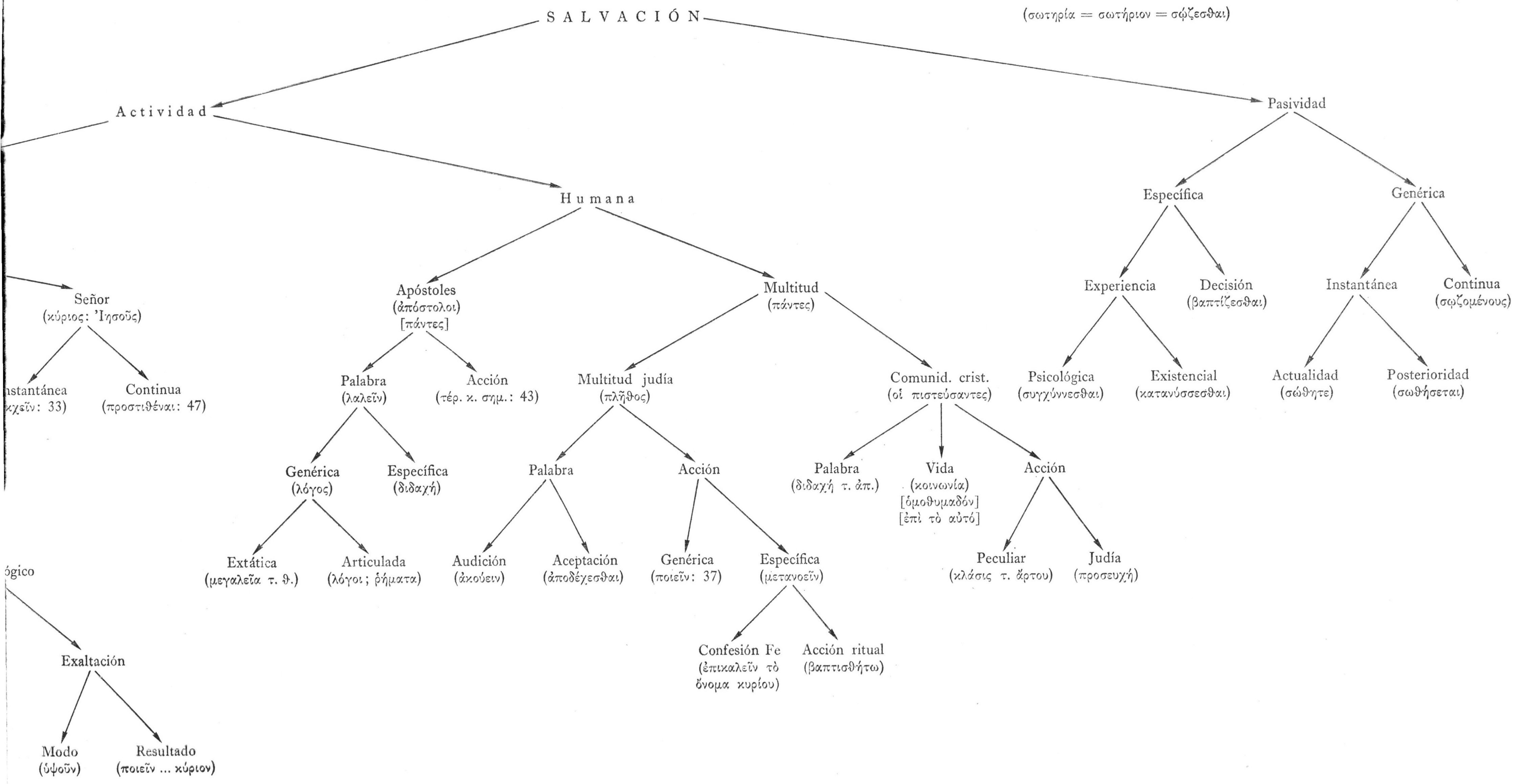

SALVACIÓN
(σωτηρία = σωτήριον = σῴζεσθαι)
Actividad
Pasividad
Humana
Específica
Genérica
Señor
(κύριος: Ἰησοῦς)
Apóstoles
(ἀπόστολοι)
[πάντες]
Multitud
(πάντες)
Experiencia
Decisión
(βαπτίζεσθαι)
Instantánea
Continua
(σῳζομένους)
nstantánea
χεῖν: 33)
Continua
(προστιθέναι: 47)
Palabra
(λαλεῖν)
Acción
(τέρ. κ. σημ.: 43)
Multitud judía
(πλῆθος)
Comunid. crist.
(οἱ πιστεύσαντες)
Psicológica
(συγχύννεσθαι)
Existencial
(κατανύσσεσθαι)
Actualidad
(σώθητε)
Posterioridad
(σωθήσεται)
Genérica
(λόγος)
Específica
(διδαχή)
Palabra
Acción
Palabra
(διδαχή τ. ἀπ.)
Vida
(κοινωνία)
[ὁμοθυμαδόν]
[ἐπὶ τὸ αὐτό]
Acción
ógico
Extática
(μεγαλεῖα τ. θ.)
Articulada
(λόγοι; ῥήματα)
Audición
(ἀκούειν)
Aceptación
(ἀποδέχεσθαι)
Genérica
(ποιεῖν: 37)
Específica
(μετανοεῖν)
Peculiar
(κλάσις τ. ἄρτου)
Judía
(προσευχή)
Exaltación
Confesión Fe
(ἐπικαλεῖν τὸ
ὄνομα κυρίου)
Acción ritual
(βαπτισθήτω)
Modo
(ὑψοῦν)
Resultado
(ποιεῖν ... κύριον)

DIAGRAMA III-2.

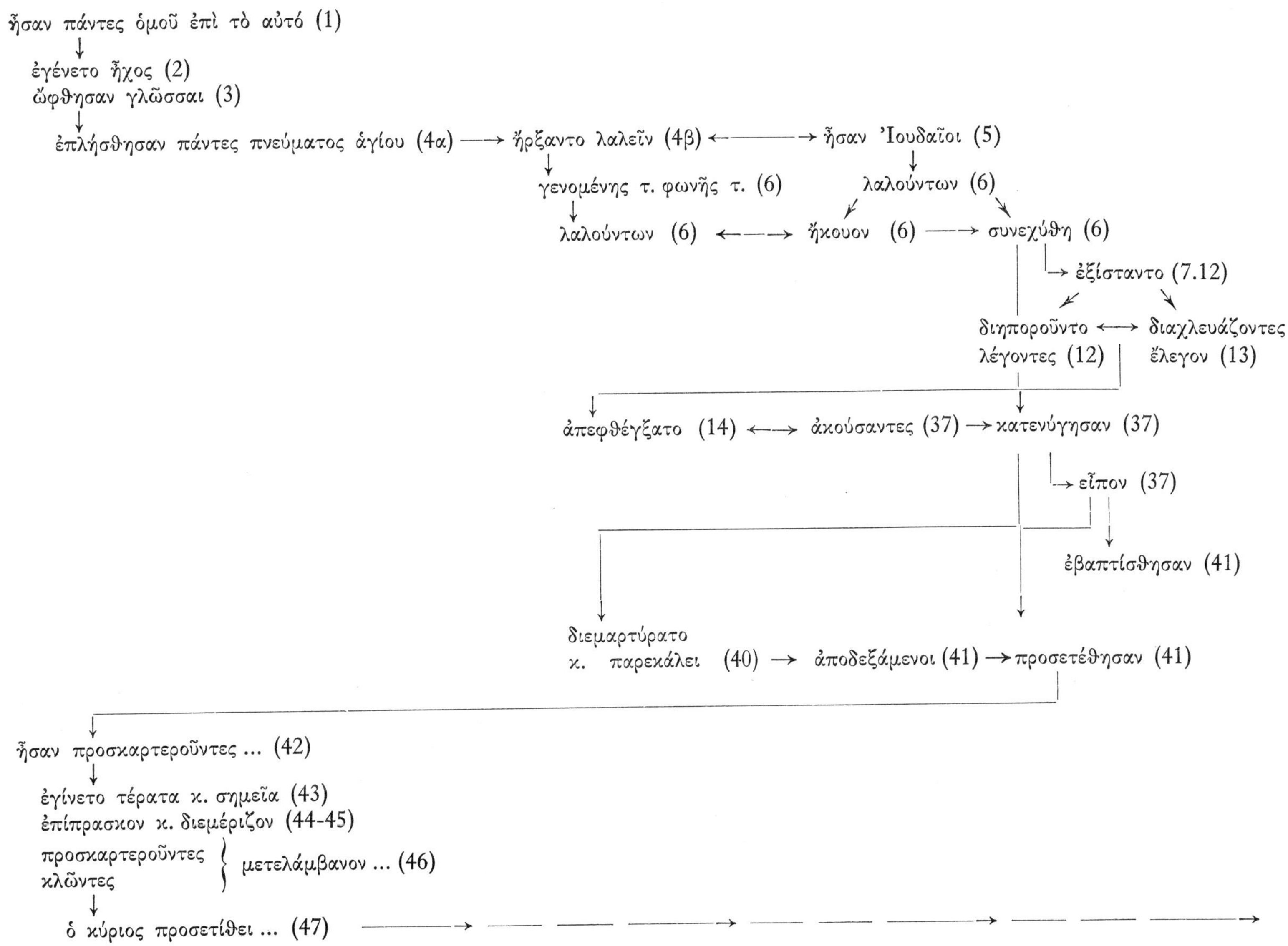

DIAGRAMA III-3.

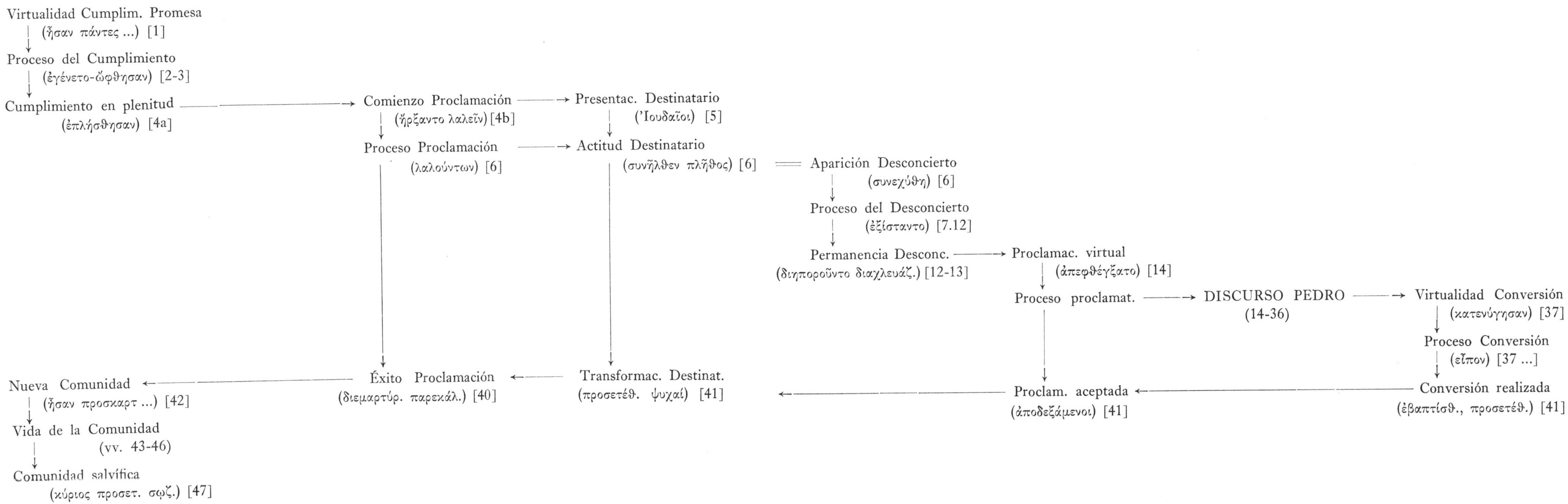

14. Σταθεὶς δὲ ὁ Πέτρος σὺν τοῖς ἕνδεκα
ἐπῆρεν τὴν φωνὴν αὐτοῦ
καὶ ἀπεφθέγξατο αὐτοῖς·

Ἄνδρες Ἰουδαῖοι καὶ οἱ κατοικοῦντες Ἰερουσαλὴμ ΠΑΝΤΕΣ (36)
τοῦτο ὑμῖν ΓΝΩΣΤΟΝ ΕΣΤΩ (36)
καὶ ἐνωτίσασθε τὰ ῥήματά μου.

15. οὐ γὰρ ὡς ὑμεῖς ὑπολαμβάνετε οὗτοι μεθύουσιν (13)
ἔστιν γὰρ ὥρα τρίτη τῆς ἡμέρας,
16. ἀλλὰ ΤΟΥΤΟ ἐστιν (33.12)
τὸ εἰρημένον διὰ τοῦ προφήτου Ἰωήλ·

17. ΚΑΙ ΕΣΤΑΙ
ΕΝ ΤΑΙΣ ἐσχάταις ΗΜΕΡΑΙΣ, λέγει ὁ θεός,
ΕΚΧΕΩ ΑΠΟ ΤΟΥ ΠΝΕΥΜΑΤΟΣ ΜΟΥ (33)
ἐπὶ πάσαν σάρκα, ΚΑΙ ΠΡΟΦΗΤΕΥΣΟΥΣΙΝ
οἱ υἱοὶ ὑμῶν καὶ αἱ θυγατέρες ὑμῶν,
καὶ οἱ νεανίσκοι ὑμῶν ὁράσεις ὄψονται,
καὶ οἱ πρεσβύτεροι ὑμῶν ἐνυπνίοις ἐνυπνιασθήσονται
18. καί γε
ἐπὶ τ. δούλους μου καὶ ἐπί τ. δούλας μου
ΕΝ ΤΑΙΣ ΗΜΕΡΑΙΣ ἐκείναις
ΕΚΧΕΩ ΑΠΟ ΤΟΥ ΠΝΕΥΜΑΤΟΣ ΜΟΥ
ΚΑΙ ΠΡΟΦΗΤΕΥΣΟΥΣΙΝ·
19. καὶ
δώσω ΤΕΡΑΤΑ ἐν τῷ οὐρανῷ ἄνω
ΚΑΙ ΣΗΜΕΙΑ ἐπὶ τῆς γῆς κάτω,
αἷμα καὶ πῦρ καὶ ἀτμίδα καπνοῦ.
20. ὁ ἥλιος μεταστραφήσεται εἰς σκότος
καὶ ἡ σελήνη εἰς αἷμα,
πρὶν ἐλθεῖν ΗΜΕΡΑΝ ΚΥΡΙΟΥ τὴν μεγάλην καὶ ἐπιφανῆ.
21. ΚΑΙ ΕΣΤΑΙ
πᾶς ὃς ἐὰν ἐπικαλέσηται
τὸ ΟΝΟΜΑ ΚΥΡΙΟΥ
ΣΩΘΗΣΕΤΑΙ.

TEXTO ESTRUCTURADO

1. Καὶ ἐν τῷ συμπληροῦσθαι ΤΗΝ ΗΜΕΡΑΝ τῆς πεντηκοστῆς
ἦσαν ΠΑΝΤΕΣ ὁμοῦ ΕΠΙ ΤΟ ΑΥΤΟ (47).

2. καὶ ἐγένετο ἄφνω ἐκ τοῦ οὐρανοῦ
ἦχος ὥσπερ φερομένης πνοῆς βιαίας
καὶ ἐπλήρωσεν ὅλον τὸν οἶκον οὗ ἦσαν καθήμενοι,

3. καὶ ὤφθησαν αὐτοῖς διαμεριζόμεναι
γλῶσσαι ὡσεὶ πυρός,
καὶ ἐκάθισεν ἐφ' ἕνα ἕκαστον αὐτῶν,

4. καὶ ἐπλήσθησαν
ΠΑΝΤΕΣ (1) πνεύματος ἁγίου
καὶ ἤρξαντο λαλεῖν (6) ἑτέραις γλώσσαις
καθὼς τὸ πνεῦμα ἐδίδου
ἀποφθέγγεσθαι αὐτοῖς.

5. Ἦσαν δὲ εἰς Ἰερουσαλὴμ κατοικοῦντες Ἰουδαῖοι,
ἄνδρες εὐλαβεῖς ἀπὸ παντὸς ἔθνους τῶν ὑπὸ τὸν οὐρανόν.

6. γενομένης δὲ τῆς φωνῆς ταύτης
συνῆλθεν τὸ πλῆθος
καὶ συνεχύθη, ὅτι ἤκουον
εἷς ἕκαστος τῇ ἰδίᾳ διαλέκτῳ λ α λ ο ύ ν τ ω ν αὐτῶν.

7. ΕΞΙΣΤΑΝΤΟ ΔΕ
[ΠΑΝΤΕΣ]
ΚΑΙ ἐθαύμαζον ΛΕΓΟΝΤΕΣ·
οὐχὶ ἰδοὺ πάντες οὗτοί εἰσιν οἱ ΛΑΛΟΥΝΤΕΣ
Γαλιλαῖοι;

8. καὶ πῶς ἡμεῖς ΑΚΟΥΟΜΕΝ
ἕκαστος τῇ ἰδίᾳ διαλέκτῳ ἡμῶν ἐν ᾗ ἐγεννήθημ.

9. Πάρθοι καὶ Μῆδοι καὶ Ἐλαμῖται,
καὶ οἱ κατοικοῦντες τὴν Μεσοποταμίαν,
Ἰουδαίαν τε καὶ Καππαδοκίαν,
Πόντον καὶ τὴν Ἀσίαν,
Φρυγίαν τε καὶ Παμφυλίαν,

10. Αἴγυπτον καὶ τὰ μέρη τ. Λιβύης
καὶ οἱ ἐπιδημοῦντες

11. Ῥωμαῖοι, Ἰουδαῖοι τε καὶ προσήλυτοι,
ΑΚΟΥΟΜΕΝ
ΛΑΛΟΥΝΤΩΝ αὐτῶν
ταῖς ἡμετέραις γλώσσαις
τὰ μεγαλεῖα τοῦ θεοῦ;

12. ΕΞΙΣΤΑΝΤΟ ΔΕ
ΠΑΝΤΕΣ
ΚΑΙ διηποροῦντο
ἄλλος πρὸς ἄλλον ΛΕΓΟΝΤΕΣ·
τί θελει τ ο ῦ τ ο ε ἶ ν α ι ; (16)

13. ἕτεροι δὲ διαχλευάζοντες ἔλεγον ὅτι
γλεύκους μ ε μ ε σ τ ω μ έ ν ο ι ε ἰ σ ί ν . (15).

22. Ἄνδρες Ἰσραηλῖται,
ἀκούσατε τοὺς λόγους τούτους·
ἸΗΣΟΥΝ τὸν Ναζωραῖον,
ἄνδρα ἀποδεδειγμένον ἀπὸ τοῦ θεοῦ εἰς ὑμᾶς
δυνάμεσι καὶ ΤΕΡΑΣΙ ΚΑΙ ΣΗΜΕΙΟΙΣ
οἷς ἐποίησεν δι᾽ αὐτοῦ ὁ θεὸς ἐν μέσῳ ὑμῶν,
καθὼς αὐτοὶ οἴδατε,
23. ΤΟΥΤΟΝ
τῇ ὡρισμένῃ βουλῇ καὶ προγνώσει τοῦ θεοῦ ἔκδοτον,
διὰ χειρὸς ἀνόμων προσπήξαντες
ἀνείλατε,

24. ὃν Ο ΘΕΟΣ ΑΝΕΣΤΗΣΕΝ
λύσας τὰς ὠδῖνας τοῦ θανάτου,
καθότι οὐκ ἦν δυνατὸν κρατεῖσθαι αὐτὸν ὑπ᾽ αὐτοῦ.
25. Δαυὶδ γὰρ λέγει εἰς αὐτόν·
προορώμην τὸν κύριον ἐνώπιόν μου διὰ παντός,
ὅτι ἐκ δεξιῶν μού ἐστιν
ἵνα μὴ σαλευθῶ.
26. διὰ τοῦτο ηὐφράνθη μου ἡ καρδία
καὶ ἠγαλλιάσατο ἡ γλῶσσά μου,
ἔτι δὲ καὶ ἡ σάρξ μου
κατασκηνώσει ἐπ᾽ ἐλπίδι,
27. ὅτι οὐκ ἐγκαταλείψεις τ.ψυχ. μου εἰς ᾅδην
οὐδὲ δώσεις τὸν ὅσιόν σου ἰδεῖν διαφθοράν.
28. ἐγνώρισάς μοι ὁδοὺς ζωῆς,
πληρώσεις με εὐφροσύνης
μετὰ τοῦ προσώπου σου.

29. Ἄνδρες ἀδελφοί, ἐξὸν εἰπεῖν μετὰ παρρησίας πρὸς ὑμᾶς
περὶ τοῦ πατριάρχου Δαυίδ,
ὅτι καὶ ἐτελεύτησεν
καὶ ἐτάφη,
καὶ τὸ μνῆμα αὐτοῦ ἔστιν ἐν ἡμῖν ἄχρι τῆς ἡμέρας
ταύτης.
30. προφήτης οὖν ὑπάρχων
καὶ εἰδὼς ὅτι ὅρκῳ ὤμοσεν αὐτῷ ὁ θεὸς
ἐκ καρποῦ τῆς ὀσφύος αὐτοῦ
καθ. ἐπὶ τὸν θρόνον αὐτοῦ
31. προιδὼν ἐλάλησεν
περὶ τῆς ἀναστάσεως τοῦ Χριστοῦ,
ὅτι οὔτε ἐγκατελείφθη εἰς ᾅδην
οὔτε ἡ σὰρξ αὐτοῦ εἶδεν διαφθοράν.
32. ΤΟΥΤΟΝ τὸν ΙΗΣΟΥΝ
ΑΝΕΣΤΗΣΕΝ Ὁ ΘΕΟΣ
οὗ πάντες ἡμεῖς ἐσμεν μάρτυρες·

33. τῇ δεξιᾷ οὖν τοῦ θεοῦ ὑψωθεὶς
τήν τε ἐπαγγελίαν ΤΟΥ ΠΝΕΥΜΑΤΟΣ τοῦ ἁγίου
λαβὼν παρὰ τοῦ πατρὸς
ΕΞΕΧΕΕΝ ΤΟΥΤΟ
ὃ ὑμεῖς καὶ βλέπετε
καὶ ἀκούετε.

34. οὐ γὰρ Δαυὶδ ἀνέβη εἰς τοὺς οὐρανούς,
λέγει δὲ αὐτός·
εἶπεν κύριος τῷ κυρίῳ μου·
κάθου ἐκ δεξιῶν μου

35. ἕως ἂν θῶ τοὺς ἐχθρούς σου
ὑποπόδιον τῶν ποδῶν σου.

36. ἀσφαλῶς οὖν ΓΙΝΩΣΚΕΤΩ ΠΑΣ οἶκος Ἰσραὴλ
ὅτι καὶ κύριον αὐτὸν καὶ χριστὸν
ἐποίησεν
ὁ θεός
ΤΟΥΤΟΝ τὸν ΙΗΣΟΥΝ ὃν
ὑμεῖς
ἐσταυρώσατε.

37. Ἀκούσαντες δὲ
κατενύγησαν τὴν καρδίαν
εἶπόν τε πρὸς τὸν Πέτρον καὶ τοὺς λοιποὺς ἀποστόλους·

τί π ο ι ή σ ω μ ε ν , ἄνδρες ἀδελφοί ;

38. Πέτρος δὲ πρὸς αὐτούς·

μετανοήσατε
καὶ βαπτισθήτω ἕκαστος ὑμῶν
ἐπὶ τῷ ὀνόματι Ἰ η σ ο ῦ Χ ρ ι σ τ ο ῦ
εἰς ἄφεσιν τῶν ἁμαρτιῶν ὑμῶν,
καὶ λήμψεσθε τὴν δωρεὰν τοῦ ἁγίου πνεύματος.
39. ὑμῖν γάρ ἐστιν ἡ ἐπαγγελία
καὶ τοῖς τέκνοις ὑμῶν
καὶ πᾶσιν τοῖς εἰς μακράν,
ὅσους ἂν προσκαλέσηται κύριος ὁ θεὸς ἡμῶν.

40. ἑτέροις τε λόγοις πλείοσιν
διεμαρτύρατο
καὶ παρεκάλει αὐτοὺς λέγων·

σ ώ θ η τ ε ἀπὸ τῆς γενεᾶς τῆς σκολιᾶς ταύτης.

41. Οἱ μὲν οὖν ἀποδεξάμενοι τ. λόγον αὐτοῦ
ἐβαπτίσθησαν,
καὶ προσετέθησαν ἐν ΤΗ ΗΜΕΡΑ ἐκείνῃ
ψ υ χ α ὶ ὡσεὶ τρισχίλιαι.

42. Ἦσαν δὲ προσκαρτεροῦντες
τῇ διδαχῇ τῶν ἀ π ο σ τ ό λ ω ν
καὶ τῇ κ ο ι ν ω ν ί ᾳ,
τῇ κ λ ά σ ε ι τ ο ῦ ἄ ρ τ ο υ
καὶ ταῖς προσευχαῖς.

43. Ἐγίνετο δὲ
πάσῃ ψ υ χ ῇ
φόβος·
πολλὰ δὲ τ έ ρ α τ α κ α ὶ σ η μ ε ῖ α
διὰ τῶν ἀ π ο σ τ ό λ ω ν
ἐγίνετο.

44. πάντες δὲ οἱ πιστεύσαντες ἐ π ὶ τ ὸ α ὐ τ ὸ
εἶχον ἅπαντα κ ο ι ν ά,
45. καὶ τὰ κτήματα καὶ τὰς ὑπάρξεις ἐπίπρασκον
καὶ διεμέριζον αὐτὰ
πᾶσιν, καθότι ἄν τις χρείαν εἶχεν.

46. κ α θ' ἡ μ έ ρ α ν τε
προσκαρτεροῦντες ὁμοθυμαδὸν ἐν τῷ ἱερῷ,
κ λ ῶ ν τ έ ς τε κατ' οἶκον ἄ ρ τ ο ν,
μετελάμβανον τροφῆς ἐν ἀγαλλιάσει καὶ ἀφελότητι καρδίας,
47. αἰνοῦντες τὸν θεὸν
καὶ ἔχοντες χάριν πρὸς ὅλον τὸν λαόν.

ὁ δὲ κ ύ ρ ι ο ς
π ρ ο σ ε τ ί θ ε ι
τοὺς σ ῴ ζ ο μ έ ν ο υ ς
κ α θ' ΗΜΕΡΑΝ
ΕΠΙ ΤΟ ΑΥΤΟ (1).

DIAGRAMA III-4.

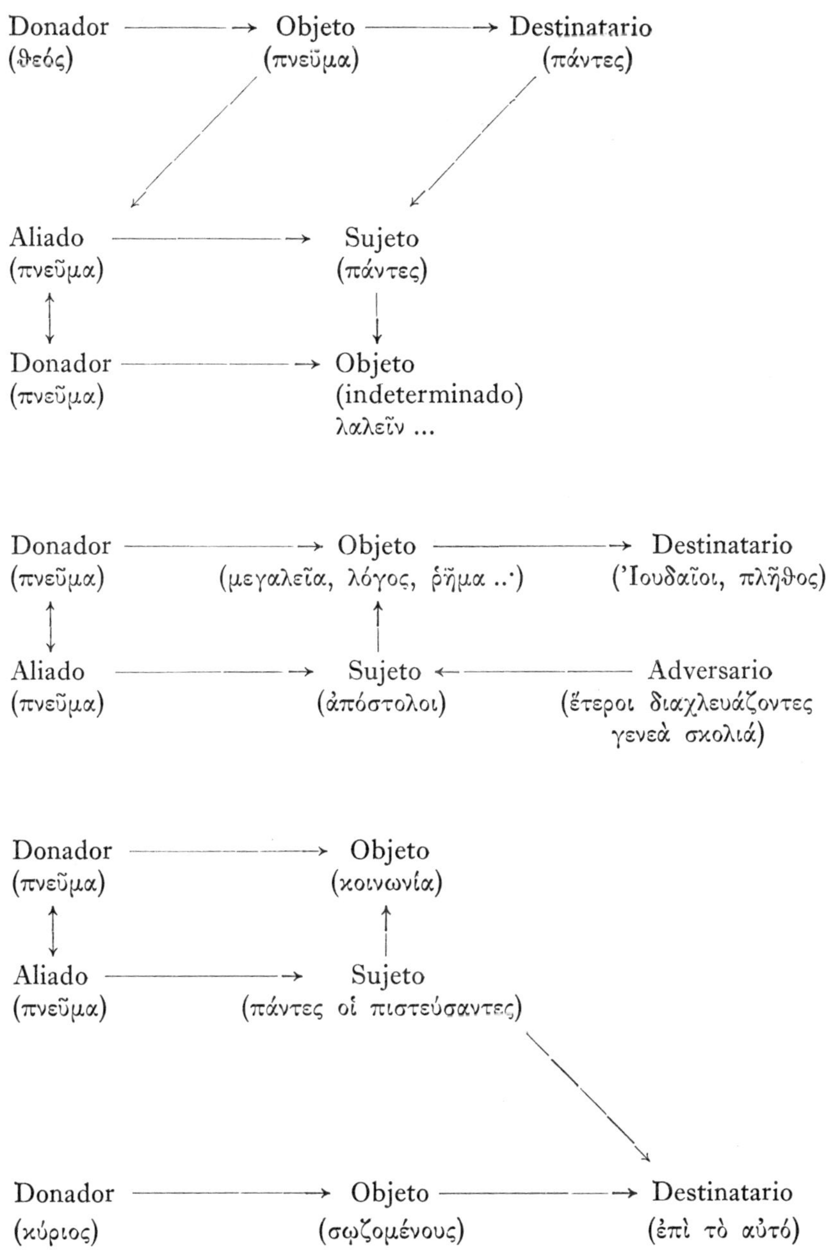

DIAGRAMA III-1.

FUNCIONES NUCLEARES	FUNCION. CATALÍTICAS	INDICIOS	INFORMANTES
καί			ἐν τῷ συμπληροῦσθαι
ἦσαν πάντες (ὁμοῦ ἐπὶ τὸ αὐτό)		ἐπὶ τὸ αὐτό.	τὴν ἡμέραν τῆς πεντηκοστῆς ὁμοῦ
καὶ ἐγένετο ἦχος		ὥσπερ φερομένης πνοῆς βιαίας	ἄφνω ἐκ τοῦ οὐρανοῦ
	καὶ ἐπλήρωσεν		ὅλον τὸν οἶκον οὗ ἦσαν καθήμενοι.
καὶ ὤφθησαν αὐτοῖς γλῶσσαι		διαμεριζόμεναι ὡσεὶ πυρός	
	καὶ ἐκάθισεν ἐφ' ἕνα ἕκαστον αὐτῶν.		
καὶ ἐπλήσθησαν πάντες πνεύματος ἁγίου			
καὶ ἤρξαντο λαλεῖν ἑτέραις γλώσσαις	καθὼς τ. πνεῦμα ἐδίδου ἀποφθέγγεσθαι αὐτοῖς.		
ἦσαν δὲ Ἰουδαῖοι		κατοικοῦντες ἄνδρες εὐλαβεῖς ἀπὸ παντὸς ἔθνους τῶν	εἰς Ἰερουσαλήμ ὑπὸ τὸν οὐρανόν.
γενομένης δὲ τῆς φωνῆς ταύτης συνῆλθεν τὸ πλῆθος καὶ συνεχύθη			
ὅτι ἤκουον εἷς ἕκαστος τῇ ἰδίᾳ διαλέκτῳ λαλούντων αὐτῶν.			
	ἐξίσταντο δὲ (πάντες) καὶ ἐθαύμαζον λέγοντες. ἐξίσταντο δὲ πάντες καὶ διηπορουντο		
ἄλλος πρὸς ἄλλον λέγοντες·			
ἕτεροι δὲ διαχλευάζοντες ἔλεγον.			
σταθεὶς δὲ ὁ Πέτρος σὺν τ. ἕνδεκα καὶ ἀπεφθέγξατο αὐτοῖς.	ἐπῆρεν τὴν φωνὴν αὐτοῦ		
ἀκούσαντες δέ κατενύγησαν τὴν καρδίαν εἶπόν τε πρὸς τ. Πέτρον κ. τ. λ. ἀποστόλους			
Πέτρος δὲ πρὸς αὐτούς. (εἶπεν)			
διεμαρτύρατο καὶ παρεκάλει αὐτούς	λέγων.	ἑτέροις τε λόγοις πλείοσιν	
οἱ μὲν οὖν ἀποδεξάμενοι τὸν λόγον αὐτοῦ ἐβαπτίσθησαν			
καὶ προσετέθησαν ψυχαί		ὡσεὶ τρισχίλιαι	ἐν τῇ ἡμέρᾳ ἐκείνῃ.
ἦσαν δὲ προσκαρτεροῦντες τῇ διδαχῇ τῶν ἀποστόλων καὶ τῇ κοινωνίᾳ, τῇ κλάσει τοῦ ἄρτου καὶ ταῖς προσευχαῖς.			
		ἐγίνετο δὲ πάσῃ ψυχῇ φόβος.	
πολλά δὲ τέρατα καὶ σημεῖα διὰ τῶν ἀποστόλων ἐγίνετο.			
		πάντες δὲ οἱ πιστεύσαντες εἶχον ἅπαντα κοινά	
καὶ τὰ κτήματα κ. τ. ὑπάρξεις ἐπίπρασκον καὶ διεμέριζον αὐτὰ πᾶσιν		καθότι ἄν τις χρείαν εἶχεν.	
τε προσκαρτεροῦντες κλῶντές τε ἄρτον		ὁμοθυμαδόν	καθ' ἡμέραν ἐν τῷ ἱερῷ κατ' οἶκον
μετελάμβανον τροφῆς		ἐν ἀγαλλιάσει κ. ἀφελ. καρδίας	
		αἰνοῦντες τὸν θεόν καὶ ἔχοντες χάριν πρὸς ὅλον τὸν λαόν.	
ὁ δὲ κύριος προσετίθει τοὺς σῳζομένους		ἐπὶ τὸ αὐτό	καθ' ἡμέραν.